电子商务系列教材

信息素养修炼教程

主　编　吴建华
副主编　王忠义　罗　博　李旭光

科学出版社
北　京

内 容 简 介

本书以提高大学生和研究生信息素养水平为目标，依据美国大学与研究图书馆协会制定的《高等教育信息素养框架》，对信息社会中信息的生产、组织、传播、利用过程及其与人的关系进行全景式阐释。全书共10章，具体内容包括信息社会与信息素养、信息源、信息组织与信息检索、互联网开放信息资源及其检索、常用文献数据库、文献信息收集与管理、文献信息的分析与评价、批判性阅读与写作、学术论文写作、学术规范与学术不端。每章都有若干练习题，书中还安排了5次上机实验，供教学人员参考选用。

本书适合大学生、研究生、从事文献检索和信息素养教育的图书馆馆员和高校教师用作教材或参考资料，也适合有意提高自己信息素养水平的人员自学。

图书在版编目（CIP）数据

信息素养修炼教程 / 吴建华主编. —北京：科学出版社，2020.7

电子商务系列教材

ISBN 978-7-03-065533-2

Ⅰ. ①信… Ⅱ. ①吴… Ⅲ. ①信息素养－高等学校－教材
Ⅳ. ①G254.97

中国版本图书馆CIP数据核字（2020）第105291号

责任编辑：闫 陶 李亚佩 / 责任校对：高 嵘
责任印制：彭 超 / 封面设计：苏 波

科 学 出 版 社 出版
北京东黄城根北街16号
邮政编码：100717
http://www.sciencep.com
武汉中科兴业印务有限公司印刷
科学出版社发行 各地新华书店经销
*
2020年7月第 一 版 开本：787×1092 1/16
2021年5月第二次印刷 印张：12 3/4
字数：302 000

定价：45.00元

（如有印装质量问题，我社负责调换）

“电子商务系列教材”
编 委 会

丛 书 主 编： 卢新元

丛书副主编： 李玉海　曹高辉　易　明　董庆兴　池毛毛

编　　　委： 夏立新　王学东　娄策群　夏南强　段尧清
吴建华　桂学文　熊回香　李延晖　谭春辉
肖　毅　刘　刚　陈　静　胡伟雄　段　钊
翟姗姗　胡　潜　张自然　王忠义　刘　蕤
程秀峰

丛书序

近些年，国际竞争日益激烈，人才培养与人才争夺成为焦点。十八大以来，习近平总书记多次强调人才对创新的重要性，并指出创新是引领发展的第一动力，创新驱动实质上是人才驱动，要重视人才的培养。教育部“十三五”规划也提出，人才培养是国家可持续发展的重要驱动力，必须要优先发展教育，培养大批创新人才。

随着计算机、互联网以及云计算技术的飞速发展，我国逐渐进入信息化社会。信息技术渗入到各行各业，对个人生活、企业与政府的管理和运行均产生重要影响，尤其对企业经营活动的选择与组织产生着越来越关键的作用。数据、信息和知识已成为社会的主要资源，如何应用该类资源创造价值成为当代社会的主要课题。

因此，根据当今时代的要求与社会的发展，信息化与学科知识结合，逐渐衍生出电子商务与信息管理类相关的专业。高校长久以来承担着人才培养、发展科技与服务社会的重要职责，如何培养出符合时代发展的人才是高校始终在思考的问题。新型复合人才的培养对高校教育提出了更高的要求，其中，教材在人才培养中起着至关重要的作用。教材不仅体现了丰富的专业知识和教学方法，也从侧面折射出教育思想的变革。为此，我们以教育素质为核心组织相关教材，力求处理好知识、能力与素质三者的辩证统一关系，实现教材内容和体系的创新。

我们根据高校课程设置，编写电子商务专业本科专业的系列教材。我们对本套教材也提出了较高的要求。①系统性。本套教材注重系统性，便于读者对各知识层次有准确的理解，以帮助读者深入掌握相关知识模块，并构建知识体系。②前沿性。本套教材不断地与时俱进，及时地将新理论、新技术、新成果与新趋势补充在教材中，使读者能紧随社会发展的脚步，掌握前沿知识。③实用性。结合实际，注意案例教学，本套教材由教学经验丰富的高校教师编写，了解本科生的实际教学与专业需求，并通过案例教学，加深学生对相关理论知识的理解与掌握。

本套丛书共 22 本，其中《学会阅读》《信息素养修炼教程》和《创新理论与方法》帮助读者为后续的专业学习奠定基础，其余教材大致可分为三类。

第一类，电子商务类基础课程，包括《电子商务概论》《电子支付与网络金融》《电子商务安全》《市场调查理论与方法》《客户关系管理》《管理学》《管理信息系统》，共 7 本教材，主要是帮助读者掌握信息技术在商业领域的应用，了解商务过程中的电子化、数字化和网络化。

第二类，电子商务与信息管理相结合类课程，包括《信息组织》《信息管理学》《信息经济学》《信息分析与预测》《信息采集学教程》《数字图书馆》，共 6 本教材，主要是帮助对信息技术在管理学与经济学等领域的应用有所掌握。

第三类，电子商务技术类课程，包括《数据库系统实验》《云数据管理与服务》《大数据技术与原理应用教程》《数据结构》《面向对象程序设计 Java》《数据分析技术》，共 6 本教材，主要帮助广大读者学习与掌握信息化的前沿技术。

本套教材在高校教师、专家学者、科学出版社的共同努力下，陆续出版并与读者见面。我们希望，凝聚我们多年教学成果的系列教材可以为我国信息化人才的培养贡献力量，推动我国信息化工程的建设。同时，对参与教材编写以及出版的各位专家学者表示感谢。

本套教材适用于电子商务、信息管理与信息系统、信息资源管理专业的本科生、研究生教学，也可供其他相关学科、专业教学使用，或作为有关人员的培训教材和自学参考书。我们的目标是尽善尽美，但限于我们的水平，书中难免有不妥和错漏之处，恳请广大读者批评指正，帮助我们不断地提高本套教材的质量。

编委会

于华中师范大学信息管理学院

2020 年 3 月

前　言

德国思想家卡尔·雅斯贝尔斯在《历史的起源与目标》一书中系统讨论过“轴心时代”（axial period，也译为“轴心期”），指的是公元前800年至公元前200年，特别是公元前5世纪左右的一个历史时期，大致对应于中国的春秋战国时期。这个时代是人类精神发展过程中一条深刻的历史分界线，产生了影响人类发展走向的宗教和思想家，为人类发展提供了持久的精神动力。人类的每一次飞跃都要回顾这一时期，并被它重新燃起火焰。令人惊奇的是，这些宗教和思想流派几乎同时在中国、古印度、西方三个互不知晓的地区发展起来，三个地区的人们全都开始意识到整体的存在、自身和自身的限度，体验到世界的恐怖和自身的软弱，开始探寻根本性的问题”。于是，中国所有的哲学流派都出现了，古印度出现了《奥义书》和佛陀，波斯在传播“生活就是一场善与恶的斗争”的理念，犹太的先知纷纷涌现，古希腊贤者如云。

美国著名社会学家、哈佛大学教授丹尼尔·贝尔在1973年出版的论著《后工业社会的来临：社会预测的一次尝试》中预言了信息社会的来临。该书1999年再版时，作者撰写了标题为“技术轴心时代”（The Axial Age of Technology）的长篇序言，宣称人类将于20世纪末进入信息时代，他的预言已基本实现。丹尼尔·贝尔认为，后工业社会是一个信息社会，出现了以信息为基础的“智力技术”，信息成为核心资源，信息处理与传播成为主导行业之一，社会的首要任务是对科学活动及从事科学活动的机构进行组织、管理，人力资本成为最重要的战略资源。由于研究与开发成为创新的源泉，社会的重心日益转向知识领域，后工业社会也是知识社会、终身学习社会。与“轴心时代”一样，“技术轴心时代”也是人类发展的另一个历史分界线，以信息为基础的智能技术将极大地改变人类的生产生活方式，移动互联网、大数据、人工智能就是明证。

丹尼尔·贝尔的著作发表一年之后，1974年，美国信息产业协会主席保罗·车可斯基提出了信息素养（information literacy，又译为信息素质）的概念。在当时的美国，信息服务环境已经发生了变化，信息产品和信息服务的形式日益丰富，甚至出现了信息过载，他认为应该提高公民自我信息服务能力。他还建议实施一项全国计划，对所有公民开展培训，让他们学会使用各种信息工具和信息资源，从而让美国人的信息素养水平得到普遍提高。他的主张得到了广泛认可。这是因为，如果人们在信息素养方面缺乏必要的训练，即使具备基本的读、写、计算能力，也会沦为信息社会的功能性文盲，生存都非常困难，更缺少发展的机会。

鉴于信息素养对于个人发展和社会繁荣都具有重要意义，联合国教科文组织、国际图书馆协会联合会都积极倡导推动信息素养教育，因为信息素养是人们有效参与信息社会的一个先决条件，是实施终身学习的一项基本人权。

美国大学与研究图书馆协会2000年批准并颁布的《高等教育信息素养能力标准》（简

称《标准》），于 2004 年获得美国高等教育协会与独立学院委员会正式通过。该标准的指导性和操作性都很强，因而在世界范围内被广泛用于指导高校信息素养教育，成为事实上的国际标准。

为适应高等教育环境和社会信息生态的急剧变化，美国大学与研究图书馆协会在 2012 年成立了特别工作组，对《标准》进行了修订。新标准被称为《高等教育信息素养框架》（简称《框架》），于 2016 年 1 月开始实施。《框架》把信息素养定义为一组综合能力，包括对信息的反思性发现，对信息如何产生和评价的理解，以及运用信息创造新知识并合理参与社群学习。相比《标准》对信息素养的界定，这个定义更强调其动态性和灵活性，突出个人成长和社群学习。

《框架》建立在一组相互关联的核心概念的基础上，将许多与信息、研究和学术相关的概念和理念组织成为一个整体的概念性认识。《框架》被组织为 6 个子框，每个子框包括一个信息素养核心概念、一组知识技能、一组行为方式。对应的 6 个信息素养核心概念分别是：权威具有建构性和情境性；信息创建是一个过程；信息具有价值；研究即探究；对话式学术研究；检索是策略式探索。知识技能体现出学习者增进对信息素养概念理解的方式。行为方式描述学习的情感、态度和价值观。

作者 2009 年应邀为华中师范大学物理学院的学生开设文献检索课，当年即依据《标准》设计课程“数字信息资源检索与利用”，申报了学校综合素质课并获批立项，该课程于 2013 年转型升级为通识选修课“信息素质基础”。根据《框架》重视元素养及个人成长的特点，2017 年把课程名称修改为了“信息素养修炼”，并建立了课程团队，申报了学校本科通识教育核心课程并获批立项。至此，课程由 16 学时变为 32 学时，发挥空间大大增加。清华大学图书馆花芳老师及华中师范大学信息管理学院王忠义、罗博、李旭光老师的加盟，极大地扩充了课程团队的力量。其间不断优化课程内容和结构，改革教学方式，课程逐步得到完善。

本教材以通识核心课“信息素养修炼”的课程资源为基础编写而成。教材大纲由吴建华初步拟订之后，经与王忠义、罗博、李旭光三位老师讨论修订而成。教材由 10 章组成，中间安排了 5 次上机实验任务。下面按照 32 学时计划，列出课程内容，供授课老师参考。

第一次课 第 1 章 信息社会与信息素养

第二次课 第 2 章 信息源

第三次课 第 3 章 信息组织与信息检索

第四次课 第 4 章 互联网开放信息资源及其检索

第五次课 第一次上机实验 基本检索工具的使用

第六次课 第 5 章 常用文献数据库

第七次课 第二次上机实验 专业检索工具的使用

第八次课 第三次上机实验 数据库高级检索

第九次课 第 6 章 文献信息收集与管理

第十次课 第四次上机实验 NoteExpress 安装与使用

第十一次课 第 7 章 文献信息的分析与评价

第十二次课 第 8 章 批判性阅读与写作

第十三次课 第 9 章 学术论文写作

第十四次课 第 10 章 学术规范与学术不端

第十五次课 第五次上机实验 专题资料收集与综述写作

第十六次课 综合演练 观看花芳老师授课的视频资料

第 1～2 章、5～6 章、8～10 章由吴建华撰写，第 3 章由王忠义和研究生王珂莹共同撰写，第 4 章和第 7 章由罗博撰写。需要特别说明的是，第 8 章原计划由李旭光撰写，他在英国学习工作多年，非常熟悉批判性思维及其教育问题，为这一章制作的课件内容十分精当、丰富。无奈他调往南开大学工作，工作十分繁忙，最后由他提供资料，由吴建华完成撰写。五次实验任务主要由吴建华设计，罗博补充了部分内容。

感谢夏立新院长、卢新元副院长的动员和鼓励，让“信息素养修炼”成为通识核心课，并有机会出版教材。感谢花芳老师千里迢迢来武汉为同学授课，感谢王忠义、罗博、李旭光三位老师及王珂莹同学的辛勤付出。感谢担任助教的各位研究生，她（他）们承担了繁重的上机辅导任务，还帮助制作课件、查阅收集资料，因人数众多，这里就不一一列举了。本书写作过程中参考了大量文献，感谢各位作者。

因作者能力水平有限，书中难免有疏漏之处，恳请读者批评指正。

吴建华

2020 年元月 15 日于武昌桂子山理科大楼 831 室

目　录

第 1 章　信息社会与信息素养

1.1　信息与信息社会

1.1.1　信息

我们所处的时代是一个信息时代，然而，不同的人站在不同的角度，对信息的理解有所不同。下面是对信息的几种典型定义。

控制论创始人维纳（Wiener）在 1948 年出版的著作《控制论》中宣称："信息就是信息，不是物质也不是能量"[1]。

信息论之父香农（Shannon）在 1948 年发表的论著《通信的数学理论》中，认为信息是用来消除随机不确定性的东西的[2]。

为了让普通人理解控制论的原理和意义，维纳 1950 年出版了《控制论与社会》。在这部著作中，他进一步从控制论的角度阐释信息："信息是人们在适应外部世界，并使这种适应反作用于外部世界的过程中，与外部世界交换的内容的名称"[3]。

北京邮电大学钟义信教授对信息的定义具有哲学意味，"某事物的本体论信息，是指该事物所呈现的运动状态及其变化方式"[4]。

意大利学者朗高（Longo）认为：信息包含在事物之间的差异中，只有差异才是重要的[5]。

加拿大学者萨克利夫（Tague-Sutcliffe）从图书情报学的角度定义了信息："信息是人及人所产生的记录跨越时空与他人所交流的内容"[6]。

萨克利夫定义的其实就是文献信息。所谓文献，就是记录知识信息的载体[7]。文献信息是本书关注的一个重要方面，下面的几个实例可以说明其普遍性和重要意义。

古代官方天文观测者观测到彗星，就把彗星出现的时间、地点等信息记载下来。曾担任英国皇家学会书记官的哈雷与牛顿是好友，运用牛顿定律计算自 1337 年以来曾被观察并记录下来的 24 颗彗星的轨道，发现 1682 年出现的大彗星及其轨道与 1607 年、1531 年出现的彗星的轨道如出一辙，而且 3 次出现的彗星外貌也很相似，意识到这 3 颗彗星很可能是同一彗星的 3 次回归。进一步查阅资料发现，1456 年、1378 年、1301 年、1222 年、1066 年历史上都有大彗星的记录。通过计算，哈雷确定该彗星的周期是 76 年左右。在 1705 年出版的论著《彗星天文学论说》中，哈雷预言彗星将于 1758 年再次出现。他的预言被证实了，这颗彗星因此被命名为哈雷彗星[8]。

清华大学于 2008 年收藏了两千多枚战国时期的竹简，被称为"清华简"。这批制作于秦始皇焚书坑儒之前的竹简，对于了解我国战国之前的史实和思想发展具有重要的作用[9]。

类似的例子不胜枚举。通过曹雪芹的《红楼梦》，可以了解到清代贵族家庭的生活方式；通过简·奥斯汀的小说《傲慢与偏见》，知道对当时英国地主家庭的女儿来说，婚姻是关乎生存的大事；今天，人们喜欢在微信朋友圈晒自己的生活，通过微信，就知道谁到某地旅游了，谁在享受美食美景。

1.1.2 信息社会

信息社会这一概念来源于美国著名社会学家、哈佛大学教授丹尼尔·贝尔 1973 年出版的论著《后工业社会的来临：社会预测的一次尝试》。该书分别于 1976 年、1999 年再版，其中 1999 年版的序言标题就是"技术轴心时代"。在这部著作里，丹尼尔·贝尔将社会划分为前工业社会、工业社会和后工业社会。前工业社会的财富主要来自采掘行业，生产效率低下，土地、矿产等原材料是最重要的战略资源。在工业社会，由于机器的普遍采用，自然环境被转化为技术环境，劳动生产率大大提高，金融资本是最重要的战略资源。后工业社会是一个信息社会，出现了以信息为基础的"智力技术"，信息成为核心资源，社会的首要任务是对科学活动及从事科学活动的机构进行组织、管理，人力资本成为最重要的战略资源。由于研究与开发成为创新的源泉，社会的重心日益转向知识领域，后工业社会也是知识社会[10]。

工业社会向后工业社会的转变主要发生在三个方面。第一，社会活动以经济增长为中心转变为以系统的理论知识为中心，社会对科学的依赖性日益增长。第二，经济形态从商品经济转变为服务经济，就业结构和就业方式均发生变化。第三，出现了一个以科研人员和工程师为核心的新阶级，他们取代地主、企业家，成为社会的主宰。在后工业社会，技术能力是取得权利的基础，教育是获得权力和地位的主要途径，因此，接受高等教育的人会越来越多[11]。

在 1999 年版的序言中，丹尼尔·贝尔宣称，人类于 20 世纪末进入信息时代，他的预言已基本实现。后工业社会的突出特征是信息具有中心地位，自印刷术发明以来，信息处理与传播首次成为主导行业之一。微处理器是信息时代的控制器，随着计算机与通信技术的发展，Internet 进入大规模实用阶段。美国政府于 1993 年底率先推出了国家信息基础设施即信息高速公路计划，1994 年初欧洲、日本纷纷响应，由此拉开了全球互联网建设的序幕[12-13]。之后，数字图书馆、社交网络相继出现。现在，人类已经进入移动互联网时代和人工智能时代。

我国于 1994 年启动了互联网建设计划。中国公用计算机互联网（ChinaNet）1995 年 5 月投入运行，向社会各界提供服务。国家计划委员会（现国家发展和改革委员会）1994 年 11 月批复立项的中国教育和科研计算机网（China education and research network，CERNET）示范工程于 1995 年 12 月通过国家验收[14]。紧接着，全国范围内掀起了校园网建设的浪潮，直接促进了图书馆从自动化阶段迅速向网络化、数字化方向发展[15]。根据《第 44 次中国互联网络发展状况统计报告》，截至 2019 年 6 月，我国网民规模达 8.54 亿人，其中手机网民规模达 8.47 亿人。2019 年上半年移动互联网接入流量消费达 553.9 亿 GB，同比增长 107.3%[16]。我国政府仍在继续加大在信息基础设施方面的投入，促进社会信息化向纵深发展。国家发展和改革委员会 2017 年 11 月印发了《关于组织实施 2018 年新一代信息基础设施建设工程的通知》，重点支持 3 个项目："百兆乡村"示范及配套支撑工程；5G 规模组网建设及应用示范工程；国家广域量子保密通信骨干网络建设一期工程[17]。

随着信息社会的持续发展，人类已进入大数据时代。由于网民数量增加、网络活动内容日益丰富，加之物联网的发展，网络信息总量规模十分巨大。正如中国工程院院士邬贺铨所指出的那样，"大数据是新一代信息技术的集中反映"[18]，该领域的发展对人类的影响将是深远的。

丹尼尔·贝尔在《后工业社会的来临：社会预测的一次尝试》中还提出了一些很有趣的论断，有些也已经成为现实。在后工业社会，信息上升到中心地位，随着人们关注、参与经济、政治、社会领域的日益扩大，吸收的绝对信息量不断增多，收集信息的成本也会增加。由于信息的技术特征日趋增强，研究一个论题也必须比以往更加深入细致。信息时代面临的一个重要问题是时间的管理，时间可能成为最稀缺的商品。

1.1.3　信息社会的生活形态

社会信息化带来的影响是结构性的，极大地改变了人类的生产生活方式。这意味着信息社会的生活形态具有鲜明的时代特征：经济以知识为基础；全球化趋势加剧；为适应快速变化的生存环境，人们必须保持终身学习；信息异常丰富但面临着甄别的困难，识别信息、解读信息的能力成为必须。

1. 信息社会的经济是以知识为基础的经济

经济合作与发展组织 1996 年发布的研究报告《以知识为基础的经济》让人们清楚地认识到知识经济时代的来临。报告指出，一些主要发达国家的经济越来越以知识和信息为基础，生产率和经济增长取决于技术进步和知识积累的速度，信息、技术和学习在经济活动中的作用成为人们关注的焦点。由于信息技术和通信基础设施的广泛使用，极大地推动了知识的编码化和低成本远距离的传播，加速了知识的扩散，从而进一步刺激了知识经济的增长。越来越多的劳动者在从事信息或编码类知识的生产、处理与传播，选择信息、识别信息类型、理解和释读信息及学习新的技能忘掉旧的能力越来越重要。教育将成为知识经济的中心，而学习将成为个人或组织发展的有效工具[19]。

2. 全球化趋势加剧

美国经济学家弗里德曼 2005 年首次出版就畅销全球的著作《世界是平的》，形象、深刻地揭示了全球化现状、趋势及背后的逻辑。信息技术的进步和信息基础设施的繁荣发展克服了距离的限制，全球范围内的分工协作变得十分普遍，这不仅剧烈地改变着人们的生活方式，还对地区、国家乃至全球的经济、政治、外交、文化造成了重大影响。面对急剧变化的环境，人们不仅需要快速的反应和行动，还需要丰富的想象力[20]。

3. 终身学习

在信息社会这个以知识为基础的社会，终身学习是关乎个人、组织、国家和人类生存和发展的大事。联合国教育、科学及文化组织（以下简称联合国教科文组织）先后发布的几个报告清楚地显示，终身学习不仅关乎个人生存问题，而且是促进人类可持续发展的必然要求[21]。

联合国教科文组织 1972 年出版了研究报告《学会生存：教育世界的今天和明天》，积极倡导终身教育和终身学习的理念。其背景是，随着人类进入知识呈爆炸性增长的阶段，生产方式也在发生急剧变化，对劳动力提出了新的要求，“一次性学习时代”已经结束，人们必须持续不断地接受教育和自主学习，才能适应新的生存环境，终身学习是学会生存的前提与保障，教育与学习成为一种应当被赋予的权利[22]。

联合国教科文组织 1996 年出版了另一个研究报告《教育：财富蕴藏其中》，倡导通过终身学习挖掘每个人身上的创造潜力，实现人的全面发展。终身学习不仅能够使人适应工作和职业的变化，而且有利于铸造人格、发展个性、增强批判精神和行动能力。该报告还提出了面向 21 世纪教育发展的四大支柱：学会认知（learning to know）、学会做事（learning to do）、学会共同生活（learning to live together）、学会生存（learning to be）。报告宣称，“终身学习是打开 21 世纪光明之门的钥匙”[23]。

21 世纪以来，联合国教科文组织促进人类可持续发展的终身学习理念逐步进入全面实施阶段。该组织 2000 年 9 月在德国汉诺威开展了主题为“建立学习型社会：知识、信息与人力发展”的全球对话活动；联合国于 2005 年 3 月 1 日启动《联合国可持续发展教育十年（2005—2014）国际实施计划》；联合国教科文组织 2015 年发布了《教育 2030 行动框架》，确定了“确保全纳、公平的优质教育，使人人可以获得终身学习的机会”的行动方针[24]。

经过联合国的大力推动和世界各国政府及各界人士的努力，不仅终身学习的理念已经深入人心，学习型社会的建设也卓有成效。今天，人们可以利用的学习资源十分丰富，使实施终身学习变得十分便利。例如，网络上有丰富多彩的公开课、慕课（MOOC）、微信小程序课程可供选择；打卡学英语、打卡学诗词成为一种时尚；公司利用手机开展视频培训则是一种新常态。

4. 信息丰富随手可得

移动互联网时代，一部智能手机在手，人们就可以随手获取信息、随时传播信息、随处生产信息。网络信息数量庞大、内容丰富，无论是为了工作学习，还是衣食住行，都可以在需要的时候十分方便地获取，这无疑给人们带来了极大的便利。

5. 信息选择困难真假难辨

网络信息过于庞杂，给人们带来了选择的困难，甚至真假难辨的困扰。有关网络信息的乱象丛生，网络诈骗、钓鱼网站层出不穷。魏则西事件不仅让“莆田系”医院浮出水面[25]，还引发了对百度竞价排名机制的广泛质疑。利益驱动下的信息搜索服务还值得信任吗？其实，被百度竞价排名扰乱的还有学术生态，虚假期刊网站已泛滥成灾[26]。在利益的驱动下，位于信息生产、组织、传播等环节的个人或组织都可能只给你希望你看到的信息，而不是你希望看到的信息。在这种情况下，选择合适的信息、辨别信息真伪的能力就变得无比重要。

时至今日，身处信息社会的很多人已经习惯于通过网络获取信息。事实上，并不是所有的信息都可以在网上轻松获得。例如，电视连续剧《猎场》表现的若干信息搜索场景，就比较真实地反映了现实。全面收集目标人的个人信息是猎头公司的日常工作之一，网络无疑是首选渠道，但网络披露的个人信息十分有限。因此，深入目标人生活、工作过的地方开展调查研究，到图书馆获取必要的资源，就成为一种常态。

1.2　信息需求的满足途径

无论是在日常生活中，还是在工作、学习中，都会遇到各种各样的问题，其中大部分问题需要借助信息来解决。因此，高效地获取合适的信息，就成为一种必备能力。

面临不同的问题，需要收集不同类型的信息，而不同类型的信息可以从不同的途径获取。概括起来，有 3 种典型的信息获取途径可供人们选择利用。互联网无疑是当今人们首选的途径；图书馆是专门从事文献信息资源采集、组织和服务的专业机构，全世界的图书馆已经联合建立起庞大的图书馆服务网络，但是很多人并不了解；有些信息无法通过上述两个途径获取，就必须亲自动手获取第一手信息，这就是第三个途径，人际交流与调查研究。

假如你要为写一本小说或家族史而搜集素材，或者为写一篇学位论文收集资料，或者为弄清网络上传播信息的真实性，或者需要调查一件事情的来龙去脉，应该分别采用哪种途径获取相关信息呢？下面结合具体事例，介绍 3 种典型的信息满足途径。

1.2.1　互联网及其他媒体

麦克卢汉“媒介即信息”的论断已广为人知[27]。从中国的狼烟、烽火到非洲的鼓点，再到电报、电话、广播、电视，人类为传播信息而发明的努力一直没有停止过。在互联网出现之前，人们已经习惯于通过报纸、期刊、图书、广播、电视等了解这个世界。随着互联网的普及，这些媒体也纷纷数字化，出现在网络上。被称为自媒体的博客、播客、微博、微信是依托互联网技术发展起来的新媒体。时至今日，互联网已经成为人们满足信息需求的首选途径，其他媒体则处于次要位置。

互联网发展到今天，已经积累了丰富的各类信息资源，包括海量的中文信息。这些信息对于解决日常生活、学习、工作等方面的许多问题都有帮助。无论是衣食住行、消遣娱乐，还是国家大政方针、地方政策，都可以很方便地在互联网上获取。

如前所述，由于互联网的开放性特点，对于网络信息的生产、组织、传播并没有统一的监管，这导致网络信息质量良莠不齐，不少虚假、低俗内容充斥其间，在使用的时候需要注意辨别信息来源是否可靠，还需要判断信息是否具有参考价值。

一般来说，各类官方网站发布的信息是比较可靠的。国务院 2007 年通过的《中华人民共和国政府信息公开条例》[28]，不仅极大地促进了各级政府的政务信息公开，还推动了企事业单位的信息公开走向规范化，各类机构的官方网站已成为发布公开信息的主流渠道。

政府运用官方网站发表公开信息，可以快速扩散信息，有效地帮助化解危机。例如，2011 年 3 月 11 日的日本地震引发了福岛核电站核泄漏，部分国家发生了防辐射食品、防毒面具、碘片的抢购行为，我国 3 月 16～20 日则发生了大范围的食盐抢购风潮。为此，中国盐业总公司、国家发展和改革委员会、中国疾病预防控制中心等机构迅速发布声明或通知，很快让民众恢复理性，抢购风潮几天之内就平息下来[29]。

本书第 3 章专门介绍互联网开放信息资源的特点与检索方法。

1.2.2 图书馆服务网络

图书馆是专门从事文献信息收集、整理、保存和服务的机构，经过多年建设，我国已经建立了比较完备的图书馆体系，并与国外图书馆建立了合作关系，共同组成了图书馆服务网络。

1. 各类型图书馆

图书馆的类型主要有如下几种，其中面向公众的是各级公共图书馆。

（1）国家图书馆。中国国家图书馆承担着国家总书库等多项职能，全面系统地收藏国内外文献，不仅为中央和国家领导机关开展文献提供和参考咨询服务，还面向社会各界及公众开展丰富多彩的服务。中国国家图书馆尽管位于北京，但服务对象不限于北京居民。外地用户如果需要，一样可以到中国国家图书馆查阅资料。中国国家图书馆还充分运用信息技术开发馆藏资源，发展新的服务项目，开发的数字图书馆、掌上国图等克服了距离的限制，惠及全球用户。例如，外地用户就可以通过网络欣赏讲座《诗经二十讲》[30]。

（2）公共图书馆。改革开放 40 年来，我国经济建设取得了举世瞩目的成绩，目前正大力建设覆盖全社会的公共文化服务设施。公共图书馆是公共文化服务设施的组成部分，向社会公众免费开放，建立覆盖全社会的公共图书馆服务网络是近期的发展目标。全国人民代表大会常务委员会 2017 年 11 月 4 日通过的《中华人民共和国公共图书馆法》，极大地推动着我国公共图书馆事业的发展[31]。我国各省、自治区和直辖市都开办有省级公共图书馆，各省下辖的各市都有市图书馆。区、县、乡镇、社区图书馆构成基层图书馆，是近几年及未来的建设重点。部分城市还打造了 15 分钟生活圈内的社区图书馆，其形式多样，有城市书房、农家书屋、24 小时自助书屋或借还书机等。

（3）高校图书馆。高校图书馆是学校的文献信息资源中心，为学校履行人才培养、科学研究、社会服务、文化传承创新的职能提供重要的文献信息保障。为指导和规范高校图书馆管理，教育部制定了《普通高等学校图书馆规程》[32]。

（4）科学院图书馆。中国科学院、中国社会科学院、中国农业科学院、中国医学科学院、中国地质科学院、中国中医科学院等科研机构的图书馆主要为系统内部科研人员服务，收藏的文献信息资源也体现出本系统的需要与特色。

（5）中小学图书馆。中小学图书馆是学校的文献信息中心，是学校实施教育教学和教育科学研究的重要场所，在培养学生阅读兴趣和阅读习惯、促进学生全面发展等方面发挥着重要作用。为加强中小学图书馆的建设，教育部制定了《中小学图书馆（室）规程》。

（6）其他类型图书馆。还有很多其他组织或个人举办的图书馆，如工会图书馆、企业图书馆、行业协会图书馆等，私人图书馆如高晓松图书馆。这些也是图书馆服务网络的组成部分。

2. 图书馆合作网络

单个图书馆由于资金、办馆历史、收藏重点等方面的限制，其保障用户文献信息需求的水平有限。为了提高图书馆的文献保障率，图书馆之间建立了形式多样的联盟，我国图书馆与其他国家的图书馆也都建立了合作关系。

对于图书馆的用户而言，这样的合作关系意味着可以很方便地利用其他图书馆收藏的文献信息资源。用户可利用的服务形式包括：持证阅览，馆际互借，文献传递。

（1）持证阅览。有些图书馆之间的合作协议允许一馆用户持本馆证件到另一馆查阅资料。例如，武汉地区高校图书馆为了实现资源共享，在 20 世纪 90 年代就建立了合作关系。根据协议，华中师范大学的师生凭本人一卡通等证件就可以到武汉大学或其他高校图书馆入馆阅览。这是一种很方便的服务，如果查阅到重要的资料，还可以复印。事实上，武汉大学图书馆是教育部外国教材中心、教育部引进文科图书中心书库、中国高校人文社会科学文献中心等多个全国文献中心项目的区域中心馆，鼓励大家前往共享使用[33]。

（2）馆际互借。有时候发现某图书非常重要，但本馆没有收藏而其他图书馆收藏了，就希望把书借出来使用一段时间。这种情况下，就可以到所在图书馆开具一份馆际互借介绍信，凭介绍信到目标馆借书。如果要利用这项服务，需要先检索联合目录，了解文献在图书馆的收藏情况。例如，如果发现某书在某图书馆没有收藏，就可以检索中国高等教育文献保障系统（China Academic Library & Information System，CALIS）联合目录，查找收藏了此书的图书馆，然后就可以开具馆际互借介绍信到该目标图书馆借书[34]。

（3）文献传递。文献传递提供单篇文献服务。有时候用户可能需要的是若干篇期刊论文或会议论文，或者一个标准，这时候可以使用文献传递服务。高校图书馆一般都有负责文献传递服务的管理员，受理用户的文献传递申请。对于那些经常需要使用文献传递服务的用户，管理员可以授权用户直接使用 CALIS。得到授权的用户在 CALIS 中提交申请，文献到达之后，申请人会收到邮件通知，单击链接就可以收取电子版文献。

很多深入的工作需要利用图书馆才能完成。著名作家路遥为创作《平凡的世界》，除阅读近百部各种风格的长篇小说外，还翻阅了十年来的《人民日报》《光明日报》《参考消息》等资料[35]。《哲学汇刊》是人类的第一份科技学术期刊，为了弄清该刊的创办及其前期的出版状况，就需要查阅大量的文献[36]。大学生、研究生写作学位论文的一个重要环节就是文献调研，开展这项工作就必须利用图书馆的文献信息资源才能完成。

1.2.3 人际交流与调查研究

互联网及其他媒体、图书馆都是人类建设的正式信息服务系统，是人类文明发展到一定阶段的产物。其实，人类满足信息需求最便捷、历史最悠久的渠道就是人际交流。当人们面临自身无法解决的问题时，会很自然地询问身边的人，如家人、朋友、同学、同事、同行等。

通过人际交流满足的不限于日常生活方面的信息需求，也可以是与学习、工作相关的。不同的学习经历、工作经历、生活经历，不同的兴趣爱好和职业背景等，都对个人形成不同的知识体系和信息渠道造成影响。因此，除了利用互联网和图书馆，还要善于通过人际交流满足自己的信息需求。例如，在工作会议或学术会议期间，通过会议的正式交流环节无疑可以获得丰富的知识和信息，但如果在会下能够与大家开展形式多样的非正式交流，则收获更多。

很多信息需求仅通过上述途径还无法完全得到满足，这时候就需要开展必要的调查研究，获取宝贵的第一手信息。例如，颁布一项新法律、实施一项新政策后，需要了解实施效果和人们的态度，这时候就需要开展比较正式的调查研究。

人们面临的问题有些比较简单，有些比较复杂，对于收集信息的要求也就不一样。有时候通过单一的途径如互联网即可解决，但很多时候需要通过多种途径才能收集解决问题的所有信息。例如，想要烹制一道以前不曾尝试过的菜，通过互联网很快就可以找到很多菜谱和制作方法，还有视频可供参考。如果要查阅某毕业研究生的学位论文，检索图书馆的学位论文数据库就可以解决。但是，当面临撰写家族史、写作学位论文这类任务时，事情就没有这么简单了。撰写家族史不仅需要查阅大量的文献资料，如地方志、移民记录、族谱等，还需要采访家族里面的一些重要人物，甚至需要开展实地考察。写作学位论文除了前期开展文献调研，可能还需要开展调查研究或科学实验获得第一手数据，并对数据进行整理和解释，赋予其意义，从而把数据转化为信息或知识，这样的论文才有价值。

1.3 信息素养

1.3.1 信息素养的概念与意义

1. 信息素养概念的起源与定义

信息素养是从 information literacy 翻译而来，又译为信息素质。最早提出这个概念的是美国信息产业协会主席保罗·车可斯基，他在 1974 年提交给图书馆与信息科学全国委员会的一份报告中指出，“经培训后能够在工作中运用信息资源的人即为具备了信息素养。他们学习相关技术和技能，从而能够利用各种信息工具与主要信息源形成信息解决方案，用于解决实际问题”。随着当时信息产品和信息服务形式的日益丰富，信息服务环境发生了变化，甚至出现了信息过载，他认为应该提高公民自我信息服务能力。他还建议委员会实施一项全国计划，对所有公民开展培训，让他们学会使用各种信息工具和信息资源，从而在未来 10 年让美国人的信息素养水平得到普遍提高[37]。

之后，这一概念得到认可并逐步深化。例如，认为具备信息素养意味着需要一套新技能，包括查找、运用信息以解决问题、有效决策。1982 年出现了计算机素养的概念，同时认为信息素养包含了计算机素养，因为这个时期具备信息素养意味着能够运用计算机及软件系统确认、访问、获取各类信息，以帮助解决问题、做出决策。认为具备信息素养才能实施终身学习。信息素养是信息社会对人的基本要求，因为技术与社会的变化要求人们具备新的知识和技能，具备管理由计算机和大众传媒产生的大量复杂信息的能力，需要终身学习[38]。

对信息素养这一概念有多种阐释，其中得到最广泛认可的是美国图书馆协会 1989 年提交给总统委员会的报告《关于信息素养的报告》中对信息素养的定义：

“具备信息素养的人，知道如何查找、评估和有效利用信息来解决特定问题或做出决策，无论其选择的信息来自计算机、图书、政府机构、电影或者其他任何可能的资源。”[39]

2. 信息素养的重要性

丹尼尔·贝尔在 1973 年出版的著作中提出信息社会的概念，一年之后，保罗·车可斯基就在 1974 年的报告中提出信息素养的概念，这并非偶然。20 世纪 70 年代，信息产品日益丰富，信息产业初具规模，信息社会初露端倪，人们生活的社会环境已经发生变化，一批有识之士都注意到这种变化，意识到这个社会对生活在其中的人提出了新的要求，信息产业界、图书馆、信息科学界、传媒界成为最早关注信息素养问题的领域。

素养即 literacy，最初是指个人具备读写能力，有文化、有教养。随着社会的发展，这一概念的含义在发生变化，其中一个重要的方面是认为具备读写能力或具有素养的人应该有效参与社会、为社会发展做贡献。由于素养本身具有一定的经济、政治、文化功能，人们提出了"功能素养"（functional literacy）的概念。联合国教科文组织在 1965 年的德黑兰会议上对这一新概念进行了界定，认为功能素养不局限于基本读写能力，科学技术的进步要求人们拥有更丰富的知识、更加专业化，而文化教育应当让人们从社会、经济等方面全面融入这个日新月异的社会。到了 20 世纪 90 年代，人们对功能素养有了进一步的认识，认为功能素养是继续学习、评估和处理信息、创造新知识、参与社会的唯一有效工具[40]。

联合国教科文组织 1978 年对"文盲"和"功能性文盲"进行了区分，文盲是指缺乏基本的读写能力，而功能性文盲是指一个人不能把读、写、计算技能运用于个人或社群的发展中[41]。随着信息社会的发展，信息技术越来越深入地渗透到社会生活的方方面面，功能性素养越来越多地包含了与技术相关的技能和能力，如计算机技术、数字技术、通信工具、网络等，也出现了各种新的素养，如计算机素养、媒体素养、网络素养、信息与通信技术素养等，其实都是信息素养的组成部分。例如，信息与通信技术素养被定义为"运用数字技术、通信工具及网络访问、管理、集成、评估、创造信息，从而在知识社会中发挥作用"[42]。

信息素养对于个人发展和社会繁荣都具有重要意义。联合国教科文组织 2003 年发表了《布拉格宣言》，声称信息素养是人们有效参与信息社会的一个先决条件，是实施终身学习的一项基本人权[43]。国际图书馆协会联合会 2005 年在埃及亚历山大图书馆发布的《信息社会的灯塔：关于信息素养与终身学习的亚历山大宣言》，宣称信息素养位于终身学习的核心，它能够使各行各业的人有效地寻找、评估、使用、创造信息，以达到个人、社会、职业与教育的目标，是数字世界的一项基本人权[44]。

简而言之，生活在信息社会里的人只有具备必要的信息技术、信息资源方面的知识、技能和能力，才能获得与社会发展水平相适应的生存发展机会。相反，如果人们在信息素养方面缺乏必要的训练，即使具备基本的读、写、计算能力，也会沦为信息社会的功能性文盲，生存会非常困难，更缺少发展的机会。

1.3.2 信息素养教育

为了把每位公民都培养成为信息社会的合格公民，应开展信息素养教育[45]。事实上，信息素养教育受到各国政府的重视。我国政府在推进信息化建设的过程中，大力普及计算机与网络教育，让人们在中小学阶段就掌握计算机和互联网的知识和使用方法。随着人工智能进入新的发展阶段，国家加快了对这一新领域的布局，国务院于 2017 年制定了《新一代人工智能发展规划》，要求“在中小学阶段设置人工智能相关课程，并逐步推广编程教育”[46]。信息素养的内容十分丰富，涉及信息技术、信息资源等多个方面。其中，信息技术方面的教育通过专门设置的课程来完成，而信息资源及其使用方面的教育则由图书馆负责。教育部针对高校图书馆和中小学图书馆制定的两个规程，都要求图书馆开展多种形式的用户培训，如新生入馆教育，“信息素质教育”、“文献检索与利用”、“阅读指导”课程等。由于我国中小学图书馆的规范化建设起步较晚，绝大部分中小学实施的信息素养教育侧重于信息技术，而针对信息资源的教育基本缺位[47]。相信随着中小学图书馆条件的改善，这方面的状况也会逐步好转。

事实上，高校开展的信息素养教育，其立足点正在于“信息是一种资源”[48]。高校图书馆长期开展以馆藏资源及其使用方法为主要内容的用户教育活动，主要形式包括新生入馆教育、专题数据库培训、文献检索课等。随着社会日益信息化，图书馆收藏的文献信息资源形态也在发展变化，教学内容随之调整，信息素养教育的课程名称也在变化。目前，文献检索与利用[49]、数字信息资源建设与利用[50]、信息检索[51]、信息素质教育[52]等名称都在使用。严格地说，信息既包括文献信息，又包括非文献信息，信息资源不限于文献信息资源，信息素养的内涵也远比文献检索丰富。然而，很多信息资源以数据库的形式存在，因此，文献数据库、检索工具、检索方法等内容在信息素养教育类课程中依然占据较大比例，是课程的核心内容，课程冠以文献检索、信息检索、信息资源检索等名称，也是合理的。

美国大学与研究图书馆协会 2000 年批准并颁布的《高等教育信息素养能力标准》（Information Literacy Competency Standards for Higher Education，简称《标准》），于 2004 年获得美国高等教育协会与独立学院委员会正式通过[53]。该标准包括五大标准 22 项评价指标，每项评价指标又设置了若干学习效果指标，其指导性和操作性都很强，因而在世界范围内被广泛用于指导高校信息素养教育。五大标准是：①能确定所需信息的性质和范围；②能有效而又高效地获取所需信息；③能批判性地评价信息及其来源，并把所选取的信息融入已有的知识与价值系统；④能有效地利用信息达到特定的目的；⑤懂得有关信息技术的使用所产生的经济、法律和社会问题，并能在获取和使用信息时遵守公德和法律。

随着社会信息环境的迅速变化，信息素养教育也出现了一些令人耳目一新的形式，慕课、翻转课堂等得到日益广泛的采用[54]，还出现了信息素养教育游戏网站“信息素养修炼站”[55]。

因为高等教育环境和社会信息生态的急剧变化，美国大学与研究图书馆协会认为有必要对《标准》进行修订，形成新的标准。因此该协会于 2012 年成立了一个特别工作组，负责标准的修订工作。经过几年的努力，新标准被制定出来，被称为《高等教育信息素养框架》（Framework for Information Literacy for Higher Education，简称《框架》）。美国大学与研究图书馆协会于 2016 年 1 月采用《框架》，并决定自 2016 年 7 月终止《标准》的使用[56]。因此，《框架》已成为信息素养教育的指导性文件。从事这一工作的人们围绕如何以《框架》为指导开展信息素养教育，开始了新一轮的思考和实践[57]。

1.3.3 《框架》的主要内容

下面主要依据《框架》的文本及国内学者的解读和翻译[58-61]，简要介绍《框架》的要点，详细内容在后续各章展开。

《框架》对信息素养进行了扩展定义：信息素养是一组综合能力，包括对信息的反思性发现，对信息如何产生和评价的理解，以及运用信息创建新知识并合理参与社群学习。相比《标准》对信息素养的界定，这个定义更强调其动态性和灵活性，突出个人成长和社群学习。

《框架》引入了两个关键概念，即元素养和阈概念。

元素养是“催生其他素养的素养”，是具有基础性地位的一个核心概念，具体是指学生作为信息消费者及成功参与合作的信息创建者应具备的一组综合能力，其培养目标包括行为、情感、认知、元认知 4 个方面。《框架》特别重视元认知，元认知即对认知的认知，是一种批判性自我反思能力。具备元认知能力的人会更加自主，对于如今生活在一个快速变化的生态系统中的人来说，这一点至关重要。

阈即临界值。阈概念是学科领域中那些能够将学生引入学科大门的关键性理念，对于增进理解、思考和实践起着门户或通道的作用。

《框架》正是建立在一组相互关联的核心概念的基础上，将许多与信息、研究和学术相关的概念和理念组织成为一个整体的概念性认识。《框架》被组织为 6 个子框，每个子框包括一个信息素养核心概念、一组知识技能、一组行为方式。知识技能体现出学习者增进对信息素养概念理解的方式，行为方式描述学习的情感、态度和价值观。代表子框的 6 个核心概念按英文字母顺序排列，不代表重要性次序或结构顺序。

1. 权威具有建构性和情境性（authority is constructed and contextual）

权威是一种在团体内被认可或起作用的影响力，其建构取决于不同团体对不同类型权威的认可，因而具有建构性。信息资源反映了创建者的专业水准和可信程度，人们根据信息需求和信息使用情境对其加以评估，决定选择什么样的信息资源，信息是否权威因需求而定，因而具有情境性。对于权威信息源的获取，初学者更多地依赖基本的权威指标，专家则倾向于判断思想流派和学科范式。

学习者应当掌握的知识技能包括：定义不同类型的权威，如凭学术成就建立的学术权威，因社会地位而获得的权威，或因参与某一事件的特殊经历而获得的权威；运用研究工具和权威指标确定来源的可信性；理解即使是已经产生广泛影响的权威性著作，其权威性依然可能受到挑战；认识到权威性内容可能被正式包装或非正式包装，其媒体类型可以多种多样；理解自己也在特定领域发出权威声音，认识到由此带来的责任；理解由于权威人士主动相互关联，信息源也在随时间发展变化，信息生态系统正日益社会化。

学习者应该形成的行为方式包括：在碰到不同甚至相互冲突的观点时，发展并保持开放的头脑；激励自己努力找到权威信息源；理解对内容进行客观评估的重要性，对自己的偏见和世界观保持清醒的态度；质疑推崇权威的传统观念，认识多元化理念和世界观的价值；意识到保持这种态度和行动需要经常开展自我评估。

2. 信息创建是一个过程（information creation as a process）

信息创建的过程即信息的创造是一个过程，任何格式的信息都是创建出来以传递消息，并选择某种传递方式让他人共享，研究、创造、修改、传递信息的过程反反复复，最终的信息产品和产品价值都会因各个环节的差异而有所不同。初学者无法理解信息创建的过程性，无法结合信息创建过程看待信息产品。专家认可明白信息创建的本质，懂得结合信息创建的各个过程综合评判信息的价值，而不拘泥于形式。

学生需要持续关注信息创建与传播的动态本质，以理解这一进化的创建过程。通过学习，初学者认知到信息创建过程的重要性，在把信息产品与自身信息需求进行匹配时，越来越能做出成熟的选择。学生应学会尊重他人的原创性思路，估量生产知识需要的技能、时间和努力；同时，还应把自己看作是信息市场的贡献者，而不仅仅是消费者。

3. 信息具有价值（information has value）

信息具有多元价值，包括作为一种商品的价值，作为一种教育工具的价值，作为一种影响工具的价值，作为一种磋商和理解这个世界的工具的价值。信息的价值在多种情况下体现出来，如出版业、个人信息商业化、信息获取、知识产权法等。由于信息具有的多元价值属性，法律与社会经济利益会影响信息生产和信息传播。

在周围充斥着大量免费信息的环境下，初学者无法理解信息的多元价值。专家经常创建信息、使用信息，非常清楚在利益驱使下，信息的价值有遭到滥用的可能，他们在与信息价值有关的法律和社会经济活动中也会保持质疑的态度，从而做出明智的选择。

4. 研究即探究（research as inquiry）

研究是一个专注于问题或疑惑的探究式过程，这些问题或疑惑可能来自某个学科或多个学科。在反复探求的过程中，研究者会从不同的角度提出越来越复杂和新颖的问题，而得到的答案反过来又会引出其他问题，进而引发进一步的深入探索。这是一个开放式探索过程，存在大量的信息交互，经常会碰到相互矛盾的观点。

初学者无法理解相互矛盾的观点的存在，需要学习选题方法、战略性探究视角、开放包容的态度等。专家熟悉整个探究式研究过程。研究开始阶段，专家知道如何关注学科内或学科间开放的或未解决的难题或疑惑，确定选题；在研究过程中，专家重视学科间协作的研究，也能够理性地看待协作中出现的争议。

5. 对话式学术研究（scholarship as conversation）

对话式学术研究，是指不同的学者和学术团体会不断带着新见解和新发现参与学术对话。初学者和专家都可能会不同程度地参与到学术对话中。相比初学者，专家在学术对话中持开放态度，能接受对话过程中产生的相互矛盾的观点，他们倾向于寻求更多的观点，而不仅仅是得到确定的答案。专家理解，就某一问题，可能有多个相互冲突的观点参与到持续的对话中，在这场对话中，信息使用者和信息创建者一起讨论，寻求真谛。熟悉某领域的证据来源、方法、对话模式，有助于初学者参与对话。

学习者应掌握的知识技能包括：在自己的信息生产中引用他人贡献的作品；在合适的层面上为学术对话做出贡献，如本地在线社群，引导式讨论，本科生研究期刊，会议演讲或海报展示；识别通过不同途径进入学术对话的障碍；批判性地评价他人在参与式信息环境中的贡献；鉴别特定论文、著作及其他学术作品对学科知识的贡献；归纳总结特定学科某一特定主题的学术观点的发展变化；认识到某一学术作品可能并不代表某个问题的唯一观点，甚至也不代表多数人的观点。

6. 检索是策略式探索（searching as strategic exploration）

检索是策略式探索，是指检索行为往往始于一个问题，其过程包括查询、发现和偶然所得，这是一个非线性的、迭代的、复杂的过程，需要评价一系列信息源，需要根据新的理解灵活地寻求替代途径，会受到检索者情感、认知等各种因素的影响。初学者很少使用检索策略，检索到的是有限的资源。专家可以根据自己的需求选择多样化的检索策略，从而通过广泛、深入的检索来确定最合适的信息。

学习者应该掌握的知识技能包括：确定满足信息需求任务的初步范围；确定某一主题信息的可能生产者，如学者、组织、政府、行业，然后设法获取这些信息；检索时运用发散（如头脑风暴）和收敛（如选择最佳信息源）思维；根据信息需求和检索策略选择合适的检索工具；根据检索结果对需求和检索策略进行必要的设计和优化；理解信息系统的组织方式（即记录信息的集合），以获取相关信息；恰当地使用不同类型的检索语言（如控制词、关键词、自然语言）；有效地管理检索过程和结果。

学习者应该形成的行为方式：表现出灵活性和创造性；理解第一次检索尝试并不总能得到足够的结果；认识到信息源在内容和格式方面有很大不同，而且其相关性和价值也会因需求和检索的性质而有明显差异；寻求专家指导，如图书馆员、科研人员和专业人士；认识到浏览及其他偶然发现都是有价值的信息收集方法；坚持不懈地面对检索的挑战，同时知道在拥有足够信息时，即可结束任务。

练　习　题

1. 请结合自身经历，说明信息为什么可以减少不确定性。

2. 为什么说信息社会的经济是以知识为基础的经济，而且在这个社会应该保持终身学习？

3. 请结合实例说明如何通过 3 种典型途径满足自己的信息需求。

4. 为什么说图书馆服务网络可以最终保障用户的文献信息需求？

5. 试结合信息的多元价值属性，分析为什么互联网及其他媒体上的免费信息并不总是可信的，而有些信息在互联网上无法免费获取。

参 考 文 献

[1] 维纳. 控制论：关于动物和机器的控制与传播科学(第二版)[M]. 陈娟，译. 北京：中国传媒大学出版社, 2018: 146.

[2] SHANNON C E, WEAVER W. The mathematical theory of communication[M]. Urbana: University of Illinois Press, 1949.

[3] WIENER N. The human use of human beings: cybernetics and society[M]. London: Free Association Books, 1989: 17.

[4] 钟义信. 信息科学原理[M]. 5 版. 北京: 北京邮电大学出版社, 2013: 66.

[5] LONGO G. Information theory: new trends and open problems[M]. New York: Springer, 1975: III.

[6] TAGUE-SUTCLIFFE J. Measuring information: an information service perspective[M]. San Diego: Academic Press, 1995: 3.

[7] 吴慰慈. 图书馆学基础[M]. 2 版. 北京: 高等教育出版社, 2017: 16.

[8] 王渝生. 哈雷彗星的发现: 顿悟, 但并非偶然[J]. 科技导报, 2008(6): 98.

[9] 李学勤. 有关春秋史事的清华简五种综述[J]. 文物, 2016(3): 79-83.

[10] BELL D. The coming of the post-industrial society-a venture in social forecasting[M]. New York: Basic Books, 1999.

[11] 贝尔. 后工业社会(简明本)[M]. 彭强, 译. 北京: 科学普及出版社, 1985.

[12] 陈慧杰. 从 INTERNET 到信息高速公路[J]. 情报学报, 1994(6): 445-453.

[13] 碧元. 国际"信息高速公路"竞争揭开序幕[J]. 新闻记者, 1994(4): 31-34.

[14] 《大学图书馆学报》编辑部. 中国教育和科研计算机网(CERNET)示范工程通过国家验收[J]. 大学图书馆学报, 1996(1): 12.

[15] 吴建华. 华中师范大学图书馆自动化系统发展历程: 1988—2009[J]. 图书馆论坛, 2016, 36(7): 8-17.

[16] 中国互联网络信息中心. 第 44 次《中国互联网络发展状况统计报告》[EB/OL]. (2019-08-30)[2019-09-01]. http://202.114.33.233/cache/12/03/www.cnnic.net.cn/2bd16b50ae54eba5b076d8c4c6960d8c/P020190830356787490958.pdf.

[17] 中华人民共和国国家发展和改革委员会. 国家发展改革委办公厅关于组织实施2018年新一代信息基础设施建设工程的通知[EB/OL]. (2017-11-27)[2019-08-03]. http://www.ndrc.gov.cn/zcfb/zcfbtz/201711/t20171127_867953.html.

[18] 邬贺铨. 大数据时代的机遇与挑战[J]. 求是, 2013(4): 47-49.

[19] 经济合作与发展组织. 以知识为基础的经济[M]. 杨宏进, 薛澜, 译. 北京: 机械工业出版社, 1997.

[20] 弗里德曼 T. 世界是平的[M]. 何帆, 肖莹莹, 郝正非, 译. 长沙: 湖南科学技术出版社, 2006.

[21] 李兴洲, 耿悦. 从生存到可持续发展: 终身学习理念嬗变研究: 基于联合国教科文组织的报告[J]. 清华大学教育研究, 2017, 38(1): 94-100.

[22] 联合国教科文组织国际教育发展委员会. 学会生存: 教育世界的今天和明天[M]. 北京: 教育科学出版社, 1996.

[23] 联合国教科文组织. 教育: 财富蕴藏其中[M]. 联合国教科文组织总部中文科, 译. 北京: 教育科学出版社, 1996.

[24] 徐莉, 王默, 程换弟. 全球教育向终身学习迈进的新里程: "教育 2030 行动框架"目标译解[J]. 开放教育研究, 2015, 21(6): 16-25.

[25] 于垚峰. "魏则西事件"揭开莆田系生存法则[N]. 每日经济新闻, 2016-05-03(1).

[26] 孙昌朋, 林萍, 陈望忠. 百度竞价排名对中文核心医学期刊官网在百度搜索中的影响及思考[J]. 中国科技期刊研究, 2016, 27(8): 888-892.

[27] 麦克卢汉 M. 理解媒介: 论人的延伸(增订译注本)[M]. 何道宽, 译. 南京: 译林出版社, 2011: 16-33.

[28] 中华人民共和国国务院.《中华人民共和国政府信息公开条列》[EB/OL]. (2007-04-05)[2019-08-07]. http://www.gov.cn/xxgk/pub/govpublic/tiaoli.html.

[29] 刘小龙. 食盐抢购事件背后的群众性心理分析[J]. 法制与社会, 2011(16): 178-179.

[30] 中国国家图书馆. 最新公告[EB/OL]. (2018-06-11)[2019-08-07]. http://www.nlc.cn/dsb_zx/zxgg/201806/t20180611_169871.htm.

[31] 全国人民代表大会常务委员会. 中华人民共和国公共图书馆法[EB/OL]. (2017-11-04)[2019-08-07]. http://www.npc.gov.cn/npc/xinwen/2017-11/04/content_2031427.htm.

[32] 教育部. 普通高等学校图书馆规程[EB/OL]. (2016-01-20)[2019-08-08]. http://www.moe.gov.cn/srcsite/A08/moe_736/s3886/201601/t20160120_228487.html.

[33] 教育部清华大学外国教材中心. 全国布局与分工[EB/OL]. [2020-04-26]. http://www.lib.tsinghua.edu.cn/FTC/

[34] CALIS 管理中心. CALIS 联合目录公共检索系统[EB/OL]. [2019-08-08]. http://opac.calis.edu.cn/opac/simpleSearch.do.

[35] 陈忠实. 路遥和他的《平凡的世界》[N]. 文艺报, 2015-02-27(1).

[36] 宋轶文, 姚远. 《哲学汇刊》的创办及其前期出版状况[J]. 中国科技期刊研究, 2014, 25(5): 632-636.

[37] ZURKOWSKI P G. The information serveice environment relationships and priorities. related paper No.5.[R]. Washington,

D.C.: National Commission on Libraries and Information Science, 1974.

[38] BEHRENS S J. A conceptual analysis and historical overview of information literacy[J]. College & research libraries, 1994, 55(4): 309-322.

[39] American Library Association. Presidential committee on information literacy: final report[EB/OL]. (1989-01-10)[2019-08-10]. http://www.ala.org/acrl/publications/whitepapers/presidential.

[40] BHOLA H S. Funcitonal literacy, workplace literacy and technical and vocational education: interfaces and policy perspective[R]. Paris: UNESCO, Section for Technical and Vocational Education, 1995.

[41] UNESCO. Records of the general conference[C]. 20th Session, Vol. 1., 1978: 183.

[42] International ICT Literacy Panel. Digital transformation. A framework for ICT literacy[EB/OL]. (2002-05-02)[2019-08-12]. http://www.ets. org/Media/Research/pdf/ICTREPORT.pdf.

[43] UNESCO, The US National Commission on Library and Information Science and the National Forum on Information Literacy. The prague declaration “towards an information literate society”[EB/OL]. (2003-09-23)[2019-08-10]. http://www.unesco.org/new/fileadmin/MULTIMEDIA/HQ/CI/CI/pdf/PragueDeclaration.pdf.

[44] IFLA. Beacons of the Information Society: the alexandria proclamation on information literacy and lifelong learning[EB/OL]. (2005-11-09)[2019-08-10]. https://www.ifla.org/publications/beacons-of-the-information-society-the-alexandria-proclamation-on-information-literacy.

[45] 马海群. 论信息素质教育[J]. 中国图书馆学报, 1997(2): 84-87.

[46] 中华人民共和国国务院. 新一代人工智能发展规划[EB/OL]. (2017-07-20)[2019-08-13]. http://www.gov.cn/zhengce/content/2017-07/20/content_5211996.htm.

[47] 吴建华, 郭静, 孙静. 我国信息素质教育的主要问题、成因与对策分析: 基于中美基础教育阶段课程标准的比较[J]. 情报科学, 2012, 30(7): 967-973.

[48] 吴建华, 陈菁华. 基于信息素质结构特点的教学设计研究[J]. 情报科学, 2010, 28(12): 1809-1815.

[49] 花芳. 文献检索与利用[M]. 2 版. 北京: 清华大学出版社, 2014.

[50] 肖珑. 数字信息资源的检索与利用[M]. 2 版. 北京: 北京大学出版社, 20013.

[51] 黄如花. 信息检索[M]. 2 版. 武汉: 武汉大学出版社, 2010: 260.

[52] 燕今伟, 刘霞. 信息素质教程[M]. 武汉: 武汉大学出版社, 2008.

[53] Association of College and Research Libraries(ACRL). Information literacy competency standards for higher education[EB/OL]. (2000-01-18)[2019-08-13]. https://alair.ala.org/bitstream/handle/11213/7668/ACRL%20Information%20Literacy%20Competency%20Standards%20for%20Higher%20Education.pdf?sequence=1&isAllowed=y.

[54] 陈晓红, 高凡. 近五年国内外信息素养教育研究进展及展望[J]. 图书情报工作, 2018, 62(10): 136-142.

[55] 华中师范大学信息素质教育游戏课题组. 信息素养修炼站[EB/OL]. [2019-08-14]. http://il.ccnu.edu.cn.

[56] Association of College and Research Libraries(ACRL). Framework for information literacy for higher education[EB/OL]. (2015-02-02)[2019-08-13]. http://www.ala.org/acrl/sites/ala.org.acrl/files/content/issues/infolit/Framework_ILHE.pdf.

[57] 魏海燕. 基于 ACRL《高等教育信息素养框架》的大学信息素养教育生态系统构建: 以香港城市大学图书馆为例[J]. 图书情报工作, 2019, 63(6): 56-63.

[58] 杨鹤林. 元素养: 美国高等教育信息素养新标准前瞻[J]. 大学图书馆学报, 2014, 32(3): 5-10.

[59] 刘彩娥, 冯素洁. ACRL 的《高等教育信息素养框架》解读与启示[J]. 图书情报工作, 2015, 59(9): 143-147.

[60] 秦小燕. 美国高校信息素养标准的改进与启示: ACRL《高等教育信息素养框架》解读[J]. 图书情报工作, 2015, 59(19): 139-144.

[61] 清华大学图书馆. 高等教育信息素养框架[EB/OL]. (2015-10-19)[2019-08-17]. http://www.ala.org/acrl/sites/ala.org.acrl/files/content/standards/framework-chinese.pdf.

第2章 信 息 源

2.1 文献信息源与非文献信息源

2.1.1 信息源及其分类

什么是信息源？学界对这一概念有多种定义。例如：它是储存可被查询信息的个人或组织，如家人、朋友、行业组织、咨询机构、政府机构等；它是可提供潜在信息、数据或符号的多种物理或数字媒介，一旦被采纳就可能影响接收者的知识状态；它是能够向信息主体提供所需信息的来源物，如物质世界中的事物、客观知识的记录、信息主体或其他人的头脑等；它是信息的载体，提供信息的知识库。[1]

简而言之，信息源就是信息的来源，是记录或存储信息的载体。

对信息源的分类一般根据记录或存储信息的载体类型来划分。一种划分为6类信息源：人（亲朋好友等社会网络）；广播媒体（收音机和电视）；印刷媒体（报刊、图书及其他印刷材料）；网络媒体（电子邮件、万维网）；组织化资源（如公共图书馆、协会等）；其他（如课程、日常生活环境）[2]。另一种划分为5类信息源：口头信息源；印刷信息源；媒体信息源；网络信息源；机构信息源[3]。还有一种采用二分法，把信息源分为非文献信息源和文献信息源，非文献信息源包括口语、体语、实物、实情等[4]。

无论是五分法还是六分法，都可以进一步归纳为两类，即文献信息源和非文献信息源。信息被记录下来的就是文献信息源，信息还没有被记录下来的就是非文献信息源，而记录信息的载体，其实一直在发展变化中。至于组织化信息源如图书馆，其主要职能是收集、整理、存储文献信息并提供使用。

非文献信息源的信息被采集、记录下来，就形成了文献信息。例如，世界杯足球赛、温布尔登网球公开赛的实况转播，实际上是利用大型成套录音录像设备采集实况信息，以电磁信号的形式被记录、存储下来，然后通过通信卫星及网络传送到世界各地的终端设备上。人是一种重要的信息源，采用观察、访谈等方法，可以采集存储在人脑中的信息。无论是新产品研发还是服务创新，都需要经常开展用户研究，了解人的潜在需求。事实上，产品创新的本质是市场和技术的有效结合，在技术创新过程中，用户是重要的信息源，对重点目标用户的研究有助于企业迅速完成创新产品和服务的商品化[5]。

实际工作中可采用多个信息源，弥补单一信息源的局限性。例如，记录冰雹灾害信息的部门包括气象部门、政府减灾部门、新闻媒体，每个部门记录信息的侧重点不同，时间段有交叉，信息具有互补性。广泛收集来自这几个部门的冰雹灾害信息，就可解决冰雹灾害观测信息不完备的问题，可成功地建立中国冰雹灾害数据库，编制出中国冰雹灾害空间分布图[6]。

综合运用非文献信息源和文献信息源的情况很普遍。例如，大学生求职一般使用线下信息源和网络信息源。线下信息源包括校园宣讲会、校园招聘会、社会实践、实习场所、社会关系等；网络信息源包括招聘网站、学校就业指导中心网站、用人单位网站、校园BBS、社交网络等[7]。

2.1.2 文献载体的发展

文献载体的发展史就是一部人类文明的发展史。我国在上古时期文字尚未发明之前，人们就发明了结绳记事的办法记载重要事件，这种做法在其他地区如日本、波斯、埃及、墨西哥、秘鲁和太平洋的波利尼西亚及附近岛屿也颇为盛行[8]。岩画是另一种普遍的存在，而贺兰山岩画是中国文字符号演变过程中从结绳记事到甲骨文中间的一个重要过渡环节[9]。龟甲、兽骨也曾经被用作记事材料。我国殷墟甲骨文就是在龟甲、兽骨等占卜材料上记录的与占卜事项有关的文字，以及少量刻写在甲骨上的记事文字[10]。陶器、漆器上也会刻画反映当时文明水平的符号和文字。长沙马王堆一号汉墓出土的180多件漆器，是了解彼时思想意识、审美观念、漆器工艺的重要素材，从漆器上的装饰画可以看出，那个时代诗、歌、舞交融，巫术、迷信盛行[11]。然而，甲骨、青铜器、陶器、漆器都不是专门的书写材料。

我国古代最早的专用书写材料是竹木简牍，即竹简与木牍，大约出现在春秋时期。若干片简用绳子编缀起来，就是简册[12]。孔子读《易》“韦编三绝”的故事广为流传，简册是当时主要的书籍形式。丝织品是古代另一种重要的书写材料，生成的文献就称为帛书。

泥版、莎草纸、羊皮是西方人发明的文献载体。美索不达米亚位于幼发拉底河与底格里斯河流域，生活在这里的苏美尔人发明了泥版书和楔形文字。古代尼罗河三角洲盛产纸莎草，当时的埃及人就用这种草的茎制成莎草片，又称莎草纸，用作书写材料。莎草纸还被作为特产出口到希腊、欧洲和西亚地区。据说后来因为埃及人停止供应莎草纸，中东地区的帕加马人发明了羊皮纸[13]。泥版书后来也被羊皮书取代。

棕榈树在古代被称为贝多罗树，或贝叶树。棕榈树叶最早在印度被用作书写材料，“贝叶经”就是在纸张发明之前，刻写在棕榈树叶上的佛经。佛陀涅槃之前，其弟子就到缅甸一带传播佛法。公元前1世纪，西双版纳首次派代表前往缅甸迎接佛牙和经书。之后，傣族人学会了贝叶的制作和刻写技术，还在缅甸文的基础上发明了傣文。据《大唐慈恩寺三藏法师传》记载，玄奘法师公元667年从印度带回657卷贝叶经，被藏在大雁塔中。当然，现在绝大部分都已经不知其踪[14]。

造纸术是我国古代的四大发明之一。我国西汉年间已出现纸张的雏形，如“灞桥纸”“居延纸”“扶风纸”，但由于当时的造纸技术和工艺水平还很落后，生产的纸张质量十分粗糙，无法用作书写材料。到了东汉年间，蔡伦在总结前人经验的基础上，扩大了原材料的范围，把树皮、麻头、破布、渔网等作为原材料，对造纸工艺做了重大改革，形成了完整的造纸工序，生产出了“蔡侯纸”，纸张质量高，达到实用水平，能够取代缣帛用作书写材料[15]。之后，蔡伦的造纸术沿着丝绸之路向世界各地传播，对人类文明的发展产生了巨大而深远的影响。

胶卷、胶片被用于文献的长期保存，已有一百多年的历史。具体方法是使用缩微摄影机拍摄文献资料，加工之后就可以借助专用设备阅读。我国 1985 年开始在国家图书馆及省级公共图书馆建立图书馆文献缩微复制中心，有序地开展古旧文献抢救工作，大量善本、民国报纸和期刊被保存到胶卷和胶片上，后来还被加工成数字化资源，使用计算机就可以阅读[16-17]。

科学技术发展迅速，磁带、软盘、光盘这类存储介质都在出现若干年之后被大容量硬盘、移动硬盘、U 盘取代。目前大量使用的数字化载体以电磁记录技术为基础。所谓“云”，其实是由大容量存储服务器阵列和管理系统组成。相信人类未来还会发明出新的文献载体。

2.1.3　文献信息源分类

文献信息源具有多方面的属性，因而可以从多个角度分类。下面从载体形态、出版形式、获取难易程度、内容加工深度、需求的相关程度 5 个方面介绍其分类体系。

1. 载体形态

所谓载体，就是记录有文献信息的介质或承载物。从载体形态的角度，一般把文献信息源分为印刷型、缩微型、声像型、电子型 4 种。

印刷型文献一般以纸张为介质，这是文献信息源普遍存在的一种形式。严格地说，以纸张为介质的并不一定都是印刷型文献，不少是手工书写或刻写的。因此，有时把手写型也作为一种类型。缩微型文献往往是那些需要保护的古旧文献，如善本书、民国时期的报纸和期刊、档案资料等，通过摄影被转移到缩微胶卷或胶片上，需要借助专用设备阅读。声像型文献是指以声音、图像形态存在的文献，以前往往以录音带、录像带、电影胶片、CD、VCD 等作为介质，现在很多已经转换为数字化声像资料。电子型文献是目前最普遍使用的类型，又称机读文献或数字文献，大部分直接从计算机、手机等电子技术设备生成，或者借助电子技术设备由其他形态转换为数字形态。

2. 出版形式

常见的出版形式有图书、期刊、报纸、报告、学位论文、会议文献、专利文献、标准文献、档案文献、政府出版物等。

图书一般由出版社出版，比较系统、全面地就某一主题展开论述，教材、专著是常见的图书。值得注意的是，方志和年鉴也是图书。方志又称地方志，是全面反映一定行政区域的政治、经济、军事、文化、自然现象和自然资源的综合性作品，是一个地方的百科全书。年鉴是一种按年度连续出版的资料性工具书，通常把一年来的重要时事、文献和统计资料加以整理编纂，以备查检之用。我国年鉴品种丰富，常用的有《中国统计年鉴》《中国经济年鉴》《中国教育年鉴》等。正式出版的每一种书都有一个国际标准书号（international standard book number，ISBN）。根据国际标准化组织的规定，2007 年 1 月 1 日之前，ISBN 号由 10 位数字组成，分为 4 段，用短横连接起来：组号-出版者号-书序号-校验码；2007 年之后，ISBN 由 13 位数字组成，分为 5 段，在以前的基础上加上 3 位 EAN（欧洲商品编号）图书产品代码 978。其中，组号是国家、地区、语言代码，0 和 1 代表英文，2 代表法文，3 代表德文，4 代表日文，5 代表俄文，7 代表中文等；出版者号即出版社编号；书序号是出版社按顺序为每种图书分配的编号。例如，浙江人民出版社出版的《大数据时代》的 ISBN 号是 978-7-213-05254-5。

期刊一般指学术期刊，有比较稳定的出版周期，如月刊、双月刊、季刊、年刊、半月刊、旬刊、周刊等，以论文的形式刊载最新的研究成果。另一种类似的刊物被称为杂志，以普通公众为读者对象，如《新闻周刊》，都属于连续出版物。我国正式出版的每种期刊都有一个国际标准连续出版物号（international standard serial number，ISSN）和一个国内统一连续出版物号（serial numbering，CN），如《中国社会科学》的 ISSN 就是 1002-4921，CN 为 11-1211/C。ISSN 是根据国际标准化组织制定的国际标准 ISO 3297 的规定，为申请登记的每一种刊物分配一个具有识别作用且通行国际的统一编号。

报纸以报道新闻和观点类文章为主。

报告，一般是指学术机构或咨询机构的研究报告，比较全面地记录研究过程和研究结果，内容丰富，但获取较困难。

学位论文是作者为获得某种学位而写作的学术论文，答辩通过之后才能授予相应的学位。学位论文分为学士学位论文、硕士学位论文和博士学位论文 3 种。

会议文献包括会议论文集和会议日程、会议纪要等。学术会议一般把提交会议交流的学术论文汇编为论文集，便于了解最新的研究进展。很多国际会议的论文集由专业出版机构正式出版，这类论文集获取比较方便。不正式出版的论文集获取较为困难，但其中一些论文在会后可能以期刊论文的形式发表。会议日程和会议纪要一般在会议网站上公布。

专利文献是指专利申请、审查、批准过程中产生的各种文件，包括专利申请书、专利说明书、专利公报等。其中，专利说明书是申请人为获得专利权而向专利局提交的技术说明，内容具体，通过它可以了解一项专利的技术细节。我国的专利分为 3 种：发明专利、实用新型专利、外观设计专利。

标准文献是经权威机构批准的有关产品和工程的质量、规格、生产过程等方面的技术性文件，具有一定的法律约束力，有一定的适用范围。按适用范围可分为国际标准、国家标准、地区标准、行业标准等。

档案文献是指人类社会运行过程中形成的各种记录和文件资料，是社会记忆的载体，具体形式很多，如学业档案、人事档案、科技档案、工程档案、历史档案等。档案馆是负责档案文献收集、整理、提供使用的职能部门。

政府出版物是各级政府部门颁布和出版的文件资料，对于了解国家和地区的方针政策和社会经济技术水平具有重要参考价值。

还有一些其他出版形式的文献，如产品资料、日记、书信、家谱等。

3. 获取难易程度

按获取难易程度划分，有白色、灰色、黑色 3 种文献形式。

白色文献是指公开出版发行的文献，如图书、期刊、报纸，部分会议论文集和学位论文、部分政府出版物也在这个范围内，通过公开渠道购买或索取。一些文献如部分政府文件等甚至可以通过官方网站免费获取。

灰色文献是指非公开发行的内部文献及限制流通的文献，如内部工作报告、内部培训资料、公司的技术方案、研究进展报告、实验报告等，这类文献只在小范围公开，难以获取。

黑色文献一般指处于保密状态的文献，如未解密的政府文件、特殊档案等，这类文献严格限制使用范围，公众无法接触。

4. 内容加工深度

根据对文献信息的加工深度，被分为零次文献（灰色）、一次文献（原始文献）、二次文献（检索工具）、三次文献（参考工具）。

零次文献，又称灰色文献，指未经系统整理、未公开发表或公开交流的文献，如论证报告草案、初步研究方案、论著草稿、实验报告等。内容新颖，但尚不成熟，甚至处于保密状态。

一次文献，又称原始文献。以研究工作为基础，经过系统整理后公开发表或出版的文献，如专著、教材、期刊论文、会议论文、学位论文、研究报告、专利说明书等。其特点是自成体系，内容新颖，论述深入详尽，参考价值高。

二次文献，又称检索工具。原始文献数量庞大，种类繁多，且处于分散无组织状态，为了方便管理和开发利用，依据文献的外部特征和内容特征对原始文献进行整理、加工，形成的目录、题录、文摘、索引类检索工具就是二次文献。文献的外部特征是指文献题名、著者、版本、出版年、出版社、载体形态等，用来描述文献外部形态；文献的内容特征包括主题词、关键词和分类号。主题词和关键词都是体现文献主题内容的关键性名词、术语，但前者经过了规范化处理，来源于主题词表，而后者没有经过规范化处理。二次文献只为寻找一次文献提供必要的线索，不反映文献的具体内容。例如，图书馆的馆藏目录就是一种典型的检索工具，提供文献的题名、作者、出版年、索书号、馆藏地点等信息，依据索书号和其他信息，就可以在图书馆的某个书架上准确地找到一本图书。索书号由两部分组成，如杨正洪等人的著作《人工智能与大数据技术导论》，在华中师范大学图书馆的索书号是 TP18/YZH，斜杠前面是分类号，后面是著者号，即作者姓名拼音的首字母组合。斜杠后面的这一部分，有些图书馆使用年代号，而不是著者号。

三次文献，又称参考工具书，是对大量的原始文献进行归纳、提炼、整理、编撰而形成的一种参考工具，如字典、词典、百科全书、研究进展、专题述评等，能够反映知识的具体内容。在收集原始文献的过程中，需要经常使用各类检索工具。

5. 需求的相关程度

根据文献内容与学科领域的相关程度，可以划分为核心文献、相关文献、边缘文献。与某一特定学科、研究领域、课题主题相关的文献，就称为相关文献。核心文献是指与某学科领域密切相关的一些文献，一般不会超过全部相关文献的三分之一。边缘文献是指所含内容与学科、领域或课题的关系较为疏远的文献。

这些概念来源英国文献学家布拉德福发现的相关论文在期刊中的分布规律。布拉德福研究发现，如果将科学期刊按其刊载某个学科的相关论文数量降序排列，然后把这些期刊划分为 3 个区，使每个区所包含的相关论文数量相等，就可以把期刊分为专门面向这个学科的核心区，以及包含着与核心区同等数量相关论文的相关区和外围区。假如某学科领域某年发表的 660 篇论文分别刊登在 248 种期刊上，那么按照布拉德福论述的文献分散定律，位于核心区的期刊只有 8 种，位于相关区的期刊有 40 种，位于外围区的期刊多达 200 种[18]。位于核心区的期刊就被称为核心期刊。因此，核心期刊最初是指刊载某学科或研究领域相关论文数量最多的那些期刊。当然，这一概念的含义已经发生了变化，具体内容将在本书第 7 章介绍。

2.2 参考文献著录规则

所谓著录，就是在编制文献目录或引用参考文献时，对文献的外部特征和内容特征进行分析，选择其中部分项目对文献加以描述，并记录描述结果的过程。文献信息类型繁多，载体形态多样，无论是作者写作时引用参考文献，还是期刊编辑部、出版社制定参考文献格式方面的具体要求，都有很强的随意性，导致著录项目及顺序五花八门，对文献的描述往往不全面、不准确，也为识别文献、核实信息、查找文献带来困难，非常需要有这方面的标准规范，对实际工作进行规范和指导。为此，全国信息与文献标准化技术委员会提出了建议标准《文后参考文献著录规则》，提交给国家有关部门审议，1987 年成为国家标准。该标准于 2005 年、2015 年经过两次修订，目前执行的是《信息与文献 参考文献著录规则》（GB/T 7714—2015）。《信息与文献 参考文献著录规则》（GB/T 7714—2015）对各学科、各种类型信息资源的参考文献著录项目、著录顺序、著录用符号和文字、各著录项目的著录方法、参考文献在正文中的标注方法等都做了详细规定[19]。本节结合实例，概要介绍《信息与文献 参考文献著录规则》（GB/T 7714—2015）对文献类型与标识代码、参考文献的著录格式、参考文献的标注与著录方式等方面的规定，以便大家熟悉标准，学会运用标准。

2.2.1 参考文献类型与标识代码

《信息与文献 参考文献著录规则》（GB/T 7714—2015）在附录中列出了主要参考文献类型和规定的标识代码，见表 2.1。值得注意的是，标准新增了数据集这一文献类型，这是为了适应大数据时代的信息环境特点而做出的调整。

表 2.1 《信息与文献 参考文献著录规则》（GB/T 7714—2015）文献类型与标识代码

参考文献类型	文献类型标识代码	参考文献类型	文献类型标识代码
普通图书	M	专利	P
会议录	C	数据库	DB
汇编	G	计算机程序	CP
报纸	N	电子公告	EB

续表

参考文献类型	文献类型标识代码	参考文献类型	文献类型标识代码
期刊	J	档案	A
学位论文	D	舆图	CM
报告	R	数据集	DS
标准	S	其他	Z

《信息与文献 参考文献著录规则》（GB/T 7714—2015）的附录中还列出了磁带（magnetic tape）、磁盘（disk）、光盘（CD-ROM）、联机网络（online）4 种电子资源载体的标识：MT、DK、CD 和 OL。

文献类型在《信息与文献 参考文献著录规则》（GB/T 7714—2015）中是任选著录项目。具体使用的时候，如果不是电子资源，就只需要标示文献类型，如[M]就表示该文献是普通图书；如果是电子资源，还要标示电子资源类型，把文献类型代码和电子资源载体代码组合起来，以斜杠连接，置入方括号中，如[EB/OL]就表示该文献是网络上的电子公告。

2.2.2 参考文献的著录格式

《信息与文献 参考文献著录规则》（GB/T 7714—2015）规定了专著、专著中的析出文献、连续出版物、连续出版物中的析出文献、专利文献、电子资源的著录项目和著录格式。尽管这 6 种文献的著录项目有所不同，但有些是共有的项目，如责任者、题名、文献类型标识、获取和访问路径、数字对象唯一标识符（digital object identifier，DOI）。文献类型标识是任选项目；当文献是电子资源时，获取和访问路径、数字对象唯一标识符是必备项目。

DOI 是数字资源的全球唯一永久性标识符，由国际数字对象识别基金会发起并负责管理运行。一些著名的学术出版机构都在使用 DOI 对数字资源进行标识，网络上有解析服务，通过 DOI 可迅速定位数字资源[20]。中国科学技术信息研究所负责提供中文 DOI 解析服务[21]。

与 DOI 对应的另一个标识符是开放研究者与贡献者身份识别码（open researcher and contributor identifier，ORCID），由 ORCID 这一非营利组织负责管理，为科研人员分配全球唯一的身份标识，申请人可以直接到官方网站登记注册，申请一个身份标识[22]。

下面结合实例，分别介绍每种文献的著录格式。

1. 专著（monograph）的著录格式

《信息与文献 参考文献著录规则》（GB/T 7714—2015）规定，按专著格式著录的文献包括普通图书、古籍、学位论文、会议文集、汇编、标准、报告、多卷书、丛书等，著录格式如下：

主要责任者. 题名：其他题名信息[文献类型标识/文献载体标识]. 其他责任者. 版本项. 出版地：出版者，出版年：引文页码[引用日期]. 获取和访问路径. 数字对象唯一标识符.

示例：

[1] 吴慰慈. 图书馆学基础[M]. 2 版. 北京: 高等教育出版社, 2017.

[2] 全国信息与文献标准化技术委员会. 信息与文献 参考文献著录规则: GB/T 7714—2015 [S]. 北京: 中国标准出版社, 2015.

[3] 张本威. 核环境中部分子的多重散射与碎裂函数的修正[D]. 武汉: 华中师范大学, 2003.

[4] 中国第一历史档案馆, 辽宁省档案馆. 中国明朝档案总汇[A]. 桂林: 广西师范大学出版社, 2001.

[5] DARNTON R. The case for books: past, present and future[M]. New York: Public Affairs, 2009.

[6] 莱维斯克 H. 人工智能的进化: 计算机思维离人类心智还有多远?[M]. 王佩, 译. 北京: 中信出版集团, 2018.

[7] OGATA H, CHEN W Q, KONG S C, et al. Proceedings of the 23rd International Conference on Computers in Education: ICCE2015[C/DK]. Ishikawa, Japan: Japan Advanced Institute of Science and Technology, 2015.

2. 专著中析出文献的著录格式

一些专著是由若干具有独立篇名的作品共同组成的，所谓析出文献是从整个信息资源中析出的具有独立篇名的文献。《信息与文献 参考文献著录规则》（GB/T 7714—2015）规定专著中的析出文献的著录格式如下：

析出文献主要责任者. 析出文献题名[文献类型标识/文献载体标识]. 析出文献其他责任者//专著主要责任者. 专著题名: 其他题名信息. 版本项. 出版地: 出版者, 出版年: 析出文献的页码[引用日期]. 获取和访问路径.数字对象唯一标识符.

示例：

[1] 沙勇忠. 信息资源管理[M]//吴慰慈. 图书馆学基础. 2 版. 北京: 高等教育出版社, 2017: 174-207.

[2] WU J H, XU Y Y. A model for the combination of game activities and learning activities in educational game[C/DK]//OGATA H, CHEN W Q, KONG S C, et al. Proceedings of the 23rd International Conference on Computers in Education: ICCE2015. Ishikawa, Japan: Japan Advanced Institute of Science and Technology, 2015: 533-535.

3. 连续出版物的著录格式

《信息与文献 参考文献著录规则》（GB/T 7714—2015）对连续出版物的定义是“通常载有年卷期号或年月日顺序号，并计划无限期连续出版发行的印刷或非印刷形式的出版物”。连续出版物的著录格式为：

主要责任者. 题名: 其他题名信息[文献类型标识/文献载体标识]. 年, 卷(期)-年, 卷(期). 出版地: 出版者, 出版年[引用日期]. 获取和访问路径. 数字对象唯一标识符.

示例：

[1] 中国社会科学院. 中国社会科学[J]. 北京: 中国社会科学杂志社, 1980-.

[2] American Association for the Advancement of Science. Science[J]. 1883, 1(1)-. Washington, D.C.: American Association for the Advancement of Science, 1883-.

4. 连续出版物中的析出文献的著录格式

《信息与文献 参考文献著录规则》（GB/T 7714—2015）规定连续出版物中的析出文献的著录格式为：

析出文献主要责任者. 析出文献题名[文献类型标识/文献载体标识]. 连续出版物题名: 其他题名信息, 年, 卷(期): 页码[引用日期]. 获取和访问路径. 数字对象唯一标识符.

示例：

[1] 王余光. 图书馆与社会阅读研究[J]. 中国图书馆学报, 2008, 34(2): 73-74.

[2] GARFIELD E. Citation indexes for science: a new dimension in documentation through association of ideas[J]. Science, 1955, 122: 108-111.

[3] 马丽霞. 人工智能发展需“立规矩”[N]. 人民日报, 2019-08-26(19).

[4] WU J H, YANG D. A visualization analysis on the research fronts and knowledge base of educational game[J/OL]. Technology for education and learning, 2015, 3. [2019-08-26]. http://www.actapress.com/PaperInfo.aspx?paperId=45295. DOI: 10.2316/Journal.209.2015. 3.209-0039.

5. 专利文献的著录格式

《信息与文献 参考文献著录规则》（GB/T 7714—2015）规定专利文献的著录格式为：

专利申请者或所有者. 专利题名: 专利号[文献类型标识/文献载体标识]. 公告日期或公开日期[引用日期]. 获取和访问路径. 数字对象唯一标识符.

示例：

[1] 郑本军. 一种 0-50Mb 的高灵敏 TTL 光模块: 201320399854.2[P]. 2014-01-15.

[2] Konishiroku Photo Industry Co. Ltd. Silver halide photographic material: US4770985 [P/OL]. 1987-10-26[2019-08-26]. https://patents.justia.com/patent/4770985.

6. 电子资源的著录格式

《信息与文献 参考文献著录规则》（GB/T 7714—2015）规定，电子专著、电子专著中的析出文献、电子连续出版物、电子连续出版物中的析出文献及电子专利的著录格式按1～5 小节中的规则处理，其他电子资源的著录格式为：

主要责任者. 题名: 其他题名信息[文献类型标识/文献载体标识]. 出版地: 出版者, 出版年: 引文页码(更新或修改日期)[引用日期]. 获取和访问路径. 数字对象唯一标识符.

示例：

[1] 中国互联网络信息中心. 第 43 次中国互联网络发展状况统计报告[R/OL]. (2019-02-28) [2019-08-22]. http://www.cnnic.net.cn/hlwfzyj/hlwxzbg/hlwtjbg/201902/P0201903185230297- 56345.pdf.

[2] IFLA. IFLA Green Library Award 2018 Winners Announced. [EB/OL]. (2018-07-19) [2019-08-26]. https://www.ifla.org/node/60935.

2.2.3 参考文献的标注与著录

依据《信息与文献 参考文献著录规则》（GB/T 7714—2015），在正文中引用参考文献的标注方法可以采用顺序编码制，也可以采用著者-出版年制。引用的参考文献可以集中著录在文后或书的末尾，称为尾注；也可以分散著录在页下端，称为脚注。

1. 顺序编码制

《信息与文献 参考文献著录规则》（GB/T 7714—2015）规定，采用顺序编码制时，按正文中引用的文献出现的先后顺序连续编码，将序号置于方括号中；如果顺序编码制用脚注方式时，序号可由计算机自动生成圈码。

示例：

依据《高等教育信息素质能力标准》建立了一个金字塔模型[1]……设计主题为“驶向未来”的系列探险类游戏[2]。

对应的2篇参考文献以尾注的方式列在参考文献表中：

[1] WU J H, YANG H H, HE X L. A preliminary study on developing computer games for information literacy education[C]//YU X G, LIENHART R, ZHA Z J, et al. Proceedings of the 4th International Conference on Internet Multimedia Computing and Service. New York: ACM, 2012: 223-226.

[2] 吴建华, 马祥涛, 陈雅楠. 信息素质教育游戏中的学习支架研究[J]. 图书情报工作, 2014, 58(23): 69-75.

上述参考文献如果采用脚注的方式列出，对应的正文和参考文献就是下面的形式。

依据《高等教育信息素质能力标准》建立了一个金字塔模型①……设计主题为“驶向未来”的系列探险类游戏②。

① WU J H, YANG H H, HE X L. A preliminary study on developing computer games for information literacy education[C]//YU X G, LIENHART R, ZHA Z J, et al. Proceedings of the 4th International Conference on Internet Multimedia Computing and Service. New York: ACM, 2012: 223-226.

② 吴建华, 马祥涛, 陈雅楠. 信息素质教育游戏中的学习支架研究[J]. 图书情报工作, 2014, 58(23): 69-75.

2. 著者-出版年制

依据《信息与文献 参考文献著录规则》(GB/T 7714—2015)，采用著者-出版年制时，正文中引用的文献的标注内容包括著者姓氏与出版年，置于圆括号“()”内。参考文献列表先按文种集中，再按中文、日文、西文、俄文、其他文种分类，依次按著者字顺和出版年著录。

示例：

萨拉赛维奇（Saracevic）教授设计了由构建、环境、标准、方法组成的数字图书馆评价理论框架，认为数字图书馆评价应从七个层次展开，即以用户为中心的社会、机构和个人层面，界面，以及以系统为中心的工程、处理和内容层面（Saracevic, 2004, 2000）。

对应的参考文献列表如下：

SARACEVIC T, 2000. Digital library evaluation: toward an evolution of concepts[J]. Library trends, 49(3): 350-369.

SARACEVIC T, 2004. Evaluation of digital libraries: an overview[OL]. (2004-09-29)[2008-01-03]. http://www.scils.rutgers.edu/~tefko/DL_evaluation_Delos.pdf.

《信息与文献 参考文献著录规则》(GB/T 7714—2015）对下面两种情况的标注和著录也有明确规定。

第一，多次引用同一著者的同一文献，除在正文中标注著者与出版年外，还要在括号外以角标的形式著录引文的页码。采用顺序编码制时，处理方式相同。

示例：

“人、技术和管理过程往往是紧密联系在一起的，成功的数字图书馆需要将三个方面结合起来，而不能只靠技术。”（阿姆斯，2000）序……人们相信数字图书馆能够更好地传递信息（阿姆斯，2000）27。

第二，当引用同一著者在同一年出版的多篇文献时，应该在出版年后加上小写字母 a、b、c 等加以区别。

示例：

乔欢, 2004a. 数字图书馆评价研究. 国家图书馆学刊(3): 49-54.

乔欢, 2004b. 欧洲数字图书馆评价研究. 图书馆杂志(11): 56-59, 62.

2.3　非文献信息的获取方法

2.1 节已经讨论过，信息源可以划分为两类，即文献信息源和非文献信息源。非文献信息源往往以实物、实景、实情的形式存在，把非文献信息源承载的信息采集、记录下来，就形成了文献信息。本节简要介绍非文献信息的获取方法，即观察法、实验法、模拟法和调查法。事实上，这些方法也是科学研究获取信息的常用方法。

2.3.1　观察法

观察法使用的手段一直在发展变化中，观察的深度与广度也随之不断延伸。

最初，人们普遍使用裸眼观察的方法了解这个世界，观察的数据、现象等被记载下来加以整理，就形成了文献。法布尔是这方面的典型代表，他运用观察法研究动物的生活习性，绘制真菌图，撰写的多卷本《昆虫记》成为世人喜爱的图书[23]。

后来，人们发明了显微镜、放大镜、望远镜、太空望远镜、射电望远镜，一步一步地突破已有观察手段的局限性。伽利略用自己制作的 32 倍望远镜观察太空，发现月球表面高低不平，他绘制出世界上第一幅月面图，还发现了木星的 4 颗卫星、土星光环、太阳自转、金星和水星的盈亏现象等[24]。当时的观察结果还依靠手工记录，后来人们发明了自动记录观测数据的仪器设备。

太空望远镜位于地球的大气层之上，可以不受大气层的干扰，收集到更精确的天文资料。哈勃太空望远镜 1990 年发射成功，之后开始了不休不眠的观察。天文学家 2019 年公布了迄今为止最为详尽的宇宙图谱，由哈勃太空望远镜在 16 年间拍摄的 7500 张星空图片拼接而成，包含约 265000 个星系[25]。

射电望远镜收集来自天体的射电辐射，接收的信号被加工、转换、记录下来，然后按特定要求加工处理并显示出来。位于贵州省黔南布依族苗族自治州平塘县克度镇的“中国天眼”是我国自主建造的 500m 口径球面射电望远镜（Five-hundred-meter Aperture Spherical Telescope，FAST），2016 年 9 月 25 日落成启用，是世界最大的单口径射电望远镜，可以监听到宇宙中微弱的射线信号。中国科学院 2017 年 10 月 10 日宣布，FAST 已经发现了 6 颗新的脉冲星[26]。

卫星遥感技术大大拓展了人类的观测范围，已得到广泛应用。例如：海洋激光遥感技术被用于水体参数测量、水下目标探测、海洋地形地貌的激光遥感[27]；多光谱、高光谱与无人机技术结合，监测土地整治状况[28]。

2.3.2 实验法

实验法是科学研究最经常使用的获取事物属性信息的方法。一些自然科学实验已经广为人知，如自由落体实验、牛顿分光实验；社会科学中也有一些著名实验，如霍桑实验。

霍桑实验是一个著名的管理心理学实验，在芝加哥郊外的美国西方电器公司霍桑工厂实施，由哈佛大学梅奥教授主持，涉及人类学、心理学、社会学、管理学等多个学科。历时 8 年（1924～1932 年）的实验经历了照明实验、福利实验、访谈实验、群体实验 4 个阶段。研究小组采用参与观察法、深度访谈法开展研究，不仅成功地解决了工厂提高劳动生产率的问题，而且获得了一些非常有意义的发现，如工厂工人表现出“社会人”行为而不仅仅是“经济人”行为，工厂中存在着“非正式组织”[29]。该实验还发现了一种广泛存在的“霍桑效应”，即当人们意识到自己正在被观察或被关注的时候，会刻意改变自己的行为[30]。

2.3.3 模拟法

所谓模拟，是对真实事物或过程的模仿和虚拟，如模拟联合国就是对联合国大会及其他多边机构的模拟。对复杂事物或过程的研究，需要把握事物或过程的关键特征，以及特征之间的关系，然后建立模型描述事物或过程，从而把握事物或过程的本质特征和运行规律。

三峡工程是一项异常复杂的大规模工程，在 1994 年正式上马之前，已开展了多年的论证与科学研究，全国数千名科研人员和数十个科研单位、高等院校参与研究，仅 1985～1991 年就提出了科研成果报告 1150 多份，涉及泥沙与航运、枢纽与通航水力学、水工与通航建筑物结构、施工技术施工机械及建材、升船机及大型金属结构关键技术、大型机组及综合自动化技术、电力系统、工程规划与综合效益、生态与环境问题及库区移民问题等 10 个方面。这些研究使用模拟方法的很多。例如，三峡回水变动区泥沙冲淤、河床演变及对防洪和航运的影响研究就采用了实物模型和数学模型配合研究，先后建立了 9 座实物模型[31]。对于船闸通过能力的研究，当时采用了不同的模型，计算结果出入很大，引起了争议。有关部门提出了 3 级分散船闸与 5 级连续船闸两种方案。哪种方案的年通过能力更优呢？大连海事大学航海科学技术研究所的两位研究人员把船闸系统作为一个随机服务系统，建立系统的模拟模型，在计算机上模拟运行两套方案，清楚地表明 3 级分散船闸优于 5 级连续船闸[32]。

2.3.4 调查法

调查研究是获取信息的重要途径，具体方法包括实地考察、个别访谈、专题座谈、问卷调查、网络调查等，下面列举的几个实例是运用调查法获取非文献信息的典型。

（1）湖南农民运动考察。毛泽东于1927年1月4日至2月5日深入到湖南湘潭、湘乡、衡山、醴陵、长沙等5个县实地考察湖南农民运动，历时32天，通过座谈、走访等形式获得大量宝贵的第一手资料；2月12日由长沙返回武昌，开始撰写报告；1927年3月5日发表《湖南农民运动考察报告》[33]。

（2）“百村十年观察”。“百村十年观察”是华中师范大学中国农村问题研究中心组织实施的调查计划，计划对全国258个村庄、4000个农户进行为期10年或更长时间的调查和定点跟踪观察，了解农村的基本状况和变化走向。该计划从2006年开始实施，主要通过现场问卷调查、访谈、实地考察等方法收集信息[34]。

（3）爱丁顿1919年的日全食科学考察。英国物理学家爱丁顿为验证爱因斯坦关于光在引力场中发生偏转的预测，组织格林尼治-剑桥联合考察队，分别前往巴西、西非两地观测1919年5月29日的日全食，验证了爱因斯坦的广义相对论[35]。

（4）“中国轮廓-远征国境线”科学考察。武汉大学城市设计学院的张在元教授于2006年暑期组织了一场大规模“中国轮廓——国家边境建筑与城镇”科学考察活动，重点考察中国国境线上的城市与建筑。招募的108位考察队员被组织为18个纵队，经培训后派出，于2006年7月11日陆续到达预定地点，在完成对10条环大陆边界线路、3个环岛线路、5个边境城市的考察之后，于8月18日全部安全返回，共获得专业照片7万余张、摄像300小时、日志40万字、速写200余幅[4]。

练　习　题

1. 试列举4种常见的文献载体类型。

2. 请结合本人所学专业，分析撰写毕业论文时可能会查阅哪些出版形式的文献。

3. 判断题

（1）检索工具里面包含了具体的事实或知识点。

（2）参考工具提供关于原始文献的线索。

（3）原始文献中往往有对某一问题的系统阐述。

4. 依据《信息与文献 参考文献著录规则》（GB/T 7714—2015），写出以下文献的标识符号。

（1）普通图书

（2）会议录

（3）报纸

（4）期刊

（5）学位论文

（6）报告

（7）标准

（8）专利

（9）电子公告

（10）数据集

5. 名词解释

（1）DOI

（2）ORCID

6. 试分别采用顺序编码制和著者-出版年制以尾注的形式引用下面的著作，拟出在正文中的标注形式和在参考文献表中的著录形式。

李伦主编的《人工智能与大数据伦理》，科学出版社 2018 年出版，分别引用第 20 页和第 76 页。

7. 试举例说明非文献信息的几种常用获取方法。

参 考 文 献

[1] 王芳, 张鑫, 翟羽佳. 国内外信息源选择研究述评及一个整合的理论模型[J]. 中国图书馆学报, 2017, 43(2): 96-116.

[2] SAVOLAINEN R. Information source horizons and source preferences of environmental activists: a social phenomenological approach[J]. Journal of the American Society for Information Science and Technology, 2007, 58(12): 1709-1719.

[3] 颜丽君, 曹树金. 个性因素对用户信息源选择偏好的影响: 基于对高校学生的实证研究[J]. 图书情报知识, 2006(5): 78-82.

[4] 燕今伟, 刘霞. 信息素质教程[M]. 武汉: 武汉大学出版社, 2008.

[5] 陈劲, 龚焱, 雍灏. 技术创新信息源新探: 领先用户研究[J]. 中国软科学, 2001(1): 86-88.

[6] 王文宇, 王静爱. 基于三种信息源的中国冰雹灾害区域分异研究[J]. 地理研究, 2001(3): 380-387.

[7] 李月琳, 闫希敏. 大学毕业生就业信息搜寻行为研究: 信息源的选择与利用[J]. 图书情报知识, 2015(5): 57-65.

[8] 靳青万. 释“传说”: 兼探结绳记事的内部运作机制[J]. 文史哲, 2002(5): 124-127.

[9] 王毓红. 一种象形表意石头文: 贺兰山岩画的视觉图像、古文字学、考古文献学等的综合考察[J]. 宁夏社会科学, 2011(2): 83-91.

[10] 朱凤瀚. 近百年来的殷墟甲骨文研究[J]. 历史研究, 1997(1): 115-139.

[11] 李晶寰. 马王堆一号汉墓漆器的装饰艺术及其文化内涵[J]. 考古与文物, 1996(3): 64-70.

[12] 王玉良. 略谈我国古代文字的载体及书籍的起源[J]. 中国图书馆学报, 1993(2): 76-80.

[13] 半夏. 文字的载体(下)[J]. 出版广角, 2014(16): 21.

[14] 白十源. 贝叶经: 人类文化宝库中的圣典[J]. 中国宗教, 2011(7): 51-52.

[15] 王菊华, 李玉华. 关于几种汉纸的分析鉴定兼论蔡伦的历史功绩[J]. 造纸技术通讯, 1980(1): 82-88.

[16] 魏大威. 应用数字技术推进文献缩微事业转型发展[J]. 数字与缩微影像, 2014(2): 1-3.

[17] 肖红, 吴茗, 曾燕. 民国报纸缩微胶片数字化及服务探析: 以国家图书馆为例[J]. 图书馆学刊, 2015, 37(10): 89-92.

[18] 邱均平. 信息计量学[M]. 武汉: 武汉大学出版社, 2007: 105-106.

[19] 全国信息与文献标准化技术委员会. 信息与文献 参考文献著录规则: GB/T 7714—2015[S]. 北京: 中国标准出版社, 2015.

[20] The International DOI Foundation. Resolve a DOI Name[EB/OL]. [2019-08-23]. http://dx.doi.org/.

[21] 中国科学技术信息研究所. 中文 DOI[EB/OL]. [2019-08-23]. http://www.chinadoi.cn/portal/index.htm.

[22] ORCID. What is ORCID[EB/OL]. [2019-08-23]. https://orcid.org/about/what-is-orcid/mission.

[23] 法布尔. 法布尔观察手记: 昆虫家族神奇的本能[M]. 武英, 译. 海口: 海南出版社, 1999.

[24] 路甬祥. 从仰望星空到走向太空: 纪念伽利略用天文望远镜进行天文观测 400 年[J]. 天文学进展, 2010, 28(1): 1-9.

[25] 刘霞. 哈勃公布迄今最详细宇宙图谱[N]. 科技日报, 2019-05-08(1).

[26] 李大庆. “中国天眼”发现 6 颗脉冲星[N]. 科技日报, 2017-10-11(1).

[27] 华灯鑫, 王骏. 海洋激光遥感技术研究进展(特邀)[J]. 红外与激光工程, 2018, 47(9): 27-33.

[28] 张超, 吕雅慧, 郧文聚, 等. 土地整治遥感监测研究进展分析[J]. 农业机械学报, 2019, 50(1): 1-22.

[29] 李翔宇, 游腾芳, 郑鸿. 人类学方法在霍桑实验中的应用[J]. 广西师范大学学报(哲学社会科学版), 2013, 49(3): 77-85.

[30] 靖鸣. 面对采访的“霍桑效应”浅析[J]. 新闻记者, 2007(2): 52-54.
[31] 储传英. 三峡工程科学研究工作的回顾与展望[J]. 水力发电, 1992(6): 38-43.
[32] 方祥麟, 赵德鹏. 长江三峡水利枢纽船闸通过能力方案优选模拟论证[J]. 大连海运学院学报, 1992(2): 119-125.
[33] 王建国. 《湖南农民运动考察报告》的曲折问世[J]. 炎黄春秋, 2018(7): 28-34.
[34] 徐勇等. 中国农村调查: 百村十年观察(2010 年卷)[M]. 西安: 西北大学出版社, 2010.
[35] 侯新杰, 陈晓莉. 爱丁顿与广义相对论的验证[J]. 大学物理, 2006(7): 43-45.

第 3 章　信息组织与信息检索

3.1　信 息 组 织

如今，我们正处在互联网技术高度普及和发达的时代，人们对信息的需求极度旺盛，但是信息服务却相对滞后，并且这二者之间的矛盾日益突出。信息组织的目的就是解决这一矛盾，通过对海量的信息资源进行有序化，使得信息资源能够被查询、标引和选择获取。处在信息爆炸环境下的人们会发现想获取所需要的信息越来越难，如何快速从海量信息中准确获取自己需要的信息已经成为当下最主要的问题。信息组织就是为了人们能有效获取和利用信息，在海量信息中快速获取信息[1]。

3.1.1　信息组织的含义

信息组织是我们了解和学习信息检索的基础，人们为了获取信息更加便利，检索更加快捷，需要将海量的、杂乱无序的、非结构化的信息进行科学有效的组织，使之系统化和有序化。通常来说广义上的信息组织，包括信息的收集和信息的选择、分析信息和揭示信息、信息的描述和信息的加工、信息整理与信息存储、信息的重组与整合等。而狭义的信息组织主要包括信息描述、信息标引和信息整序[2]。

1. 信息描述

信息描述是通过描述性编目对文献和信息进行标引，也称著录。就是分析提取文献和信息的外部特征，并对外部特征通过规范的方法记录下来。文献和信息的外部特征要做到最大限度上的详尽和规范，才能使它能被检索到的概率变大，也使系统的兼容性变好，各种平台间的交换更容易。举例来说，一本图书的书名、著者、出版社、价格等都是信息的外部特征。

2. 信息标引

日常生活中所有的信息都表示一定的内容，这就是信息所包含的内部特征，一般是特定学科或特定主题的内容。一个短语、一句话、一篇文献、一本书这些虽然属不同粒度或不同层次的信息，但都属于信息单元。为了通过信息的内部特征来对信息进行检索利用，则需要对信息内部特征进行揭示。换句话说，信息标引，就是分析信息所包含的内容，然后将分析的结果加以科学有效的揭示，在此流程中，把分析的信息结果转换成特定的检索标识，并与被标识的信息建立关联。人们日常中之所以能检索到数据库中的信息都是因为这些信息已经被检索标识所关联了，因此才能通过主题词、作者、年份等途径将信息快速的检索到。

3. 信息整序

前面的信息描述和信息标引分别是通过信息的外部特征和内部特征获得信息特征的标识，但是这些只是对某一文献、某一信息单元进行标识，除此之外还需要将信息按特定的规则进行有效的组织，只有对信息组织序化后才算完成了信息组织的整个过程。这整个一系列过程叫信息的系统性组织，所谓信息的整序或信息的序化都是描述这一过程的。像图书馆的分类目录、数字化馆藏资源数据库都是信息整序的成果。

3.1.2 信息组织的方法

信息组织的方法是按照一定的规则，根据一定的内在或外在的特征对信息进行排序。根据信息组织的内容，信息组织的方法可以分为字顺法、分类组织法、主题组织法和引文组织法[3]。

1. 字顺法

字顺法是按照揭示信息概念、信息记录和信息实体的有关特征所使用的语词符号的音序或形序来组织排列信息的方法，完全采用语词符号的发音与结构特征作为排序依据，一般字典、辞典、百科全书等都采用这种方法。归纳起来，字顺法主要有形序法、号码法和音序法。

1）*形序法*

它是根据汉字的形体结构，找出它们在形体上的某些共同点加以排列。这种方法比较适应汉字的特点，并符合人们从形出发求音求义的查字要求。形序法常见的是部首法和笔画法。

（1）部首法，是根据汉字的形体结构，按照部首排检汉字的方法。在同一部首内，汉字按笔画多少排列。部首法是国家标准《文字条目通用排序规则》（GB/T 13418—1992）确认的汉字排序规则之一。20 世纪 50 年代以后，我国新出版的字典、词典，对沿用已久的 214 部进行了调整，在部首归属上，打破了“从义归部”的老传统，由注重字义改为依字形定部。因为新、旧部首法确定部首原则不同，以及部首法本身具有某些缺陷，所以在使用部首法时，一定要了解新、旧部首法确定部首原则的区别。

（2）笔画法，又称“笔数法”，是以笔画数目多少为序排检汉字的一种方法。笔画数少的在前，笔画数多的在后。笔画数相同的字，主要有两种排序方式。一种是“笔画部首法”，另一种是“笔画笔形法”。“笔画笔形法”使用频率较高，是国家标准《文字条目通用排序规则》（GB/T 13418—1992）确认的汉字排序规则之一，如《中国历史大辞典》就是以此来组织条目的。“笔画部首法”现在已不常用。

2）*号码法*

号码法也称笔形代码法。它的基本特点是：将汉字分解成若干笔形，并为每种笔形配上一个固定的数字（代码），把对某字所取各笔形的代码连结为一个号码，该号码即代表该字，再按号码的大小依次编排汉字。它包含四角号码法、三角号码法、中国字庋擷法、起笔笔形号码法等，其中四角号码法比较常用。四角号码法的基本原理是将汉字的笔形分为 10 种，分别用 0～9 这 10 个数字表示，每个字按左上、右上、左下、右下（4 个号）四角笔形取码，再按号码大小排列汉字。

3）音序法

音序法是利用汉字的发音进行排序的方法。音序法包括：声韵法、注音字母法和拼音字母法。现在使用最多的是拼音字母法。

（1）声韵法，是古代按照平、上、去、入四声和韵部编排检索汉字的方法。使用这种方法首先要知道某个字在古代的声、韵、调，一般都是专家、学者在研究古汉语或声韵学时使用。对一般人来说要准确运用有一定困难，不懂古音的人可以先利用《词源》《汉语大词典》等标注有古音的工具书查出字的古音，再去查用声韵法编排的工具书。

（2）注音字母法是按照汉字注音字母顺序编排检索汉字的方法。注音字母又名“国音字母”，是中国第一套法定的汉字形式的拼音字母。注音字母共 40 个，它的特点是字母全部采用汉字的简单笔画。排列顺序是先声母，后韵母，声母韵母相同时按照声调的阴、阳、上、去顺序排列。

（3）拼音字母法是按照汉语拼音方案字母表的顺序编排检索汉字的方法。1958 年《汉语拼音方案》正式通过实施，1982 年获得国际标准化组织承认，成为拼写汉字的国际标准，是使用最广的汉字编排方法。拼音字母法排检顺序按照《文字条目通用排序规则》（GB/T 13418—1992）。

2. 分类组织法

分类是人们认识事物的一种思维方式，文献分类是根据文献所反映的内容性质、形式体裁和读者用途，分门别类地系统组织文献的一种方法。文献的体系分类法是以科学分类为基础，运用概念划分的方法，按知识门类的逻辑关系，从总到分，从一般到具体，层层划分逐级展开的层累制号码表示的组织文献的方法。根据这种方法编排的目录称为分类目录。

文献分类包括分类和归类两个概念。文献分类是建立文献分类体系。它是由上而下，由大到小，由整体到部分，由一般到特殊，由总论到专论的划分过程。在进行分类时需用概念的缩小和限制。归类是运用文献分类体系来类分文献。它是由下而上，由小到大，由部分到整体，由特殊到一般，由专论到总论的集合过程。在进行归类时要运用概念的扩大和概括。分类和归类有着密切的联系。因为将大量文献分门别类地组成一个体系和将每一文献归到既定的相应门类中，是一件事情的两个方面。

分类组织法有以下特点：第一，从事物的某一方面出发，按表达事物概念的层累制号码排列，同一学科内容的资料都集中在一起，可以体现学科的系统性，反映事物的从属派生关系，便于按学科体系进行族性检索。第二，以人工语言（数码、字母代号）作为标识符号，不直观，较难记忆。第三，分类体系固定，增补新类目不及时，但按分类号组织分类目录则比较容易。第四，组配方式较机械，较难满足多元检索的要求。因此，一部好的分类法，不仅应具有科学的完整性、系统性、逻辑性、简明性，而且还必须具有足够的灵活性，便于使用，易写、易记。

文献分类是按分类表来组织的。文献分类表是类分文献的工具，它通常由类目、号码、正表、附表、说明和索引等六个部分组成。在我国文献组织系统中，目前多采用《中国图书资料分类法》，国际上多采用《国际十进分类法》（Universal Decimal Classification，UDC）。

3. 主题组织法

与分类组织法类似的主题组织法也是一种按信息所包含的内容来组织的方法，它是以揭示事物对象及其特征为出发点。任何事物都有名称，但并不是所有的名称都可以纳入主题法。主题法的词语是以规范化为基础的，它以词语为标识，因而在揭示与组织文献信息特征时不像分类组织法那样受到严格的级位限制，其表达概念灵活，专指性强，增删调整方便，较适应新学科的发展及自动化标引。但主题组织法的字顺序列也导致了相关概念的分散，降低了对文献主题内容族性功能的揭示。为此，主题组织法采用了倒置方法和语义参照系统等措施来弥补其不足。主题组织法包括标题词法、单元词法、叙词法及关键词法。

1）标题词法

这是主题组织法中最早出现的一种方法。它是用规范化的语词来标引文献主题，并按字顺排列标识。

标题词法有单级标题、带说明语的单级标题、多级标题（主标题和副标题）、倒置标题等几种形式。标题词法用标题词参照系统来显示它们表达的概念的相互关系。用“见”“见自”显示等同关系，用“参见”“参见自”来显示等级关系和相关关系。标题词的汇编称为标题表，它由编制说明、主表和副表三部分组成。标题词法中标题词之间的顺序关系是预先组配好的，这种先组配式的标题，可以在标引和检索时直接使用，不易混乱。但同时使用不灵活，不能满足用户多途径检索。

标题词法以事物为中心，来集中与该事物有关的文献，适合从主题出发进行检索，要查全一件事物的文献较容易，而查全一门学科或具有某一属性事物的文献却较困难。标题词法较直观，易掌握，懂得查字典的人一般即可进行检索，且检索速度快。标题词法对新事物、范围细小的问题容易反映出来，并且标题表补充修改比较容易。

2）单元词法

单元词指概念上不能再分的最小的语词单位。单元词法就是用规范化的单元词来表示文献主题的方法。单元词法的构成原理是一种组配原理，即各种完整的复杂的概念都可以分解成更为一般的单元的概念，或反过来说，任何复杂的概念都可由单元词组配而成。这是主题组织法的一个突出优点。因此，单元词法具有极大的灵活性，能提供多途径检索。目前，它已进一步演变为叙词法。

3）叙词法

叙词法是在单元词法等多种检索语言的基础上，以叙词作为标识符号，标引和检索文献情报的新式检索法。所谓叙词，就是一些以概念为基础的，经过规范化的，并具有组配性能、显示词间语义关系和动态性的词和词组。叙词又称为描述词、叙述词。叙词法的主要特点是：具有较强的直观性、专指性、适应性和灵活性，检索途径多，查找方便，迅速准确。

4）关键词法

关键词指从文献的题目、正文或摘要中抽出的能表征文献主题内容的具有实质意义的语词。关键词法是将描述主题内容的关键词抽出，不加或加以少量的规范处理，按字顺排列提供检索的方法。主要有下列几种形式。

（1）题外关键词索引：即只将关键词按原词序保留在文献题目原文中，使每个关键词轮流排在作为检索词的固定位置，并按字顺排列起来，每条款目附以文献编号。

（2）题内关键词索引：也称上下文关键词索引，是将关键词连同非关键词都保留在文献题目原文中，使关键词与非关键词组成一条短语，轮流地将每个关键词抽出，置于前端，按字顺排列，每条款目附以文献编号。

（3）单纯关键词索引：是将表征一篇文献主题内容的关键词全部抽出，组成一个复合标识，然后将其中的每一个关键词轮流移到前端作为检索词，并按字顺排列，每条款目附以文献编号。

因为关键词法对语词不加或少加规范，所以其结果相当粗糙，漏检率和误检率极高。但正因为它不加规范，所以标引容易、迅速，能保证报道的及时性。

4. 引文组织法

一般来说，完成一篇论文后论文末尾处注明参考文献或引用文献，同时这篇论文发表后也可能会被其他人的论文所引用，以此就会形成一个论文引用与被引用的网络（图 3.1）。从图 3.1 引文网络可以看出，随着时间的推移，后发表的文献会引用前面已经发表的文献，文献之间存在广泛的引用关系。

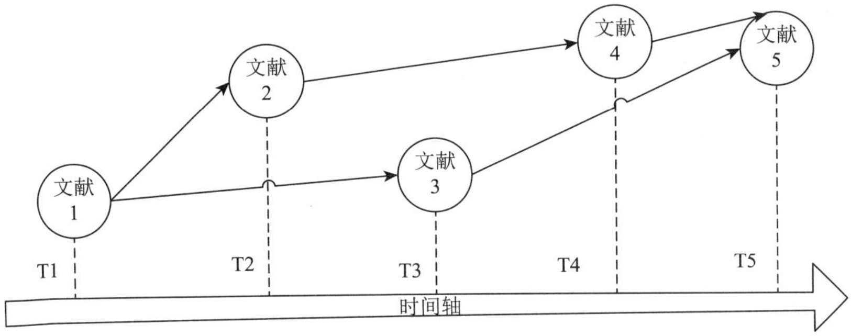

图 3.1　引文网络

引文组织法就是依据这个网络，将文献后所附的参考文献、相关书目、推荐文章和引文注释等按照一定的顺序组织起来形成引文索引，以供人们进行检索的方法[4]。用引文组织法形成的引文索引去检索文献，可以在没有检索工具或检索工具不全的情况下较快地获取相关文献，也可以快速地了解一个学科或课题的完整的发展过程[5]。因此，引文组织法也成为信息组织的重要方法之一。引文组织法具有客观性、简易性、稳定性和灵活性等特征[6]，并得到了广泛的应用。

目前国内外已经存在一些引文索引检索工具供用户使用。例如，国外编制的引文索引中，最著名的就是 1963 年由美国科学信息研究所出版的科学引文索引（Science Citation Index，SCI），它的创办是引文索引诞生的标志。1997 年，美国科学信息研究所顺应时代发展潮流，推出了基于 Web 的引文索引数据库产品 Web of Science，这个产品将 SCI、社会科学引文索引（Social Sciences Citation Index，SSCI）及艺术与人文引文索引（Art & Humanities Citation Index，A&HCI）集成在一个统一的检索平台上[7]，便于人们通过 Web 进行引文检索。国内所编制的引文索引主要有两个：中国科学引文索引（Chinese Science Citation Index，CSCI）和中文社会科学引文索引（Chinese Social Sciences Citation Index，CSSCI）。CSCI 以 SCI 为编制的基本依据，由四部分组成：来源索引、机构索引、轮排主题索引和引文索引。其中引文索引是本索引的主要部分[8]。CSSCI 是由南京大学中国社会科学研究评价中心开发研制的数据库，主要涉及中文社会科学领域，是我国人文社会科学评价领域的标志性工程。

3.1.3 信息组织的要求

为了对组织后的信息质量有一定的把控，提出信息特征有序化、信息流向确定化、信息流速适度化、信息数量精约化、信息质量最优化的要求。

（1）信息特征有序化。有序化是要求把有关信息内容的外在特征相同或相关的组织在一起，区分无关信息；再将组织后的信息进行梳理，使之系统化、条理化，可呈现出特定规律、表达特定含义，最后明确信息单元之间的关联关系，以便于人们获取和利用。

（2）信息流向确定化。管理科学的有关研究显示，信息流决定信息作用力大小。信息流向确定化要求充分研究用户的信息需求和行为，根据不同客户的特征确定信息的传递方向，并且要求随着信息环境的发展变化，要不断调整信息流向，这样最终才能形成信息合力。

（3）信息流速适度化。信息流速的不断加快使人们感受到巨大的信息压力，而眼花缭乱的信息流可能会降低决策的效率。同时，人们面对的决策问题在不断地发展变化，信息也需要不断地更新。为此必须适当控制信息流动速度，把握信息传递时机，提高信息的效用。

（4）信息数量精约化。在当今大数据背景下，信息过载的问题尤为显著，信息增长的速度远远超出了人们对信息吸收的速度。为了使信息能够简明扼要、内容更加精炼，必须认真进行组织，减少冗余信息，筛选精约信息，以便吸收利用。

（5）信息质量最优化。随着信息量爆炸式增长，信息的质量也急剧下降，从信息源中采集到的信息往往鱼龙混杂，重复冗余信息充斥其中，我们需要提高信息的精确度，从而提高信息产品的可靠性与先进性，使信息得到优化。

3.2 信息检索原理与技术

广义的信息检索指的是通过特定的方法将信息组织并存储，再结合具体的用户需求找到相关信息的过程。而狭义上的信息检索仅仅指的是这个过程的后半部分，就是从所有信息中找出与用户需求相匹配的信息的过程，这与人们常说的信息搜寻相似。在互联网高度发达的背景下，信息检索一般是指用户根据自己的需求，从各类网络化的数字资源中获取所需信息。随着时代的发展，信息检索的内涵也在发展变化。20 世纪早期，人们通常用“文献检索”来描述信息检索行为。到 20 世纪中期，“情报检索”成了人们日常使用的词语。1950 年 3 月，美国的莫尔斯在一份会议论文中首先使用“信息检索”这个词语，后来随着信息检索理论和实践的迅速发展，人们的认识不断深入，“信息检索”才最终作为固定用法被人们广泛认可和应用[9]。

3.2.1　信息检索的意义和作用

信息检索的意义在于能有效提高人们检索信息和利用信息的效率。对大学生来说，文献信息检索是培养学生自学能力、研究能力、思维能力、表达能力和组织管理能力的重要途径。对科研工作者来说，文献信息检索更是科学研究不可缺少的一项工作。其作用主要有以下方面。

（1）信息检索能使科技工作者及时把握科技发展的动态和趋势。

（2）信息检索能使科研工作达到事半功倍的效果。

（3）信息检索能使信息资源得以充分的开发和利用。

（4）信息检索有利于实现资源共享。

（5）信息检索能提高人们的生活质量。

3.2.2　信息检索的类型

1. 按检索方式分类

1）手工检索

手工检索指的是人力手工方式来检索信息，是效率较低的检索方式。手工检索工具按用途分为指示型检索工具和参考型检索工具。其检索工具见表 3.1。

表 3.1　检索工具[10]

检索工具	指示型检索工具	书目
		索引
		文摘
		检索工具指南
	参考型检索工具	字典词典
		百科全书
		类书政书
		年鉴、手册
		名录
		表谱

指示型检索工具是根据一定目的，把相关的资料积累起来，经过加工、整序，并

按一定的方式排列，为人们提供查阅信息线索的工具。指示型检索工具是在一次文献的基础上根据一定的目的，按照需要编制的二次文献。其主要包括书目、索引、文摘等。

参考型检索工具，也称事实、数据型检索工具，属于三次文献。它是汇集某一方面全面系统的知识，按照一定的方法编排，提供翻检查阅、解决各种疑难问题的工具，主要包括词典、百科全书、年鉴、手册、名录表谱等。

2）计算机检索

计算机检索就是把大量的文献资料或数据进行加工处理，按一定的格式存储在磁带、磁盘或光盘上，建立计算机可认读文档，即机读数据库，并利用计算机查询存储文档中所需文献或数据的检索方式。计算机检索包括信息的存储和检索两个过程。

2. 按检索内容分类

1）书目信息检索

书目信息检索是以馆藏书目数据库和文摘、索引型数据库为检索对象，以获取文献的题名、作者、摘要、来源出处、收藏处所等与课题相关的一系列二次文献信息为检索目的。书目信息检索是一种相关性检索。

2）数据型信息检索

数据型信息检索是以具有数量性质并以数值形式表示的数据为检索目的和对象。数据型信息检索系统中存储的是大量的数据。检索的结果是经过测试、评价过的各种数据，可直接用于比较分析或定量分析。因此，数据型信息检索是一种确定性检索。

3）事实型信息检索

事实型信息检索是借助于各类工具书的检索工具数据库检索客观事实。以具体数据或事实为检索目的，检索结果是经过测试、评价过的各种数据或有关某一事物的具体答案。因此，事实型信息检索是一种确定性检索。但事实型信息检索所得到的结果须进行分析、推理，才能得到最终的答案，因此要求检索系统必须有一定的逻辑推理能力和自然语言理解功能。

4）图像信息检索

图像信息检索是指根据图像的内容建立对图像的描述，然后根据机器学习和计算机视觉在指定的图像数据库中查询相似的图像集合，并按照相似程度进行排序输出。图像信息检索根据检索方式和检索内容的不同，可以分为基于文本的图像检索和基于内容的图像检索。

3.2.3　信息检索的过程

信息检索的过程就是根据用户对信息的需求，利用检索工具查找有关信息资料的具体过程。实际上它是信息检索策略的具体化，包括分析用户信息需求、选择检索系统和工具、确定检索方法和途径、实施检索策略、评价检索结果和其他后续工作等六个步骤[11]。

1. 分析用户信息需求

在进行信息检索之前要分析用户的信息需求，明确检索目标。需求分析是整个信息检索的出发点，也是整个信息检索工作效率高低和成败的关键。信息检索的需求分析主要包括以下四个方面：确定信息检索服务的对象；确定信息检索的内容；确定信息资源采集的范围和量；确定其他要求，包括所需信息资源的类型和查全率的要求等。

2. 选择检索系统和工具

根据用户信息需求分析的结果，选择对口的信息检索系统和工具。信息检索工具很多，我们不可能也不必要使用所有的检索工具，只需要选择那些与用户信息需求相关的、符合各方面要求（如时间、质量）的检索工具。根据分析结果，我们可以选择手工检索系统、联机检索系统、光盘检索系统、因特网检索系统等。对于每种系统，我们可以决定具体的检索工具。

3. 确定检索方法和途径

检索方法的确定是检索过程中重要的环节之一。完成任何一项任务的方法都是十分重要的，信息检索也是如此。方法正确，会收到事半功倍的效果。根据信息检索需求和选择的检索系统与工具的不同，可以采用不同的检索方法。检索方法和途径有很多，在实际应用中可以选择其中的一种或者多种[10]。

1）布尔检索

利用布尔逻辑算符进行检索词或代码的逻辑组配，是现代信息检索系统中最常用的一种技术。常用的布尔运算有逻辑与、逻辑或、逻辑非三种。

a. 逻辑与

用符号“and”或“*”来表示。设两个关键词 A 和 B，则逻辑与的表达式为：A and B 或 A*B。意味着在检索结果中必须同时含有 A 和 B 两个关键词。

逻辑与通常可以用于交叉概念或限定关系的匹配，可缩小检索范围，提高检准率。

b. 逻辑或

用符号“or”或“+”来表示。设两个关键词 A 和 B，则逻辑与的表达式为：A or B 或 A+B。意味着检索结果中要包含关键词 A 或者 B，或者 A 和 B 同时出现在检索结果中。

逻辑或通常可以用于实现并列关系的组配，可扩大检索范围，但是会降低检准率。

c. 逻辑非

用符号“not”或“-”来表示。设两个关键词 A 和 B，则逻辑与的表达式为：A not B 或 A-B。意味着检索结果包含关键词 A 但不包含关键词 B。

逻辑非通常可以从原来的概念中排除不需要的概念，可缩小检索范围，提高检准率。

2）截词检索

截词检索是指在检索词的适当位置用截词符截断，用截断的词的局部来进行检索。通常使用的截词符有两种：无限截断和有限截断。

（1）无限截断，用“*”作为截词符，*代表任意一个或多个字符。无限截断包括左截断、右截断、中间截断和左右截断。

（2）有限截断，用“？”作为截词符，？代表一个字符。

3）位置检索

位置检索也叫邻近检索，即运用位置算符来表示两个检索间的位置邻近关系，这种检索技术通常出现在西文数据库及全文检索中。

位置算符的作用是对符合的检索词进行加工修饰，限定词与词之间的位置关系，弥补布尔检索中只规定检索词的范围不足，使检索的准确性大大提高。常用的位置运算符有（W），（nW），（N），（nN）。

（1）（W）算符表示该算符两边的检索词按前后顺序排列，除空格、标点和连接号以外不得有其他单词或字母。

（2）（nW）算符表示在此算符两侧的检索词之间允许插入 *n* 个实词或虚词，两个检索词的顺序不能颠倒。

（3）（N）算符表示其连接的两个检索词的顺序可以改变，但两词之间不允许插词。

（4）（nN）算符（nN）算符中的 n 表示允许插词量要少于或者等于 *n* 个。

4）限制检索

限制检索是通过限制检索范围来达到优化检索结果的方法。限制检索的方法有以下几种。

（1）字段检索是指限定检索词在数据库记录中的一个或几个字段范围内查找的一种检索方法。

（2）使用限制符。可以采用一些字段标识符来进行限制检索。

（3）使用范围符号。可以使用的范围符号有 Less than、Great than、From to 等。

（4）使用限制指定。限制指令包括一般限制指令和全限制指令。

5）加权检索

加权检索是某些检索系统中提供的一种定量检索技术，用于判定检索词或字符串在满足检索逻辑后对文献命中与否的影响程度。在因特网信息检索中，常用“+”和“-”来表示检索词在检索提问式中的分量。在某个检索词前面带上“+”，表示该检索词一定要出现在结果中；在某个检索词前面带上“-”，则表示该检索词一定不能出现在检索结果中。

6）二次检索

在检索结果的基础上，重新调整检索式，进行二次检索，缩小检索范围，使检索结果更加符合期望。

4. 实施检索策略

在分析用户信息需求、选择检索系统和工具、确定检索方法和途径之后，就可以实施信息检索了。在实施信息检索的过程中，最重要的就是要确定检索策略，构造检索查询请求。检索策略就是具体的执行方案。我们应该根据选择的系统不同，选择适当的检索策略。例如，对于信息检索中的计算机检索，检索策略具体表现为检索表达式。

5. 评价检索结果

当检索完成后，要进行检索结果的评价。对于检索得到的结果要仔细阅读，判断所检索出的信息是否符合检索的要求。如果检索的结果符合要求，则进入最后一个阶段；如果不符合要求，则要重新选择检索策略，必要时要重新选择检索方法和途径，甚至要重新选择检索系统和工具。这一过程不断进行，直到得到满意的检索结果为止。

3.2.4 信息检索原理

信息检索原理是指对大量的、分散无序的文献信息进行搜集、加工、组织、存储，形成各种检索系统，然后用特定的方法将检索词和检索系统数据库中的文献特征标识匹配，最终提取出与需求相符的文献信息的全过程[12]，如图 3.2 所示。

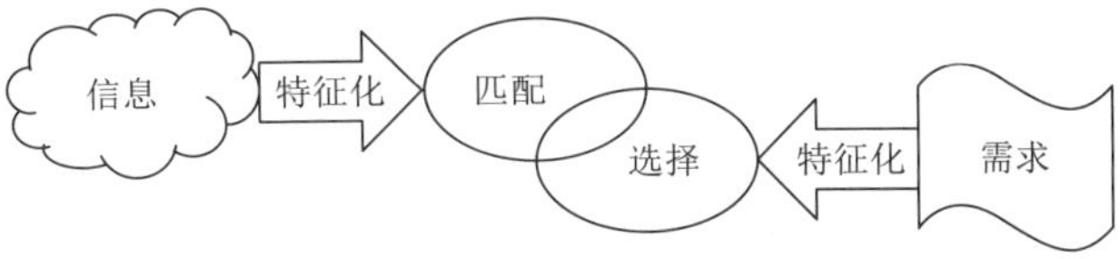

图 3.2　信息检索示意图

用计算机进行信息检索时，对于一个具体的目标数据库，只需将信息需求转换成检索系统的检索词，并与数据库中对应的信息标识匹配，这样就可以从系统中检索到所需的信息。经过对信息的分析得出信息的具体特征，再通过检索语言和规范加工成信息标识，将原始信息加工成文摘、索引等二次文献信息，通过计算机将这些文献信息组织成文档，从而形成可供检索的数据库；通过对用户的需求进行分析，确定检索词，利用检索语言做出检索式，借助检索系统的终端，对数据库进行检索，最后得出检索结果，完成整个信息检索，具体信息检索流程如图 3.3 所示。

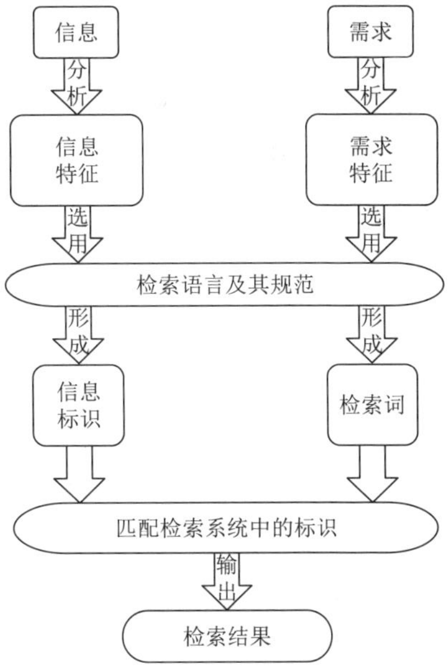

图 3.3　信息检索流程示意图

3.3 检 索 语 言

检索语言是根据信息检索的需要创造出来的一种人工语言，是在信息检索领域中用来描述信息特征和表达信息检索提问的一种专用语言[13]。它是一种受控语言，是根据一定的规则对自然语言进行规范后的语言。

检索语言可以分为描述信息外部特征的检索语言和描述信息内容特征的检索语言。描述信息外部特征的检索语言包括题名、著者、出版者、号码等。描述信息内容特征的检索语言主要包括分类检索语言和主题检索语言[14]。

3.3.1 分类检索语言

分类检索语言是一种按科学范畴和体系来划分事物的检索语言，按其所属的学科性质进行分类和排列，以阿拉伯数字或以拉丁字母和数字混合作为类目标识符号，以类目的从书关系来表达复杂概念及其在系统中的位置，甚至还表示概念与概念之间关系的一种检索语言。分类检索语言的具体表现形式就是分类法，包括体系分类法、组配分类法和混合式分类法[15]。

1. 体系分类法

体系分类法是以学科分类为基础，概括信息的内容特征，运用概念划分的方法，按知识门类的逻辑次序，从总到分，从一般到具体，从简单到复杂，进行层层划分，从而产生许多不同级别的类目，层层隶属，形成一个严格按学科门类划分和排列的等级体系。

体系分类法广泛应用于图书、资料的分类和检索中。国际比较著名的分类法有《杜威十进分类法》、《国际专利分类法》等，国内的分类法也有很多，比较知名的是《中国图书馆分类法》和《中国科学院图书馆图书分类法》[11]。

《中国图书馆分类法》，简称《中图法》，是中华人民共和国成立后编制出版的一部具有代表性的大型综合分类法，是当今国内图书馆使用最广泛的分类法体系。《中图法》初版于 1975 年，发展到现在为止，最新的版本是 2010 年的第五版。《中图法》由 5 个基本部类、22 个基本大类及简表和详表共同组成。参见表 3.2《中图法》的基本部类和基本大类。

表 3.2 《中图法》的基本部类和基本大类

基本部类	基本大类	基本部类	基本大类
一、马列毛邓	A 马列主义，毛泽东思想，邓小平理论	四、自然科学	N 自然科学总论
二、哲学	B 哲学、宗教		O 数理科学和化学
三、社会科学	C 社会科学总论		P 天文学、地球科学
	D 政治、法律		Q 生物科学
	E 军事		R 医药、卫生
	F 经济		S 农业科学
	G 文化、科学、教育、体育		T 工业技术
	H 语言、文字		U 交通运输
	I 文学		V 航空、航天
	J 艺术		X 环境科学、安全科学
	K 历史、地理	五、综合性图书	Z 综合性图书

《中国科学院图书馆图书分类法》，简称为《科图法》，是由中国科学院图书馆编制的等级列举式分类法，主要应用于中国科学院系统图书馆、国内其他一些科学研究机构和高等学校的图书馆等。《科图法》出版于 1958 年，发展到现在为止，最新版为 1994 年的第三版。其结构包括主表和附表两部分。其中，主表设有大纲、简表和详表；附表又分为通用附表和专类附表两种。《科图法》中类目的标记符号采用了阿拉伯数字，号码分为两部分：第一部分为顺序数字；第二部分为“小数制”[16]。《科图法》设有马克思列宁主义、毛泽东思想，哲学，社会科学，自然科学，综合性图书等 5 大部类，共 25 大类。这 25 个大类分别如下。

00 马克思列宁主义、毛泽东思想
10 哲学
20 社会科学
21 历史、历史学
27 经济、经济学
31 政治、社会生活
34 法律、法学
36 军事、军事学
37 文化、科学、教育、体育
41 语言、文字学
42 文学
48 艺术
49 无神论、宗教学
50 自然科学
51 数学
52 力学
53 物理学
54 化学
55 天文学
56 地质、地理科学
58 生物科学
61 医药、卫生
65 农业科学
71 技术科学
90 综合性图书

2. 组配分类法

组配分类法运用概念可分析和可综合的原理，将可能构成信息主题的概念分析成为单元和分面，设置若干标准单元的类表。在使用时，要先分析标引对象的主题，根据主题分析的结果通过相应概念类目的组配表达一个复杂的主题内容。因此，组配分类法又称为分面分类法、分析-综合分类法。

国际上应用组配分类法最著名的是《国际十进分类法》，又称为通用十进制分类法。它的体系结构由主表和辅助表及索引组成。它是欧洲第一部文献分类表，也是世界上规模最大的一部文献分类法。它最早提出概念分析和组配原则，被称为分面组配式分类法的先驱[16]。

3. 混合式分类法

混合式分类法介于上述两种分类法之间，是在等级分类体系的基础上又采用分面组配的方法，其目的是细分主题，满足检索的需要。目前一些比较知名的网站，如新浪、网易等都采用了这种混合式的分类体系[3]。

3.3.2 主题检索语言

主题检索语言，是将经过选择并且能够表达信息内容的词语作为概念标识，并将概念标识按字顺排列组织起来的一种检索语言。根据词语的选词原则、组配方式、词语规范、主题检索语言可以分为标题词检索语言、叙词检索语言、关键词检索语言、单元词检索语言等[14]。

主题词是主题检索语言的核心，主题词表是主题检索语言的重体现。当前常用的主题词表主要有《医学主题词表》和《汉语主题词表》[10]。

《医学主题词表》是由美国国立医学图书馆编制的主题词表。该表收录了叙词 18000 多个，副主题词 80 余个。《医学主题词表》是将叙词款目、非叙词款目和副主题词一起按照字顺排列的一览表。其款目要素有四个部分：叙词和非叙词、树形结构号、注释信息和参照。

《汉语主题词表》简称《汉表》，是中国科学技术情报研究所和北京图书馆主持和组织编制的一个大型综合性叙词表，该词表为中文文献检索系统提供了一个综合性的处理工具。全书共有三卷 10 个分册，由主表、附表、词族索引、范畴索引和英汉对照索引组成。现在我国的综合性图书馆大都以《汉表》作为标引工具。

3.4 信息检索策略与评价

所谓信息检索策略就是为实现检索目标而制定的全盘计划和方案，是对整个检索过程的谋划和指导，也就是信息检索过程中具体的实施方案。检索策略具有很强的灵活性，可以根据不同的检索方式制定不同的检索策略，也可以根据检索结果来调整不同的检索策略[17]。

3.4.1 信息检索策略

信息检索策略在整个检索过程中具有非常重要的作用。因为在实际检索的过程中，仅仅依靠一个检索词就能满足检索要求的情况并不很多。在通常情况下，我们需要使用多个检索词构成检索策略，才能满足由多个不同的概念组配而成的较为复杂课题的要求。除了在进行信息检索之前制定检索策略外，在获取到检索结果不满意的情况下，也要通过调整信息检索策略来达到更满意的结果。例如，检索结果过少，也就是检全率不高的时候，就可以通过调整检索策略来提高检全率。

1. 最专指面优先

首先选择从课题中最专指的概念入手，浏览结果后如发现检索得的文献相当少，那么，检索者通常不把其他概念面再加到检索式中去。这些其他概念面是供选择用的，只在要求高查准率输入。

2. 最低登录量的面优先

先根据词的登录量值，找出登录量最少的那个概念面，然后以此为检索入口开始检索。如果命中文献数量比较少，就不必再继续检索其他的面。

3. 积木型

把检索课题剖析成若干个概念面，先分别对这几个概念面进行检索；在每个概念面中尽可能全和多地列举相关词、同义词、近义词，并用布尔逻辑算符“or”连接成子检索式。然后再用布尔逻辑算符“and”把所有概念的子检索式连接起来，构成一个总检索式。例如，(A or A_1 or A_2 or⋯)and(B or B_1 or B_2 or⋯)and(c)。

4. 引文珠形增长

以直接检索课题中最专指的概念面开始，以便至少检出一篇命中文献。然后审阅文献，从中选出一些新的相关检索词，补充到检索式中去。这些词加入到检索式之后，就能重新查找出更多的命中文献。连续重复上述过程，直到找不到其他适合包含于检索式的附加词为止。

5. 逐次分馏

先确定一个相当大的范围的文献初始集，然后提高检索式的专指度，得到一个较小的命中文献集，继续提高检索式的专指度，逐渐缩小命中文献集，直到得到数量适宜、用户满意的命中文献集合为止。

3.4.2 信息检索的评价与策略调整

信息检索的评价，是指根据检索的结果和检索过程中的相关信息，对信息检索系统的质量、功能，以及用户使用检索系统的效率、价值和过程所做出的判断。它是检索活动中一个不可分割的环节，用户可以借此调整检索思路，修正提问表达式，使检索逐步达到理想状态，以获得满意的检索结果。

1. 检索策略的评价方法

检索策略的评价可以从两个方面展开，一方面，可以从检索过程进行评价；另一方面，可以从检索结果进行评价。

从检索过程对检索策略进行评价包括：第一步，检查主题分析是否正确，确定主题概念是否准确、全面；第二步，选择检索系统、途径是否恰当；第三步，确定的检索词是否正确反映主题概念，是否符合检索系统的标引规则，词的泛指、专指程度，相关词的数量是否合适；第四步，检索式各种连接组配符号是否运用得当。

从检索结果对检索策略进行评价时的评价指标包括：查全率、查准率和 F 指数。查全率是衡量某一检索系统从信息集合中检出相关信息成功度的一项指标，等于检出的相关信息与全部相关信息的百分比，用于衡量检索系统和检索者检出相关信息的能力和效果；查准率是衡量某一检索系统的信号噪声比的一种指标，等于检出的相关文献与检出的全部文献的百分比，用于衡量检索系统和检索者拒绝非相关信息的能力和效果的实验证明。由于查全率和查准率存在负相关关系，即提高查全率势必会导致查准率的降低。因此，为综合评价检索策略的好坏，人们提出了另一个综合查全率与查准率的指标，即 F 指数。具体来说，查全率的计算方式见式（3.1），查准率的计算方式见式（3.2），F 指数的计算方法见式（3.3）。

$$R=\frac{\text{正确检索出的相关文献}}{\text{检索系统中包含的所有相关文献} } \tag{3.1}$$

$$P=\frac{\text{正确检索出的相关文献}}{\text{检索结果中包含的所有文献}} \tag{3.2}$$

$$F=\frac{2\times R\times P}{R+P} \tag{3.3}$$

2. 检索策略的调整

用户对检索结果的不满意主要分为两种：质量和数量，也就是检准率和检全率不能达到用户的期望。这里主要介绍两种调整检索策略的方法：提高检全率和提高检准率的方法[18-19]。

提高查全率的方法有：①降低检索词的专指度，将上位词或相关词补充到检索式中；②尽可能多地罗列同义词；③使用多个检索途径；④取消某些过严的限制，尽可能在所有检索的字段中检索；⑤使用截词检索方法；⑥使用“or”进行检索；⑦使用多元搜索引擎。

提高查准率的方法有：①提高检索式的专指度，增加或换用下位词和专指度较高的词；②增加概念进行限制，限制检索词出现的可检字段；③利用“not”限制一些不相关的概念；④使用“and”检索；⑤利用二次检索功能。

3.4.3　检索案例

检索案例：如何检索得到与“知识计算”这一检索课题相关的中文信息资源？

第一步，明确检索的课题。本课题有一个关键词：“知识计算”。这个课题的学科领域为图书情报领域与计算机科学领域。检索的时间范围不限。由于是较为专业的检索需求，检索的文献类型限制为期刊、会议或学位论文。检索的语种类型为中文。

第二步，选择检索系统。对于这种学术性专业性较强的检索课题可以在中国知网、维普等数据库中进行相关检索。本案例选择大家比较熟悉的中国知网进行检索，其检索界面如图 3.4 所示。

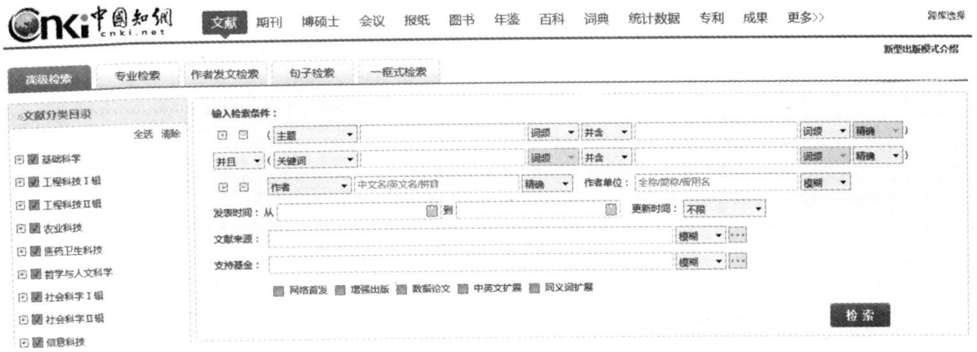

图 3.4 中国知网检索界面

第三步，确定检索用词，构造检索式。在第一步就已经明确了该检索主题中的关键词为“知识计算”，由于对“知识计算”的了解并不多，无法给出同义词、近义词等相关词进行检索。为此，本案例首先采取“最专指面优先”的方式进行检索，即直接使用“知识计算”在“篇名”中进行检索，构造检索式为：篇名=知识计算（图 3.5）。

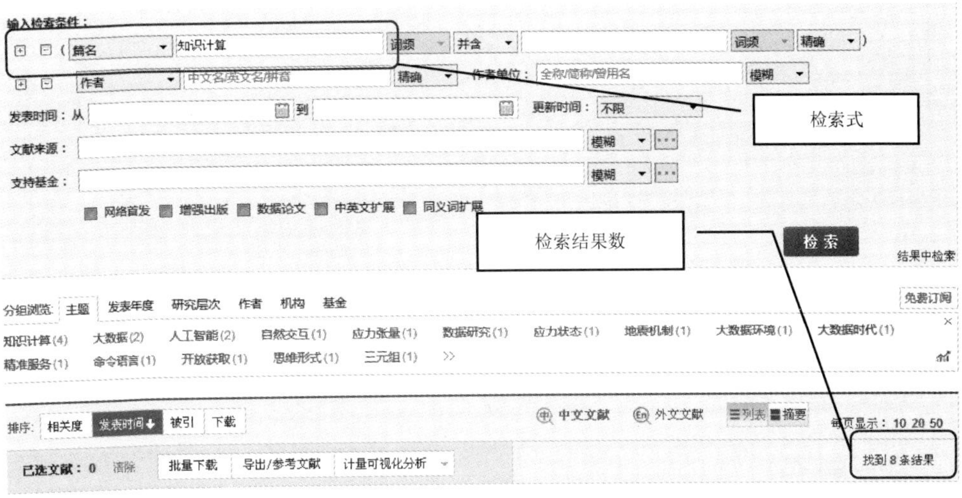

图 3.5 篇名检索及检索结果

第四步，分析检索结果，调整检索策略。根据检索出来的结果的数量和质量来判断这次的检索是否成功，若成功，则输出检索结果，结束检索；若不成功，则继续调整检索策略。在本案例中，检全率过低，只有 8 篇相关文献（图 3.5），为此需要调整检索策略，进行扩检，提高查全率。

第五步，扩检。通过分析，本案例采取在主题中进行检索的方式来实现扩检的目的，即检索式修改为：主题=知识检索，检索到 1049 篇检索结果（图 3.6），检索结果过多，需要提高检准率，进行缩检。

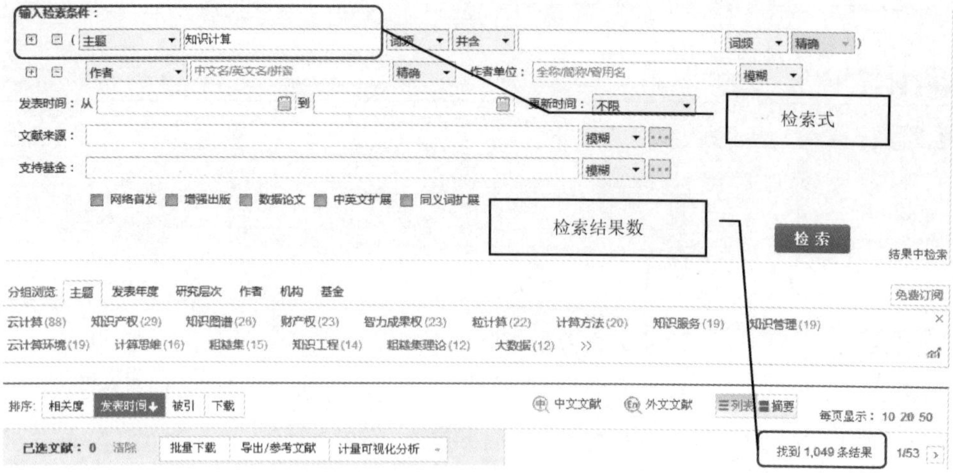

图 3.6　主题检索及检索结果

第六步，缩检。本案例采取在篇名字段、关键词字段、摘要字段同时进行检索的方法来进行缩检。检索式修改为（篇名=知识计算）or（关键词=知识计算）or（摘要=知识计算），检索到 317 篇文献（图 3.7），检索结果基本合理，获得满意的检索结果。

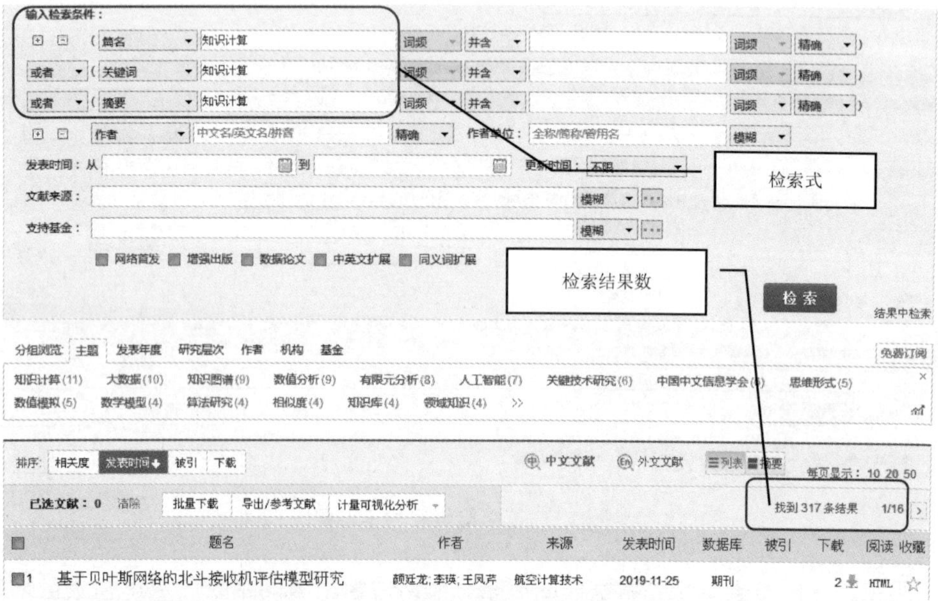

图 3.7　多字段检索及检索结果

制定检索策略是非常重要的，因为信息检索在日常生活中随处可见。学会在信息检索的过程中制定信息检索策略，不仅可以节省很多时间和金钱，还可以得到最符合期望值的检索结果。

练　习　题

1. 比较信息组织方法中的主题法和分类法。
2. 简述信息检索的原理。
3. 简述信息检索语言中的分类语言。
4. 简述信息检索中的方法。
5. 简述制定信息检索策略的原因，以及制定和调整检索策略的方法。

参 考 文 献

[1] RUTH C C. Managing cataloging and the organization of information[M]. Oxfordshire Abingdon: Taylor and Francis, 2018.
[2] 周宁. 信息组织[M]. 北京武汉: 武汉大学出版社, 2017: 151-157.
[3] 张树忠, 黄继东. 信息检索与利用[M]. 南京: 东南大学出版社, 2012.
[4] 李谋信. 谈引文索引[J]. 图书馆杂志, 1986(4): 46-47.
[5] 汪沪双. 论引文索引在信息检索中的重要性[J]. 大学图书情报学刊, 2005(5): 86-87.
[6] GARFIELD E. 引文索引法的理论及应用[M]. 侯汉清, 等, 译. 北京: 北京图书馆出版社, 2004.
[7] 夏立娟, 陈陶. 基于 Web 的 ISI 三大引文索引数据库引文检索方法[J]. 情报科学, 2003(6): 643-644, 647.
[8] 孙洁. 从 CSCI 谈引文索引的功能[J]. 中国计量学院学报, 2000(S1): 139-141.
[9] LATHA K. Experiment and evaluation in information retrieval models[M]. Oxfordshire Abingdon: Taylor and Francis, 2017.
[10] 夏立新, 金燕, 方志, 等. 信息检索原理与技术[M]. 北京: 科学出版社. 2009.
[11] 徐红云. 网络信息检索[M]. 广州: 华南理工大学出版社, 2018.
[12] 陈氢, 陈梅花. 信息检索与利用[M]. 北京: 清华大学出版社, 2017.
[13] 袁朝晖, 田兰兰, 马艳平. 文献信息检索与利用[M]. 成都: 电子科技大学出版社, 2018.
[14] 马费成, 宋恩梅, 赵一鸣. 信息管理学基础[M]. 3 版. 武汉: 武汉大学出版社, 2018.
[15] 柳宏坤, 杨祖逵, 苏秋侠, 等. 信息资源检索与利用[M]. 上海: 上海财经大学出版社, 2017.
[16] 吴冰, 王浩, 陆彩云. 现代书目控制理论与实践[M]. 北京: 知识产权出版社, 2014.
[17] 刘富霞. 文献信息检索教程[M]. 北京: 机械工业出版社, 2016.
[18] 海涛. 信息检索与利用[M]. 北京: 北京航空航天大学出版社, 2015.
[19] 朱江岭. 网络信息资源检索[M]. 北京: 海洋出版社, 2010.

第 4 章　互联网开放信息资源及其检索

4.1　互联网信息资源

互联网，是指多个网络通过路由器、通信线路等通信设备互联，并基于一定的协议实现通信的国际计算机网络。计算机互联的目的在于资源共享（包括计算机硬件、软件及数据）与信息传递。所有连入 Internet 的个人和组织都能在其中获取和发布信息，享受它所提供的信息服务。

从信息利用的角度考察，互联网信息资源主要由连接在 Internet 上的计算机中的无数信息、信息工具及网络通信渠道三方面构成。互联网信息包括数据库、电子出版物、网页信息、软件及各种格式的文件等；信息工具包括 WWW 浏览器、E-mail、搜索引擎等；网络通信渠道是指网络提供的信息交流渠道。本节主要介绍互联网信息资源的特点及其评价方法。

4.1.1　互联网信息资源的特点

互联网已成为解决一般信息需求问题的最好途径，作为最大的信息源，互联网信息资源具有以下特点。

（1）数量巨大，增长迅速。联合国贸易和发展会议（The United Nations Conference on Trade and Development，UNCTAD）发布的《数字经济报告》显示，近年来全球互联网数据流量显著增长。1992 年，全球互联网每天约有 100GB 的流量；2017 年，这一数据飙升至每秒 45000GB；到 2022 年，全球互联网数据流量预计将达到每秒 150700GB[1]。我国互联网基础资源也持续增长，《第 44 次中国互联网络发展状况统计报告》显示，截至 2019 年 6 月，我国 IPv6 地址数量为 50286 块/32，较 2018 年底增长 14.3%，已跃居全球第一位；域名总数为 4800 万个，其中“.CN”域名总数为 2185 万个，较 2018 年底增长 2.9%[2]。

（2）内容丰富，形式多样。互联网已成为当代信息存储与传播的主要媒介，覆盖了不同学科、不同领域、不同地域、不同语言的信息资源，在形式上，包括文本、图像、图形、照片、软件、电影、音乐、数据库等，堪称多媒体、多语种、多类型的信息混合体[3]。

（3）时效性强，简单易用。由于网络传播速度快，几乎在事件发生时就能将信息传播到世界各地。事实上，互联网已成为继电视、广播和报纸之后的第四媒体。简单易用的搜索引擎及海量的免费资源是互联网得到青睐的主要原因。国外调查显示，相当多的用户包括学生、教师甚至专业人员，在查找资料时使用互联网[4]。而 Google、百度则是年轻人的最爱。

（4）结构复杂，分散无序。互联网是在自愿基础上，通过 TCP/IP 协议连接起来的开放信息平台。互联网信息资源本身的组织管理并无统一的标准和规范，呈全球化分布结构，分别存储在不同国家、不同地区的服务器上，不同的服务器采用不同的操作系统与数据结构，字符界面、图形界面、菜单方式、超文本方式等缺乏集中统一的管理机制。另外，互联网信息的发布自由且随意，任何组织和个人都可以将自己拥有的且愿意让他人共享的信息在网上发布。整体上看，海量的信息和快捷的传播使得互联网信息资源尚处于无序状态，许多信息资源缺乏加工和组织，只是时间序列的“堆砌”[5]。

（5）变化频繁，质量不一。互联网上的信息地址、信息连接、信息内容处于经常性的变动之中，信息资源的更迭、消亡无法预测。许多用户都曾经遇到过“错误 404，文件未找到”或“该页无法显示”的情况。Bar-Ilan 和 Peritz 以信息计量学主题相关的网页集合为对象进行了历时研究，考察其在一段时间内的动态性，发现近 50%的网页在 6 个月内发生了变化[6-7]。Koehler 则以网络上随机访问的 URL 为研究对象，将网页的访问状态分为 3 类：一直可访问的网页；间断可访问的网页；不可再访问的网页。他统计了网页不可再访问的情况，结果显示，6 个月后有 12.2%的网站和 20.5%的网页不能被访问，随着时间推移，可访问性越来越低[8]。而且，由于信息发布具有很大的自由度和随意性，缺乏必要的过滤、质量控制和管理机制，正式出版物与非正式出版物交织在一起，商业信息、学术信息及个人信息混为一体，信息质量良莠不齐，为用户选择、利用互联网信息资源带来了不便。

4.1.2　互联网信息资源的评价

要从组织无序、质量参差不齐的海量信息中迅速、高效地筛选有价值的信息，除了要掌握检索工具，还应了解互联网信息的评价知识。一些机构和科研人员纷纷在有关研究的基础上，提出若干系列的评价标准。1991 年，Richmond 首次提出了评价网络信息资源的“10C 原则”，即内容（content）、可信度（credibility）、批判性思考（critical thinking）、版权（copyright）、引文（citation）、连贯性（continuity）、审查制度（censorship）、可连接性（connectivity）、可比性（comparability）和范围（context）[9]。1997 年，Oliver 等提出了较为全面的 11 大类、125 个“质量指标”，然后又提出了“OASIS 评价体系”，即客观性（objective）、准确性（accuracy）、来源（source）、信息含量（information）、范围（span）[10]。1998 年，Smith 提出了 7 项评价指标，即范围（scope）、内容（content）、图形与多媒体设计（graphic and multimedia design）、目的（purpose）、评论（reviews）、可操作性（workability）、成本（cost）[11]。此外，美国科学信息研究所、美国图书馆协会下属的参考馆员与用户服务协会的参考部、Argus Associates 公司的信息评价工具 Argus Clearinghouse 等制定的互联网信息评价标准都值得参考[12]。

对互联网信息资源的评价一般是以网站或网页为评价单位，评价标准一般是借鉴传统的印刷型文献的评价标准并结合网络信息的特点，主要着眼于网页所提供的信息内容质量和信息存取方式等综合评价。评价标准分为以下若干方面[13-14]。

1. 目的与预期用户

网站是否有明确说明其目的、对象？是宣传报道、教育教学，还是销售或娱乐？网站应当为预期用户提供恰当的资料。谁是预期用户？网站面向什么层次、水平的用户对象：是专业人员，还是一般人士？网站的信息内容是否符合其目的、要求，是否适用于其所面向的用户层？网站是否服务于商业促销？网站内是否含有广告？网站是否收费？需要指出的是，从网站本身的描述来判断网站信息质量的方法并不可靠，这些描述有可能是虚假的，用户必须结合其他线索和方法来评估。例如，某网站宣称是一家有实力的公司，留下的业务联系方式却是通用的免费电子邮箱，就会让人生疑。

2. 内容

网站所提供的信息是事实性的，还是评论性的？网站是否包括原始信息还是仅提供链接？评价主要围绕网站内容的以下方面。

（1）准确性。网站是否提供信息的来源、出处以备用户进一步核查？其页面语言是否准确、严谨，无拼写、语法错误？是否明确列出网站信息的编辑、责任者？其语气是客观性的还是广告性的？是否受政治意识形态或商业利益因素的影响？

（2）权威性。网站的主办者、编写者是谁？是否为有声誉的组织机构、专家学者？是否提供了可进一步联系、核实、交流信息的可能，如电话号码、通信地址及 E-mail 地址？其内容是否有版权保护、其版权的拥有者是否有明确说明？一般来说，从网页的 URL 中可以看出它所在的服务器域名（domain），来自教育机构（.edu）、政府部门（.gov）、非营利性组织（.org）的网页的学术价值和权威性较高，其质量往往有所保证。

（3）新颖性。主要看网站信息的提供时间、更新周期及最近一次的修改日期，网站的信息内容是否还有其他的提供形式，如其他的 Web 网站、印刷品或光盘版。

（4）稳定性。网站是否稳定、可靠，能否较稳定、连续地访问。

（5）链接。和网页有关的链接有两种。一种是看得见的，即网页上以“友情链接”“相关链接”等方式推荐的其他站点、页面或指出本网页内容所参考的来源。如果网页作者能够列出一定数量的链接来支持和印证自己在网页中阐述的观点(类似于论文写作中列出的参考文献)，就能为网页读者扩展浏览内容提供线索。而网页所提供的链接质量的优劣也能在一定程度上反映这个网页本身的质量，如果某网页上的链接多为空链、死链、错链，或者为一些无聊、庸俗站点提供链接，那么该网页的质量就值得怀疑。另一种链接是看不见的，即指向该网页的链接（反向链接），一般来说，如果在互联网上有大量链接指向某网页，即可说明该网页的知名度高，信息质量也应当不错，这也是搜索引擎判断网页重要性的基本方法，如 Google 的 PageRank 算法。

（6）信息类型。尽管互联网信息发展繁盛，仍有许多重要信息不能在网上公开，或不能让用户自由访问、获取，如有关企业的核心技术、商业贸易秘密等。各类有知识产权限制的文学、艺术作品、技术成果和数据库等，一般也要经过付费、订阅等途径获得认证、授权后，才能访问、浏览或下载。下述分别列出适合和不适合在互联网上检索的信息类型，见表 4.1。此外，还应意识到，并非所有的互联网信息资源都能通过搜索引擎检索到，而搜索不到的网页或信息内容并非在互联网上不存在。例如，“看不见的网站”（the invisible web），即出于各种原因，不能被通用搜索引擎搜索到的网页[15]。

表 4.1　适合/不合适在互联网上检索的信息

适合在互联网上检索的信息	不适合在互联网上检索的信息
政府公开信息、媒体报道信息	重要历史资料
消息类：人物、事件、机构、团体	全面、系统的学术资料
网站类	完整的著作（学术类、文学艺术创作类）
个人创作类：博客、网络小说	保密资料、版权保护期内作品
知识类：维基百科、百度百科、互动百科	⋮
流行类：音乐、歌曲、视频资料	
商业信息	
生活信息：衣食住行、办事指南	
⋮	

3. 成本与费用

一般认为，互联网上的信息使用是免费的，但实际上还是存在费用问题，且日益为人们所重视。费用可分为两部分：一是连通费用，即为接受该网站服务所花费的连通时间或流量计费。报告显示，过去 10 年中，全球信息通信技术（information and communication technology，ICT）价格随着 ICT 服务的接入和使用增长不断下降，固定宽带业务的价格下降幅度最大，蜂窝移动业务价格也保持持续下降的趋势[16]。二是为访问、获取、使用网站中的知识内容所必须支付的费用，如某些电子书刊的订购费、数据库的检索使用费等。应注意到某些付费服务会以有限功能版、一段时间试用期等形式免费提供。

4. 推荐与评价

一些公众号和网站提供对各专业互联网信息资源的评价、介绍、综述或热门站点推荐等，如专业媒体上的站点推荐、较著名的资源评价网站、专业的网络资源评价调查报告等。这些虽然不是对互联网信息资源的全面评价，只是对一些优秀、实用站点的简单罗列和描述，但简单易用，对一般用户具有一定的参考价值。

了解、掌握上述互联网信息资源评价标准，可以使网上“冲浪”行为建立在某种分析、判断的基础上，变得更加有智慧，同时还能对所搜集、获取的信息的价值有所判断。而网络资源的使用者同时也会成为网络信息的编辑者、生产者。例如，在编辑、发布网络信息的过程中，规范地按照上述网络信息资源质量的标准去做，也将逐渐提高、改善网络信息的整体质量。

4.2 搜索引擎

搜索引擎（search engine）是一种能够通过互联网接受用户查询指令，帮助用户迅速地从网上查找所需要的信息，并向用户提供符合其查询要求的搜索结果列表及相关信息的检索系统。搜索引擎是一种普及程度很高的网络信息检索工具。据中国互联网络信息中心（China Internet Network Information Center，CNNIC）发布的报告数据显示[2]，截至 2019 年 6 月，我国搜索引擎用户规模达 6.95 亿，较 2018 年底增长 1338 万，占网民整体的 81.3%；手机搜索引擎用户规模达 6.62 亿，较 2018 年底增长 806 万，占手机网民的 78.2%。本节主要介绍搜索引擎的工作原理和类型，并介绍有代表性的搜索引擎工具。

4.2.1 搜索引擎的工作原理

搜索引擎的一般工作流程是，首先对互联网上的网页进行搜集，其次对搜集来的网页进行预处理，建立网页索引库，实时响应用户的查询请求，并对查找到的结果按某种规则进行排序后返回给用户。以下分步骤描述搜索引擎的工作原理[13]。

（1）从互联网上抓取网页：搜索引擎的数据采集基本是自动的。利用能够从互联网上自动抓取网页的“蜘蛛”程序，自动访问互联网，并沿着任何网页中的所有链接跳转到其他网页，重复这个过程，并把访问过的网站中符合收录要求的网页收集回来。理论上说，若网页上有适当的超链接，“蜘蛛”程序便可遍历绝大部分网页。

（2）建立索引数据库：即搜索引擎对搜集到的网页信息进行系统整理的过程。由分析索引系统程序对收集回来的网页进行分析，提取相关网页信息（包括网页所在 URL、编码类型、页面内容包含的关键词、关键词位置、生成时间、大小、与其他网页的链接关系等），根据一定的相关度算法进行大量的复杂计算，得到每一个网页针对页面内容中及超链接中每一个关键词的重要性，然后用这些相关信息建立网页索引数据库。

（3）在索引数据库中搜索排序：用户输入关键词进行检索后，由搜索系统程序从网页索引数据库中找到符合该关键词的所有相关网页。依据已经计算好的所有网页针对该关键词的相关度，按照其数值高低进行排序。有关排序指标有：网站内容的及时性；链接到某特定网站的其他网站数量及这些网站的权威性；拼写检查；网站内容的质量；网页的网址和标题；结果是网页、图片、视频、新闻报道还是个性化搜索结果等。相关度越高，排名越靠前。

（4）对搜索结果进行处理排序：搜索引擎定期对网页进行重新访问，更新数据库信息，同时根据网页文字和链接关系的改变重新进行排序。最后由页面生成系统将搜索结果的链接地址和页面内容等信息摘要组织起来返回给用户。搜索过程如图 4.1 所示。

4.2.2 搜索引擎的主要类型

目前，对于搜索引擎的分类可以有不同的标准，具体划分如下。

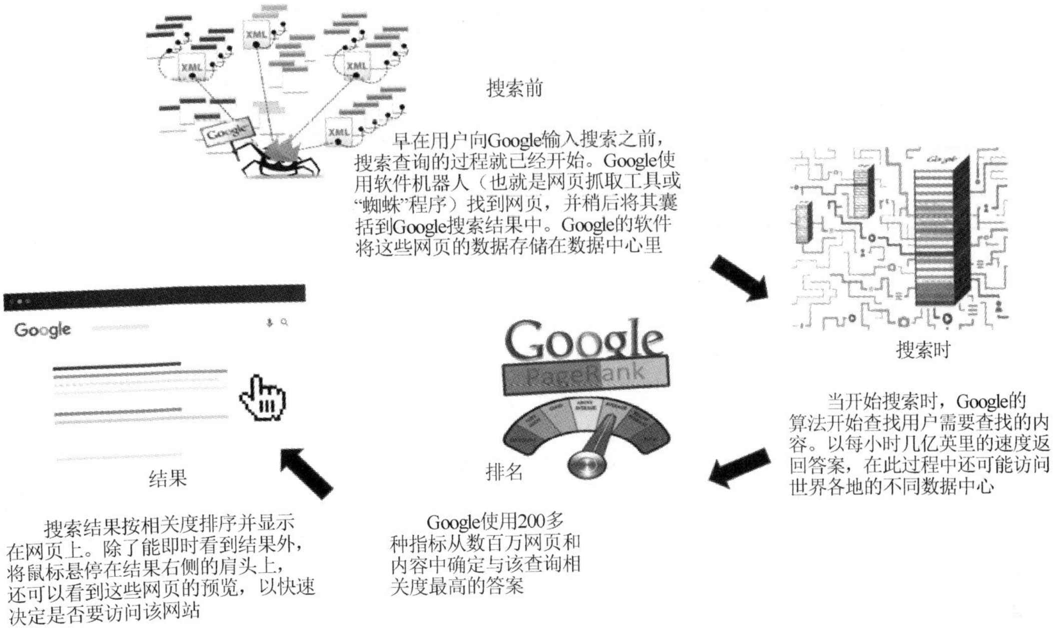

图 4.1　搜索引擎工作流程图（以 Google 为例）

1. 按工作原理划分

搜索引擎主要可以分为全文搜索引擎（full text search engine）、目录索引类搜索引擎（search index/directory）和元搜索引擎（meta search engine）[17]。

全文搜索引擎的原理是从互联网上提取各个网站的信息（以网页文字为主）建立数据库，在此数据库中检索与用户查询条件匹配的相关记录，然后按一定的排列顺序将结果返回给用户。国外具有代表性的全文搜索引擎有 Google、AllTheWeb、AltaVista 等，国内著名的有百度。

目录索引类搜索引擎虽然具有搜索功能，但从严格意义上说它并不算是真正的搜索引擎。这类“搜索引擎”并不采集网站的任何信息，而是利用各网站向“搜索引擎”提交填写的关键词和网站描述等资料，经过人工审核编辑后，如果符合网站登录的条件，则输入数据库以供查询。国外目录索引类搜索引擎中最具代表性的莫过于 Yahoo（图 4.2），其他的还有 Open Directory Project（DMOZ）等。国内的搜狐、新浪、网易搜索也属于这一类。目录索引类搜索引擎的好处是，用户可以根据目录有针对性地逐级查询自己需要的信息，而不是像全文搜索引擎那样反馈大量的信息，而这些信息之间的关联性并不一定符合用户的期望。

元搜索引擎就是通过一个统一的用户界面，帮助用户在多个搜索引擎中选择和利用适用的搜索引擎来实现检索操作；或者同时调用多个搜索引擎，为用户实现一站式检索。用户只需递交一次检索请求，元搜索引擎会根据知识库中的信息，将用户的检索请求转换为多个搜索引擎所能识别的格式，同时自动地分别发送给各个搜索引擎，由这些搜索引擎完成实际的信息检索，最后元搜索引擎再把从各个搜索引擎返回的结果收集起来，进行比较分析，合并冗余信息，以一定的格式返回给用户。这样既扩大了检索范围，又节省了在不同搜索引擎之间转换的时间。因此，检索的综合性、全面性、完整性会有所提

图 4.2　Yahoo 分类索引界面

高。国外著名的元搜索引擎有 InfoSpace、Vivisimo、Dogpile（图 4.3）等，国内具有代表性的有搜星搜索引擎。

图 4.3　Dogpile 检索界面

2. 按收录范围划分

搜索引擎主要可以分为通用搜索引擎（general search engine）和垂直搜索引擎（vertical search engine）[18]。

通用搜索引擎也称综合型搜索引擎，是以所有网络信息资源为检索对象，不限制主题范围和信息类型，利用它几乎可以检索到任何方面的网络信息资源。通用搜索引擎的优势在于全文搜索、检索功能较强、信息更新快等；但也存在某些问题，如检索结果数量巨大，严重影响用户搜寻有用信息的检索体验，检索的查准率有待提高；同时检索结果中的死链、重复信息较多，检索结果显得繁多杂乱。目前，国外具有代表性的通用搜索引擎有 Google、Bing（图 4.4）等，国内著名的搜索引擎有百度、搜狗、有道等。

图 4.4 Bing 检索界面

垂直搜索引擎也称专业搜索引擎，是针对某一特定领域、某一特定人群或某一特定需求提供的信息搜索和相关服务，其特点是“专、精、深”，且具有行业色彩。它是一种与通用搜索引擎截然不同的搜索引擎类型，它专注具体、深入的纵向服务，致力于某一特定领域内信息的全面和内容的深入（如机票搜索、旅游搜索、生活搜索、小说搜索、视频搜索等），该领域外的其他庞杂信息不被收录，在其特定的搜索领域有更好的用户体验。目前国外具有代表性的垂直搜索引擎有 Linkedin（图 4.5）、Retrevo 等，国内具有代表性的垂直搜索引擎有酷讯、去哪儿、携程等。

图 4.5 Linkedin 检索界面

4.3　搜索引擎检索技巧

互联网的出现降低了信息资源获取的门槛，绝大多数互联网用户都有过利用搜索引擎查找信息的经历，也懂得运用一些检索工具，但检索效率却各不相同。如 4.2.1 节所述，搜索引擎一般是通过搜索关键词来完成搜索过程，这是使用搜索引擎最简单的查询方法。同样的问题，一些人可能通过一次检索就获得了相关信息，另一些人则可能花了大量的时间仍不得其解，主要原因在于是否掌握了搜索引擎的检索知识、策略和技巧。本节归纳了搜索引擎所支持的常用检索算符与指令、高级检索功能及专用检索工具。

4.3.1　检索算符与指令

1. “ ” 双引号

将搜索词放在双引号中，代表完全匹配搜索，即搜索结果返回的页面包含双引号中出现的所有的词，连顺序也必须完全匹配。百度和 Google 都支持这个指令。

如在搜索 Google Yahoo 的时候，在没有给关键词加上双引号的情况下，搜索引擎会显示所有分别和 Google 及 Yahoo 相关的信息，但这些并不是想要的结果。但加上双引号后，搜索引擎则仅会在页面上反馈和 Google Yahoo 相吻合的信息，如图 4.6 所示。

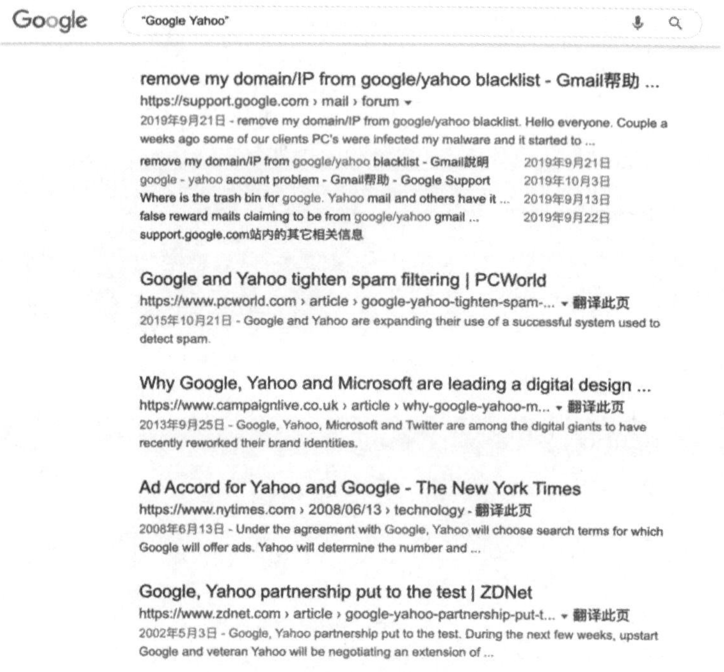

图 4.6　Google “ ” 算符检索界面

完全匹配搜索在排除常见但相近度偏低的信息时非常有用，可以为用户省去再对结果进行筛选的麻烦。然而，使用双引号进行搜索可能会排除一些相关的搜索结果，如错误拼写、单复数、词干变体、缩写形式等。

2. –减号

如果在搜索时没有找到想要的结果，用户可以对包含特定词汇的信息进行排除，使用减号即可。减号代表搜索不包含减号后面的词的页面。使用这一指令时减号前面必须是空格，减号后面没有空格，紧跟着需要排除的词，如图 4.7 所示。百度和 Google 都支持这个指令。

图 4.7　Google –算符检索界面

3. * 星号

星号*是常用的通配符，代表任何文字。在检索时，可以用*填补关键词中的缺失部分，不论缺失的是一连串单词的其中一个，还是一个单词的某一部分。此外，当搜索一篇确定性偏低的文章时，也可以使用*填补缺失部分。如在搜索引擎中输入 swim*，得到的反馈结果将会是所有包含 swim、swimming、swimmer，以及其他所有以 swim 开头的词汇的条目，如图 4.8 所示。百度不支持*搜索指令。

4. OR

搜索结果至少包含多个关键字中的任意一个。在默认搜索下，搜索引擎会反馈所有和关键词相关的结果，但通过使用 OR 算符，可以得到和两个关键词分别相关的结果，而不仅仅是和两个关键词均同时相关的结果。OR 算符可以在不能确定哪个关键词对于搜索结果起决定作用时，依然确保搜索结果的准确性。百度使用分隔符“|”表示，如图 4.9 所示。

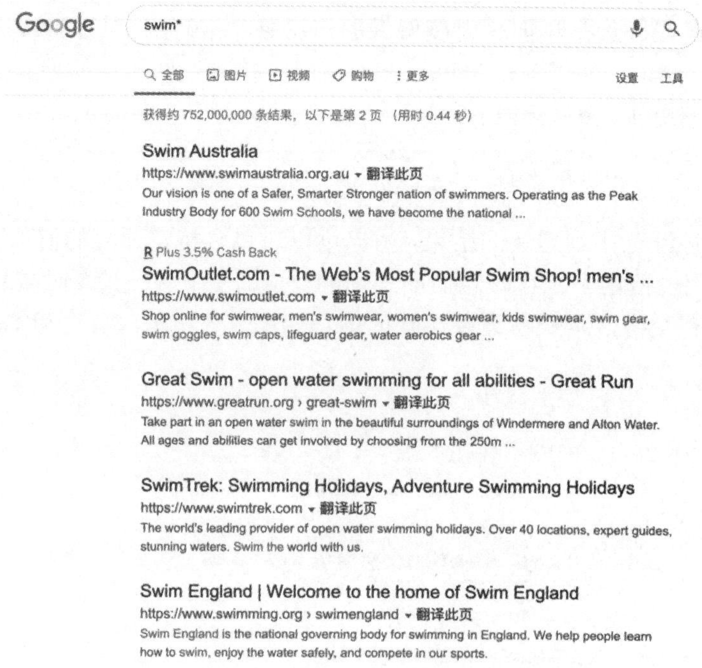

图 4.8　Google*算符检索界面

图 4.9　百度 | 算符检索界面

5. ·句号

寻找问题的答案时，经常需要在一定范围内寻找和关键词相关的信息。如想了解

2015～2018 年的高考分数，可以在搜索引擎中输入“高考分数 2015.. 2018”，即可得到想要的结果，如图 4.10 所示。数值之间的符号是两个英文句号加一个空格。

图 4.10　Google‥算符检索界面

6. site

大部分网站的搜索功能都有所欠缺，最好的方法是通过搜索引擎对站内的信息进行搜索。如果希望在特定的网站或特定类型的网站中进行搜索，在查询内容前加上 site:。如在搜索引擎中输入 site:https://www.whu.edu.cn 加上关键词，搜索引擎就会反馈网站 https://www.whu.edu.cn 内和关键词相关的所有条目，如图 4.11 所示。百度和 Google 都支持 site 指令。

图 4.11　百度 site 指令检索界面

7. filetype

搜索特定类型的文件，可以使用 filetype：和文件格式缩写（doc、xls、ppt、pdf、rtf 等，以 3 个字母表示）。如用搜索引擎检索“filetype：pdf 信息简史”，返回的即包含信息简史这一关键词的所有 PDF 文件，如图 4.12 所示。百度和 Google 都支持 filetype 指令。

图 4.12　Google filetype 指令检索界面

8. intitle & allintitle

intitle 指令返回的是页面标题中包含关键词的页面，allintitle 指令返回的是页面标题中包含多组关键词的网页。使用 intitle 指令找到的网页更为准确，出现在标题中说明页面内容跟关键词有很大关联，如图 4.13 所示。百度和 Google 都支持 intitle 指令。

9. intext & allintext

有时会有找出和关键词相关的所有网页主体的需求，这时需要使用限定词“intext：”（在网页主体中搜索使用）。intext 指令返回的是页面中包含关键词的页面（图 4.14）。allintext 搜索返回的是页面中包含多组关键词的文件。

10. inurl

用于搜索查询词出现在 URL 中的页面。例如，搜索“inurl：北京大学”，返回的结果都是 URL 中包含北京大学的页面，如图 4.15 所示。由于关键词出现在 URL 中对排名有一定的影响，使用 inurl 指令可以更准确地找到与关键字相关的内容。inurl 指令支持中文和英文。百度和 Google 都支持 inurl 指令。

图 4.13　Google intitle 指令检索界面

图 4.14　Google intext 指令检索界面

图 4.15　Google inurl 指令检索界面

4.3.2　高级搜索

利用搜索引擎的高级搜索功能，可以缩小复杂搜索的查询结果范围，提高查询效率。其操作步骤如下。

（1）访问“高级搜索”界面（图 4.16 和图 4.17）。

（2）选择过滤条件，可使用一个或多个过滤条件。

（3）在过滤条件部分输入搜索的关键字词。

（4）单击“高级搜索”。

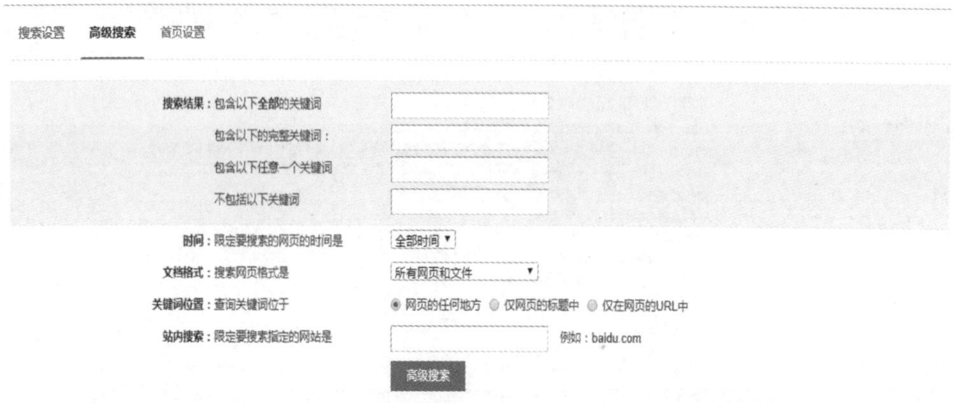

图 4.16　百度高级搜索界面

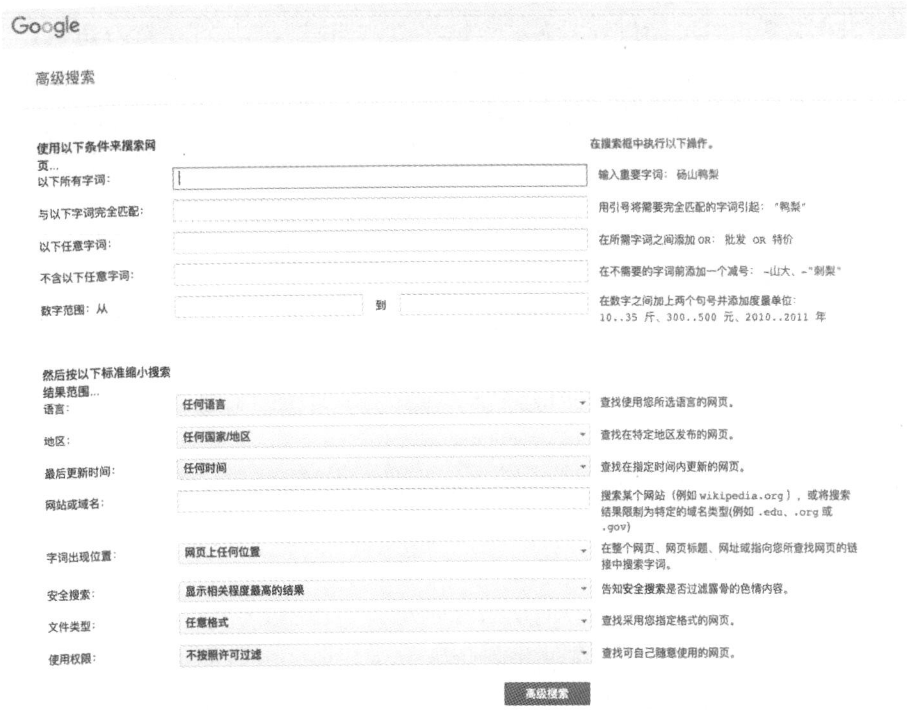

图 4.17　Google 高级搜索界面（中文版）

使用高级搜索的过滤条件，可以实现与检索算符和指令同样的功能，见表 4.2。

表 4.2　高级搜索与检索算符对照表

百度高级搜索	Google 高级搜索	检索算符与指令
包含以下全部的关键词	以下所有字词	空格
包含以下的完整关键词	与以下字词完全匹配	“ ”
包含以下任意一个关键词	以下任意字词	|或 OR
不包括以下关键词	不含以下任意字词	–
	数字范围	..
文档格式	文件类型	filetype
关键词位置	字词出现位置	intitle 或 inurl 或 intext
站内搜索	网站或域名	site

4.3.3　专业检索工具

专业检索工具特指一些提供专注于某方面信息检索服务的搜索引擎。其应用方向很多，如购物搜索、人才搜索、地图搜索、mp3 搜索、图片搜索、工作搜索等，几乎各行各业、各类信息都可以进一步细化。

大学生在学习知识和开展研究过程中，获取专业领域的有用信息至关重要，如果仅依靠普通搜索引擎查找，在网络世界“海选”信息，就如同大海捞针，费力费时，效果不尽理想。特别是对学术信息的搜索，许多普通搜索引擎难以奏效。以下从三类专业学术搜索引擎出发，帮助用户快速找到所需的学术资源和一手资料，完成科研项目。

1. 百度学术搜索

为扩大中文学术搜索的用户群体，2014 年，百度推出百度学术搜索（简称百度学术），访问地址为 https://xueshu.baidu.com。百度学术收录了中国知网、维普资讯、万方数据、Elsevier、Springer、Wiley、NCBI 等 120 多万个国内外学术站点，建设了包括学术期刊、会议论文、学位论文、专利、图书等类型在内的学术平台。百度学术支持用户进行文献、期刊、学者三类内容的检索，并可通过时间、标题、关键字、摘要、作者、出版物、文献类型、被引用次数等细化指标提高检索的精准性。

开题是所有科研工作者在开始从事或想要了解一个领域研究时的重点需求，也是本硕博学生的必经阶段。百度学术运用大数据处理技术，依托收录的海量学术文献，推出了“开题分析”这一特色产品，辅助用户完成分析目标，如图 4.18 所示。该产品包含三大功能点：①可视化分析。根据输入的关键词从研究走势、关联研究、学科渗透、相关学者、相关机构五个方面进行可视化分析，帮助用户全方位了解该研究方向的研究进展、交叉学科及重点研究学者和机构等。②多维度论文推荐。从经典论文、最新发表、综述论文、学位论文四个维度进行论文推荐，帮助用户更详细地了解研究进展。③关键词推荐。根据输入的关键词，找到有交叉研究的其他关键词进行推荐，帮助用户拓展思路。

图 4.18　百度学术“开题分析”界面

2. Google 学术搜索

2004 年，Google 公司推出新的搜索服务模式“Google 学术搜索”（Google scholar,

GS），访问地址为 https://scholar.google.com。它始于一位普通的专业科研用户的查询需求：一名 Google 工程师在日常工作中发现，在用 Google 搜索出的浩如烟海的网上资源中，仍然很难精准、迅速地找到自己所需的科研资料，于是便开始酝酿开发一种专门针对学术科研资料的搜索服务。GS 即是一种可以免费搜索学术资源的网络搜索引擎，能够帮助用户查找包括期刊论文、学位论文、书籍、预印本、文摘和技术报告在内的学术文献，内容涵盖自然科学、人文科学、社会科学等多种学科。最初 GS 仅有英文版，并不支持中文，为及时填补这一空白，Google 开始着手组建中国公司，2006 年，正式宣布推出中文版 Google 学术搜索，历史性地把 GS 扩展至中文学术科研领域，成为网络时代满足中文用户学术研究需要的有力搜索工具和科研助手[19]。目前，Google 与许多科学和学术出版商进行合作，包括学术、科技和技术出版商，如 ACM、Nature、IEEE、OCLC 等，这种合作使用户能够检索特定的学术文献。通过 GS 从学术出版者、专业团体、预印本库、大学及网络上获得学术文献。

GS 具有检索操作便捷化、选题标准学术化、引用搜索智能化、瞬间运行高速化等特点，可以帮助用户全面了解某一领域的学术文献，还可以通过强大的学术网页搜索查证某位专家到底对科学作过多大贡献（图 4.19），有多少人引用或继续他的研究结果，不仅补充了专业数据库学科面太窄的缺点，而且让科学家及其研究结果通过网络学术搜索引擎而公开化，使其工作更加透明，从而防止学术造假、评审不公等弊病。此外，GS 补充了 SCI 只重视期刊影响因子（impact factor，IF）而忽略文章内容的评价，使科技评价更加公正和全面。

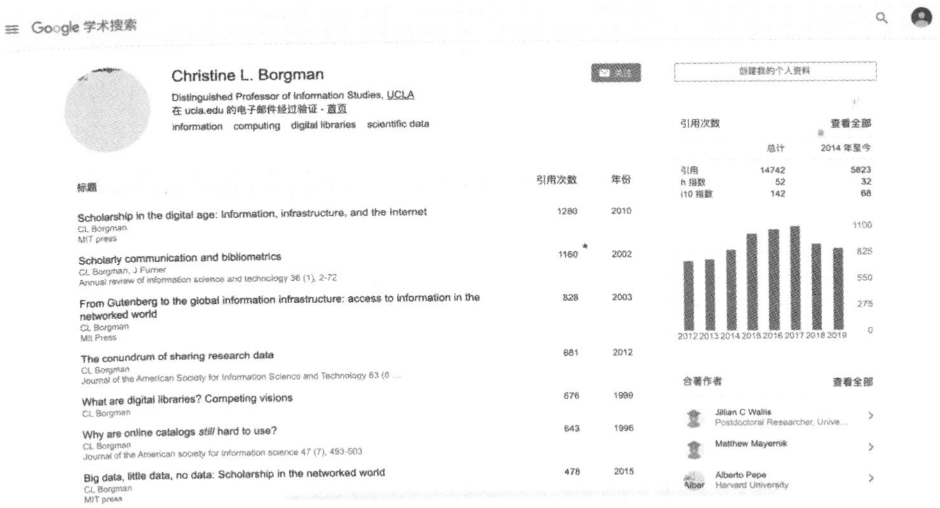

图 4.19　Google 学术档案界面

3. 微软学术搜索

微软学术搜索（Microsoft Academic Search）是微软亚洲研究院开发的在线免费学术搜索引擎，访问地址为 https://academic.microsoft.com（图 4.20）。2006 年微软推出 Windows Live 学术搜索，2007 年更名为 Live Search Academic，2008 年微软关闭了学术搜索引擎平台。2009 年，在原有学术搜索引擎平台基础上，微软亚洲研究院推出了具有数据挖掘、实体链接和数据可视化的微软学术搜索。2012 年，由于服务效果欠佳、数据更新慢等原因，微软学术搜索再次关闭。2014 年，结合微软 Bing 搜索引擎，微软学术搜索面向用户重新开放（免费）。2017 年，经过功能优化和数据更新后，微软学术搜索推出了 Microsoft Academic 2.0 版本，它具有设置个人账户管理学术资源、定制个人主页、个性化搜索等功能，支持英文关键词检索[20]，为研究员、学生、图书馆员和其他用户查找学术论文、国际会议、权威期刊、作者和学术兴趣圈提供了智能、新颖的获取方式。

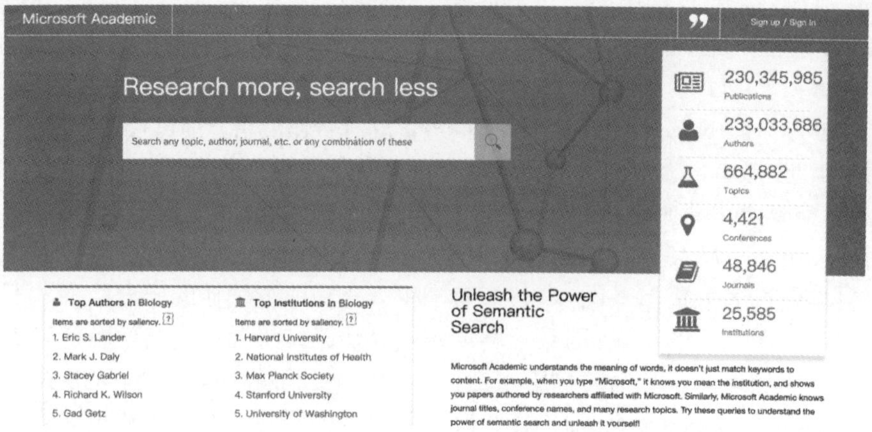

图 4.20 Microsoft Academic 检索界面

与传统的页面级搜索引擎相比，微软学术搜索使用了对象级的信息查询方式，可以帮助用户找到一个学术领域内的顶尖科学家、会议和期刊；获得一个学术兴趣圈兴起与发展的详细信息；使用户准确找到感兴趣的学术论文；发现某个领域经典、热点的学术论文和正在崛起的学术新星，如图 4.21 所示。目前，这一搜索引擎专注于计算机科学和信息科学范围内的搜索，未来有可能将搜索范围扩展到其他学科领域。

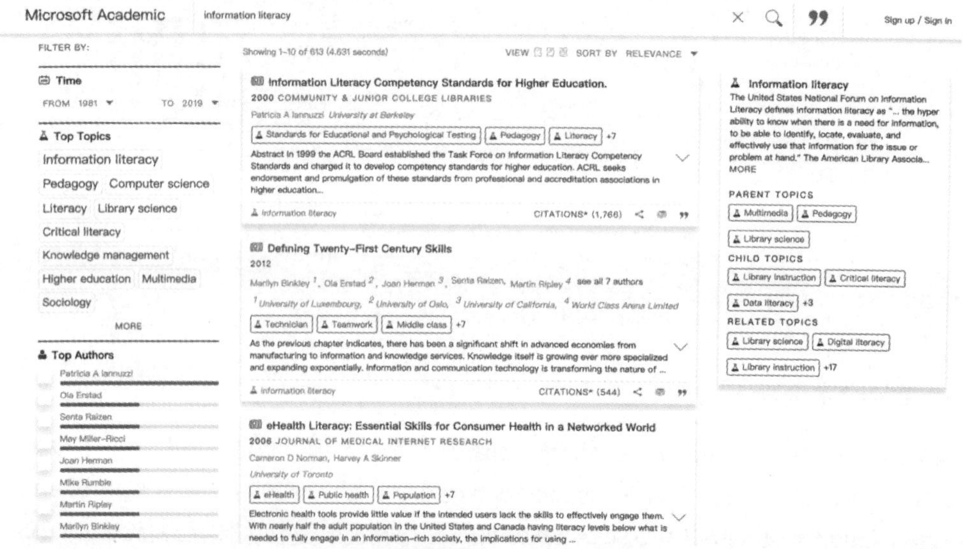

图 4.21 Microsoft Academic 检索结果界面

练　习　题

1. 下列关于搜索引擎的说法错误的是（　　）。

A. 目录搜索引擎可以根据目录有针对性地逐级查询自己需要的信息

B. 元搜索引擎拥有自己的索引数据库

C. 综合型搜索引擎不限制主题范围和信息类型

D. 专业搜索引擎是针对某一特定领域、某一特定人群或某一特定需求提供的有一定价值的信息和相关服务

2. 查找有关华中师范大学的信息时应使用（　　）。

A. intitle：华中师范大学

B. site：ccnu.edu.cn

C. inurl：华中师范大学

D. 上述都可以

3. 互联网在你的日常信息检索中扮演着什么样的角色？

4. 试从不同角度比较图书馆文献资源与互联网络信息资源的特点。

5. 近年来出现了一些新型的互联网资源形式，如微信、微博、知乎等基于社交网络平台的新资源受到年轻人的追捧。与传统互联网络信息资源相比，这些新型资源的特点有哪些？如何利用它们？

6. 简述搜索引擎的工作原理。

7. 结合自身使用体验，比较百度、Google、微软三类学术搜索引擎的优缺点。

参 考 文 献

[1] 联合国贸易和发展会议. 2019 年数字经济报告[R]. 日内瓦: 联合国, 2019.

[2] 中国互联网络信息中心. 第 44 次中国互联网络发展状况[R]. 北京: 中国互联网络信息中心, 2019.

[3] 花芳. 文献检索与利用[M]. 北京: 清华大学出版社, 2014: 26.

[4] ZHANG Y. Scholarly use of internet-based electronic resources[J]. Journal of the American Society for Information Science and Technology, 2001(52): 628-654.

[5] 张晓娟. 网络信息资源: 概念、类型及特点[J]. 图书情报工作, 1999(2): 10-12.

[6] BAR-ILAN J, PERITZ B C. The lifespan of “informetrics” on the Web: An eight year study(1998—2006)[J]. Scientometrics, 2008, 79(1): 7-25.

[7] BAR-ILAN J, PERITZ B C. Evolution, continuity, and disappearance of documents on a specific topic on the web: A longitudinal study of “informetrics”[J]. Journal of the American society for Information Science and Technology, 2004, 55(11): 980-990.

[8] KOEHLER W. An analysis of web page and web site constancy and permanence[J]. Journal of the American Society for Information Science, 1999, 50(2): 162-180.

[9] RICHMOND B, EVE RHART N, AUER N J, et al. CCCCCCC. CCC (The Cs) for evaluating internet resources[J]. Emergency librarian, 1998, 25: 20-21.

[10] OLIVER K M, WILKINSON G L, BENNETT L T. Evaluating the quality of internet information sources[EB/OL]. (1997-06-15)[2019-12-08]. https://files.eric.ed.gov/fulltext/ED412927.pdf

[11] SMITH A G. Testing the surf: criteria for evaluating internet information resources[J]. Public access-computer systems review，1997, 8(3): 5-23.
[12] 张洋, 张磊. 网络信息资源评价研究综述[J]. 中国图书馆学报, 2010(5): 75-89.
[13] 符绍宏, 雷菊霞, 邓瑞丰, 高冉. 互联网信息资源检索与利用[M]. 北京: 清华大学出版社, 2012: 10-13.
[14] 拉姆奇 S. 如何查找文献[M]. 2 版. 廖晓玲, 傅存良, 译. 北京: 北京大学出版社, 2018: 126-129.
[15] 马费成, 张婷. “看不见”的网站与学科信息门户的比较分析[J]. 情报理论与实践, 2004(3): 298-301.
[16] 国际电信联盟. 2018 年衡量信息社会报告[R]. 日内瓦: 国际电信联盟, 2018: 97-98.
[17] 潘雪峰, 花贵春, 梁斌. 走进搜索引擎[M]. 北京: 电子工业出版社, 2011: 2-3.
[18] 张永彬. 信息资源检索与利用[M]. 成都: 电子科技大学出版社, 2010: 340-360.
[19] 原宏盛. 直接满足中文用户科研文献需求的网络搜索工具: Google Scholar 初探[J]. 中国图书馆学报, 2007(1): 96-99.
[20] 刘敏. 基于用户体验的微软学术搜索和百度学术搜索对比研究[J]. 情报探索, 2018(7): 55-63.

第一次上机实验　基本检索工具的使用

1. 目录检索及信息查找

（1）检索所在大学图书馆联机目录：查看中文图书《包容他者》和中文期刊《中国社会科学》在学校的收藏情况。

（2）在 CALIS 联合目录中检索曾国藩作品收藏情况。

（3）访问所在大学图书馆网站，查找有关如何办理“馆际互借与文献传递”的信息。

（4）查找“国家科技图书文献中心”武汉服务站的地址。

（5）查找“教育部外国教材中心”网站，了解本专业进口外国教材布局在哪里，所在地区有哪家大学是教材中心之一，以及如何利用这些教材。

（6）访问国家图书馆网站，了解如何办理证件、外地读者如何利用资源等信息。

（7）访问中国科学院武汉分院文献情报中心网站，了解如何利用其资源。

2. 湖北省数字图书馆利用

通过华中师范大学图书馆链接到湖北省高等学校数字图书馆，在超星数字图书馆检索刘索拉的《你别无选择》。下载并安装超星阅读器，然后打开全文阅读。其他学校的学生可以直接用百度或 Bing 搜索湖北省高等学校数字图书馆，然后实施检索。

3. 网络信息检索

（1）利用 Google 或百度检索以下常用信息：①一个关于大数据的 doc 文档；②一个关于大数据的 PPT 文档；③一个关于大数据的 PDF 文档。

（2）查找当年教育类网站上发布的有关你所在专业的研究生招生考试信息，并列举一条。

（3）分别查找 8 类开放性学术资源（免费图书、期刊；共享文档；免费教育资源；开放科技资源；免费学位论文；学术交流网站；机构、协会网站；政府部门网站），每类列举 2 个例子。国内如中国大学 MOOC（网址：https://www.icourse163.org/）、清华大学学堂在线（网址：http://www.xuetangx.com/）等；国外如 edX（网址：https://www.edx.org/）、Coursera（网址：https://www.coursera.org/）等。

（4）利用 Google Scholar、Microsoft Academic 及百度学术分别查找一篇你感兴趣的主题的学术文献，从不同方面比较三者的异同。

（5）访问 arXiv 网站 http://cn.arxiv.org，选择一个学科，浏览其最新资料。

（6）访问 CiteSeerX 网站 http://citeseerx.ist.psu.edu，单击 Documents，查看 Most Cited Articles 等内容。

（7）利用 Bing 查找希腊的特色景点，并简要安排一份行程。

第 5 章　常用文献数据库

本书第 2 章介绍过文献信息有多种载体形态，如手写型、印刷型、缩微型、声像型、电子型，但绝大部分文献信息资源以印刷版、电子版的形式存在。印刷型文献，又称印本资源，主要由各类图书馆收藏管理并提供利用。图书馆收藏了什么印本资源，或者某印本资源是否被某图书馆收藏，只需要检索该图书馆的联机目录就可以发现。

我国政府为保障文化、教育和科学研究事业对文献信息资源的需求，除了建立由国家图书馆、科学院图书馆、大学图书馆、公共图书馆、中小学图书馆等组成的图书馆服务体系外，还投入巨资在全国建设多个文献收藏与服务中心。国家科技图书文献中心（National Science and Technology Library，NSTL）是科技部联合财政部等 6 个部门申报，经国务院批准，于 2000 年 6 月 12 日成立的一个基于网络环境的科技文献信息资源服务机构，有中国科学院文献情报中心、中国科学技术信息研究所等 9 个成员机构，在全国建有 40 个服务站，覆盖全国 29 个省（直辖市、自治区）。该中心是我国最大的外文科技文献信息保障与服务机构，收藏的外文印本期刊超过 16000 种，外文印本会议录近 8000 种[1-2]。教育部外国教材中心成立于 1979 年，在全国建立了 13 个外国教材中心，覆盖了理、工、农、医、管理等门类，面向全国高校开展服务[3]。中国高校人文社会科学文献中心（China Academic Social Sciences and Humanities Library，CASHL）是为我国哲学社会科学教学科研服务的文献保障体系，由 2 个全国中心、7 个区域中心和 8 个学科中心构成，于 2004 年 3 月 15 日启动并提供服务，可提供服务的人文社会科学核心期刊和重要期刊万余种，电子资源数据库达 12 种，印本图书达 200 余万种，累计提供文献服务近 2200 万件[4]。

电子文献资源，又称数字资源，通常以两种形态存在，一种是大家熟悉的网络免费信息资源，另一种是文献数据库。本章首先介绍一些常用的文献数据库，包括全文数据库和检索工具，然后简要介绍数据库的导航与检索功能，以及获取文献原文的方法和途径。

5.1　全文数据库

5.1.1　中文全文数据库

1. 中国知网

中国知网（https://www.cnki.net/），即中国知识基础设施工程（China National Knowledge Infrastructure，CNKI），简称知网或 CNKI，是由清华大学、清华同方从 1999 年开始建设的大型综合性文献数据库。收集的文献类型丰富，包括期刊、博硕士学位论文、报纸、年鉴、会议、工具书、专利、标准等多种出版形式，是使用频度最高的一个中文数据库。

中国知网上的文献被组织为 10 个专辑：基础科学、工程科技Ⅰ辑、工程科技Ⅱ辑、农业科技、医药卫生科技、哲学与人文科学、社会科学Ⅰ辑、社会科学Ⅱ辑、信息科技、经济与管理科学，然后被进一步划分为 168 个专题。

（1）期刊库。该库主要收录学术、技术、政策指导、高等科普及教育类期刊，已收录国内学术期刊约 8000 种，包括自 1915 年以来出版的期刊，部分期刊回溯至创刊号，全文文献总量超过 5500 万篇。

（2）学位论文库。该库收录从 1984 年以来全国 473 家培养单位的博士学位论文和 760 家培养单位的硕士学位论文，累积博硕士学位论文全文文献已达 400 万篇。

（3）报纸库。收录 2000 年以来国内公开发行的 500 多种重要报纸刊载的学术性、资料性文献，累积报纸全文文献超过 1000 多万篇。

（4）年鉴库。收录 1949 年以来中央、地方、行业和企业等各类年鉴，如《中国统计年鉴》。

（5）会议库。重点收录 1999 年以来中国科协系统及学会、协会、高校、科研院所、政府机关举办的重要会议及在国内召开的国际会议上发表的文献。

（6）工具书。收录近 200 家出版社的 3000 余部工具书，包括词典、百科全书、图录、表谱、传记、语录、手册等，使用超文本技术实现知识之间的链接和跳转阅读。

（7）专利库。收录的文献来源于国家知识产权局知识产权出版社，包括 1985 年以来的中国专利和 1970 年至今的国外专利。

（8）标准库。分为中国标准题录数据库、国外标准题录数据库、国家标准全文数据库和中国行业标准全文数据库。

中国知网还收录大量其他出版形式的文献，如成果、法律、图片、古籍，以及来源于多个国际著名出版商的图书全文[5]。

2. 万方数据

万方数据（http://www.wanfangdata.com.cn/index.html）是由中国科学技术信息研究所等机构合作开发的大型文献信息数据库，收录期刊、学位、会议、科技报告、专利、标准、科技成果、法规、地方志、视频等十余种类型的文献。其中，中文期刊 8000 余种，外文期刊 40000 余种[6]。

3. 维普资讯

维普资讯（http://qikan.cqvip.com/）由重庆维普资讯有限公司开发，收录 1989 年以来的期刊 9000 余种，文献总量 6000 余万篇[7]。

值得注意的是，中国知网、万方数据、维普资讯 3 个数据库收录的文献范围高度重叠，特别是中文期刊的重复率非常高，但也存在一定的互补关系。所以，有时候当一个数据库无法访问或无法找到某种期刊的时候，可以访问另外两个数据库。中国知网、万方数据两个数据库不仅收录大量相同的中文期刊文献，在学位论文、会议论文、专利、标准等方面也有很多重叠。

4. 超星数字图书馆

超星数字图书馆是由北京世纪超星公司开发的大型电子图书全文数据库（http://book.chaoxing.com/），其中有大量的学术著作。超星公司还开发了超星学术视频、超星慕课、超星发现系统（http://www.chaoxing.com/）等产品[8]。

5. 中国国家数字图书馆

中国国家数字图书馆（http://www.nlc.cn/）是由国家图书馆联合国内多家公共图书馆合作开发的、专门提供移动阅读服务的数字图书馆，文献类型包括图书、期刊、报纸、论文、古籍、工具书、音视频、数值事实、征集资源等，其中电子图书 4 万多册、电子期刊上千种[9]。只要成为注册用户，就可以免费阅读全文。

6. 皮书数据库

皮书数据库（http://www.pishu.com.cn）以社会科学文献出版社的“皮书系列”图书为基础，全面收录改革开放以来中国经济社会发展年度报告，完整记录中国的发展变迁，包括中国社会发展数据库、中国经济发展数据库、中国行业发展数据库、中国区域发展数据库、中国文化传媒数据库、世界经济与国际政治数据库[10]。

7. 搜数网

搜数网（http://www.soshoo.com.cn/index.do）是北京精讯云顿数据软件有限公司开发的专业数据服务网站，数据来源于国家及各省市地方统计局的统计年鉴及海关统计、经济统计快报、中国人民银行统计季报等月度及季度统计资料，覆盖全国各省、自治区、直辖市、特别行政区，还有部分海外地区的统计数据，内容涉及 54 个行业，时间跨度为 1949 年至目前，拥有 2000 多本年鉴，统计数据超过 3 亿个，可以下载 Excel 格式的统计表格[11]。

8. 自建特色数据库

很多高校图书馆建立了自己的特色数据库，如华中师范大学的博硕士学位论文全文数据库，于 2003 年开始建设，收录学校 1999 年以来的博硕士学位论文，该数据库对所有授权的学位论文在校园网内全文发布，供校内师生检索阅览[12]。

中文全文数据库还有很多，如书生之家电子书、方正 Apabi 电子书、古籍数据库、北大法宝、北大法意网、ABBAO（http://www.abbao.cn）等，不再一一列举。

5.1.2　外文全文数据库

1. Elsevier

Elsevier 是荷兰爱思唯尔（Elsevier Science）出版集团的全文数据库，检索平台是 ScienceDirect（https://www.sciencedirect.com/）。数据库收录 2500 种同行评议的技术、健康、科学期刊，250 种开放存取期刊，39000 种电子书。文献涵盖 4 个学科群，即物理科学与工程、生命科学、健康科学、社会科学与人文学，共 24 个学科，包括化学工程、化学、计算机科学、地球与行星科学、能源、工程学、材料科学、数学、物理与天文学、农业与生物科学、生物化学基因学与分子生物学、环境科学、免疫学与微生物学、神经科学、医学与牙科、护理与卫生保健、药理学毒理学与药学、兽医科学与兽医学、艺术与人文学、商业管理与会计、决策科学、经济学计量经济学与金融学、心理学、社会科学，国际知名的期刊 Cell 就在该数据库。可访问 1995 年以来的期刊全文[13]。

所谓同行评议（peer review）或同行评审，是指一种学术评价制度。论文投稿至期刊或会议之后，期刊编辑部或会议程序委员会请 2～3 位或 3～5 位同行专家对论文进行严格的评审，就论文的学术质量、创新程度、写作水平等给出评审意见，期刊编辑部或会议程序委员会根据专家意见决定是否录用论文。一般采取双向匿名评审（double-blind review），也称盲审，评审人不知道在评阅谁的论文，作者也不知道是谁在评审其论文，这样做的目的是保证学术期刊的办刊质量。所以，同行评议期刊已成为高质量期刊的代名词。

开放存取（open access，OA）是一种新的出版模式，其特征是利用互联网自由传播科研成果，为用户免费提供学术信息和研究成果的全文服务。开放存取期刊（open access journal，OAJ）是基于 OA 出版模式的期刊，大多采用作者付费、读者免费获取的出版方式。

2. Springer

Springer 是德国施普林格·自然集团（Springer Nature）的网络数据库，检索平台是 Springer Link（https://link.springer.com/）。数据库收录 3000 多种期刊、13000 种图书，此外还有大量会议论文集和参考工具书，覆盖 24 个学科，包括生物医药、商业与管理、化学、计算机科学、地球科学、经济学、教育学、工程学、环境科学、地理科学、历史、法学、生命科学、文学、材料科学、数学、医学与公共卫生、药学、哲学、物理、政治学与国际关系、心理学、社会科学、统计学。德国施普林格 2015 年与自然出版集团等公司合并，目前 *Nature*（《自然》）的两种子刊 *Nature New Biology* 和 *Nature Physical Science* 可以在该数据库访问[14-15]。

3. Wiley

Wiley 是美国约翰威立父子公司（John Wiley & Sons）的网络图书馆，检索平台是 Wiley Online Library（https://onlinelibrary.wiley.com/）。数据库收录 1600 多种期刊、200 多种参考工具书、21000 多种电子书，覆盖 17 个学科，包括农业水产与食品科学、建筑与规划、艺术及其应用、商业经济学金融与会计、化学、计算机科学与信息技术、地球空间与环境科学、人文学科、法律与犯罪学、生命科学、数学与统计学、医学、护理牙科学与医疗保健、物理科学与工程、心理学、社会与行为科学、兽医学[16]。它在化学、生命科学、医学、信息科学、工程等多个领域具有权威性。

4. EBSCO 系列数据库

EBSCO 是美国 EBSCO 公司提供的全球最大的多学科系列数据库，除 Academic Search

Premier 和 Business Source Premier 等综合性数据库外，还有多种学科数据库如教育学、心理学、运动科学、社会学、图书馆与信息科学技术等，既有期刊、报纸、图书、档案等文献的全文，又有丰富的索引和摘要信息，检索平台是 search.ebscohost.com[17]。

Academic Search Premier（ASP）是一个跨学科数据库，提供 4600 多种期刊全文，其中 3900 种是同行评议期刊。数据库覆盖的学科包括计算机科学、工程、物理、化学、语言和语言学、艺术与文学、医学、民族研究等。该库还提供 8500 种期刊的索引和文摘。

Business Source Premier（BSP）是最常用的商业研究数据库，收录 2300 多种期刊全文，其中 1100 多种是同行评议期刊，内容涵盖市场营销、管理、管理信息系统、会计、金融、经济学等[18]。

Education Research Complete 是教育研究的权威资源，覆盖从幼儿早期教育到高等教育的各阶段教育和所有教育专业，提供 2100 多本期刊的索引和摘要，1200 多种期刊的全文，以及近 500 本图书和专题论文的全文。

PsycARTICLES 收录美国理学协会出版的 80 多种期刊自创刊以来的全文，还收录加拿大心理学协会及其他心理学学术机构的出版物。

Psychology and Behavioral Sciences Collection 收录近 400 种期刊的全文，是世界上最大的心理学全文数据库，覆盖的领域包括精神和行为特征、精神病学、心理学、心理过程、人类学及观察和实践方法等。

5. ProQuest 系列数据库

ProQuest 提供期刊全文、博硕士学位论文、原始档案、英美政府文献、古典图书、国际报刊等系列数据库，除综合学科数据库之外，还提供经济与管理、科学技术、健康医学、社会科学、人文艺术与语言、历史学等多个学科的专门数据库。

ProQuest Research Library 收录 5000 多种期刊的全文，其中 4600 多种是同行评议期刊，现刊 2800 多种，SSCI 期刊 1200 多种，覆盖的学科包括商学、经济学、教育学、文学、历史学、科学与技术、医学、军事学、艺术学等，有专门的检索平台（https://search.proquest.com）。

ProQuest 博硕士论文（ProQuest Dissertations & Theses，PQDT）全文数据库收录 1861 年以来全球 3000 多所高校、科研机构 448 万篇博硕士论文信息，其中全文文献超过 218 万篇，数据每周更新，提供专门的学位论文全文检索平台（http://www.pqdtcn.com/）。我国以集团采购的形式选择其中欧美国家 2000 多所知名大学的 76 万多篇博硕学位论文，供国内用户使用[19]。

6. Taylor & Francis

英国英富曼集团每年出版 2600 多种期刊、5000 多种新书，涉及人文社会科学、行为科学、传播学、数学与统计学、物理学、医学、地球科学、经济、教育、博物馆与文化遗产研究、政治与国际关系、城市研究等 30 个专业领域。期刊和电子书分别被整合到 Taylor & Francis Online 平台（https://www.tandfonline.com/）及 Taylor & Francis Group 平台上（https://www.taylorfrancis.com/）[20]。

7. SAGE

SAGE 公司提供学术期刊、百科全书、图书、案例等学术资源。

SAGE 期刊全文数据库收录 648 种高品质期刊自创刊以来的全文，全部是同行评审期刊，且大部分是 SSCI 或 SCI 收录的期刊，涉及人文社会科学、医药、科学技术等领域。访问平台为 https://journals.sagepub.com/[21]。

SAGE 研究方法数据库是社会科学和行为科学领域的研究人员及学生的理想工具，内容包括：880 多本研究方法图书的全文，涉及定量、定性、混合方法领域的 750 个具体方法；500 多个研究方法案例，全部由研究者基于其真实的科研项目撰写，描述了从开题、选择方法、数据收集到分析的完整过程；120 小时的教学视频，由知名学者录制，针对研究方法课程及统计学课堂，包括专家访谈、课堂教学、个案研究等；练习数据集，提供 154 个来自大型机构社会调查项目的数据集，供练习使用。访问平台是 http://methods.sagepub.com/[22]。

8. JSTOR

JSTOR 即 Journal Storage，是非营利组织 ITHAKA 建设的一个数据库，精心挑选 57 个国家 1200 家出版机构出版的人文社会科学及科学领域的 2600 种学术期刊，收集从创刊号到最近三五年前的期刊。该库还提供 75000 本知名出版机构出版的电子书，以及数以百万计的原始文献，包括全球植物、19 世纪英国文献、南非为自由而斗争的历史文献、非洲世界遗产文献等。访问平台为 https://www.jstor.org/[23]。

9. Gale 系列数据库

Gale 是圣智学习（CENGAGE Learning）出版公司的组成部分，系列数据库收录从 15 世纪至今各重要历史时期的文献资料，包括世界各国或地区的研究文献，文献类型有原始档案、图书、报纸、期刊、地图、图片、照片等，覆盖的学科有经济、历史、社会、国际关系、文学、地理、政治、法律等[24]。

北京大学图书馆购置了比较多的 Gale 数据库，如美国解密档案、珍稀原始典藏档案、十八及十九世纪作品、十九世纪英美报纸、女性研究、文学资源中心、相反论点资源中心、传记与家谱索引、电子参考工具书等[25]。

清华大学图书馆购置的 Gale 数据库与北京大学图书馆的有些相同，也有所不同，如商业文献数据库、环境科学数据库、产品与技术及市场情况数据库等[26]。

10. Science Online

Science Online 即科学在线，是由美国科学促进会（American Association for the Advancement of Science，AAAS）出版的网络数据库，访问平台（https://science.sciencemag.org/）整合了美国科学促进会出版的系列期刊 *Science*、*Science Advances*、*Science Immunology*、*Science Robotics*、*Science Signaling*、*Science Translational Medicine* 及 *Science Partner Journals* 自创刊以来的电子版。

其中 *Science*（《科学》）是由 Thomas Edison 于 1880 年创办的综合性科学周刊，1900 年起成为美国科学促进会的官方刊物，这是世界上发行量最大的同行评议综合科学刊物，也是科学家公认的世界一流科技学术期刊。该刊自 1880 年至 2016 年的过刊全文还可以在 JSTOR 数据库获取。

该数据库兼顾学术期刊和科学新闻杂志的功能，专家评审的研究论文占 51%，新闻和社论占 49%。内容涵盖各个学科，其中重点是生命科学和物理学，分别占 50%、35%，其他学科只占 15%[27-28]。

11. Nature

Nature 是自然出版集团（Nature Publishing Group，NPG）的系列期刊数据库，访问平台（https://www.nature.com/）整合了该集团的 *Nature* 周刊、研究月刊、评论月刊，以及与其他出版机构合作出版的学术期刊及参考工具书。

Nature 周刊创刊于 1869 年，是世界上最著名的科技期刊之一，内容涵盖生命科学、临床和物理科学等领域。研究月刊包括 *Nature Biotechnology*、*Nature Cell Biology*、*Nature Chemical Biology*、*Nature Chemistry*、*Nature Climate Change*、*Nature Communications*、*Nature Genetics*、*Nature Geoscience*、*Nature Immunology*、*Nature Materials*、*Nature Methods*、*Nature Nanotechnology*、*Nature Neuroscience*、*Nature Photonics*、*Nature Physics*、*Nature Protocols*、*Nature Reviews Cancer*；评论月刊包括 *Nature Reviews Drug Discovery*、*Nature Reviews Genetics*、*Nature Reviews Immunology* 等；参考工具书包括 *The Cancer Handbook*、*Encyclopedia of Life Science*、*Encyclopedia of Astronomy and Astrophysics online*[29]。

12. 大英百科全书网络版

拥有 250 年历史的《大英百科全书》（*Encyclopedia Britannica*）是世界上最具权威性的百科全书。相比传统的印刷版，网络版（https://www.britannica.com/）提供更丰富的图片、视频、链接资源，无论是历史事件，还是人物传记，都可以链接到相关的权威参考资源[30]。

13. IEEE Xplore

IEEE Xplore 是美国电气电子工程师学会（Institute of Electrical and Electronics Engineers，IEEE）和英国工程技术学会（The Institution of Engineers and Technology，IET）的综合性数据库，收录这两个学会出版的图书、期刊与杂志、会议论文集、课程、标准等文献，覆盖学科包括航空航天、计算机科学、通信工程、生物医学工程、电气工程、半导体与消费者电子等。IEEE 还与 Wiley 公司合作出版电子书数据库。

该数据库的资源十分丰富，包括 1872 年以来的 170 种 IEEE 的期刊会刊与杂志，20 多种 IET 期刊，贝尔实验室期刊，每年超过 1400 种 IEEE 会议录和 20 多种 IET 会议录，2600 多种 IEEE 现行和存档标准，有统一的访问平台（https://ieeexplore.ieee.org/Xplore/home.jsp）[31]。

14. ACM 数字图书馆

ACM 数字图书馆是美国计算机协会提供的网络数据库（https://dl.acm.org/dl.cfm），收录美国计算机协会出版的电子期刊、会议录、快报等文献的全文，以及其他 3000 多家出版机构的计算机文献、文摘、索引信息[32]。

15. arXiv

arXiv 是美国国家科学基金会和美国能源部资助，在美国洛斯阿拉莫斯（Los Alamos）国家实验室建立的开放存取电子预印本文献数据库，由物理学家保罗·金斯巴格（Dr. Paul Ginsparg）创建于 1991 年，他因此获得了 2002 年的麦克阿瑟奖。数据库由康奈尔大学负责管理和维护，提供物理学、数学、计算机科学、非线性科学、定量生物学、定量金融、统计学、电子工程与系统科学、经济学等 9 个学科的预印本文献[33]。

arXiv 的注册用户可以在网站上提交自己的作品，这不仅有利于加快成果的交流与共享，而且有助于科学家了解本学科的最新研究进展。年报统计数据显示，网站 2018 年收到新作品 140616 篇，比 2017 年提高了 14%；新提交的作品中，计算机科学占 26%，数学占 24%；下载量达到 2.28 亿篇[34]。

数据库主站点位于美国康奈尔大学（https://arxiv.org/），中国科学院理论物理研究所建立有镜像站点（http://cn.arxiv.org/）。

16. CiteSeerX

CiteSeerX 是另一个具有广泛影响的开放存取数据库，是第一个建立在自动引文索引机制基础上的数字图书馆，1997 年由 NEC 研究院开发，2003 年开始由宾夕法尼亚州立大学信息科学与技术学院提供服务，主要收集计算机与信息科学领域的文献，提供算法、数据、元数据、服务、技术、软件等资源。索引的文献量达到 75 万篇，每日响应的访问量达 150 万次[35]。

17. Emerald

Emerald 是英国 Emerald 出版公司的经济与管理类文献数据库（https://www.emerald.com/insight/），收录该公司出版的 300 多种期刊、2500 多种图书、1500 多个教学案例的全文，涉及商业、管理与经济、工程、图书馆学情报学、语言学、社会学等领域。

18. Lexis Advance

Lexis Advance 是美国 LEXIS-NEXIS 公司的法律数据库，内容包括新闻、法律、政府出版物、商业信息及社会信息等。其他重要法律数据库还有 WestlawNext 和 HeinOnline。前者为法律、会计、审计等专业提供法律案例、条例、行政资料、1600 种法律专业期刊、法律回顾、条约、律师简介、新闻、商业资料、表格；后者提供 1300 种法学期刊、675 卷法学领域权威著作、案例及美国联邦政府报告全文。

目前可利用的全文数据库很多，上面介绍的仅仅是一些常用的综合性数据库和几个具有代表性的学科专业数据库。一些著名的学会如美国数学学会、美国物理学会、美国化学学会、美国心理学会等都有自己的系列出版物，建立了网络数据库，这些都是重要的学术资源。

5.2 检 索 工 具

5.2.1 引文索引数据库

美国著名情报学家和信息计量学家尤金·加菲尔德（Eugene Garfield）于 1955 年在 *Science* 期刊上发表论文提出引文索引的原理，并依据该原理于 1961 年创建了 SCI，相继出版了印刷版、光盘版和网络版。网络版不受容量的限制，因而比印刷版、光盘版多收录 2300 多种期刊，并且收入了全部的参考文献，功能得到加强，因而被称为科学引文索引扩展版（Science Citation Index Expanded，SCIE）。加菲尔德创立的信息科学研究所（Institute for Scientific Information，ISI）后来建立起系列引文索引检索工具，SCI 就是其网络版。

1. Web of Science 平台上的引文索引数据库

Web of Science 是科睿唯安（Clarivate Analytics）公司的数据库访问平台（apps.webofknowledge.com），整合了一些非常重要的检索工具，包括 Web of Science 核心合集、BIOSIS Previews、Inspec、MEDLINE，部分国家和机构的数据库如 CSCI、韩国的期刊数据库、俄罗斯科学引文数据库、科学电子图书馆等。其中，Web of Science 核心合集包括 8 个引文索引数据库和 2 个化学索引数据库。

1）期刊论文引文数据库 SCIE/SSCI/A&HCI/ESCI

期刊论文引文数据库收录全世界 2.2 万多种高水平同行评议期刊（包括开放存取期刊），依据引文索引原理组织，包括 SCIE、SSCI、A&HCI、新兴来源引文索引（Emerging Sources Citation Index，ESCI）4 个子库，数据每周更新。

SCIE 收录自然科学领域 9200 种期刊 1900 年以来的数据，分布在 178 个学科。SSCI 收录社会科学领域 3400 种期刊 1900 年以来的数据，分布在 58 个学科。A&HCI 收录艺术与人文学科 1800 种期刊 1975 年至今的数据，分布在 28 个学科领域。ESCI 是 2015 年创建的一个数据库，收录 7800 种期刊，覆盖各学科的一些专深领域，包括新兴研究领域和交叉学科，能够及时反映全球快速增加的科技和学术活动。ESCI 收录的期刊将来可能进入 SCIE/SSCI/A&HCI 这 3 个引文数据库[36]。

2）会议论文引文数据库 CPCI-S 和 CPCI-SSH

会议论文引文数据库收录 1990 年至今的 20 多万个会议论文集，包含 2 个子库，即科学会议录引文索引（Conference Proceedings Citation Index-Science，CPCI-S）和社会科学及人文科学会议录引文索引（Conference Proceedings Citation Index-Social Science & Humanities，CPCI-SSH），分别对应自然科学、社会科学及人文学科，数据每周更新。

3）图书引文数据库

图书引文数据库包含 2 个子库，即 BKCI-S（Book Citation Index-Science）和 BKCI-SSH（Book Citation Index-Social Sciences & Humanities），收录 10 万多种 2005 年至今出版的学术专著和丛书，每年补充 1 万种，数据每周更新。

2. SCOPUS

SCOPUS 是 Elsevier 公司开发的引文数据库（https://www.scopus.com），收录 5000 多家出版机构的 20000 多种期刊，其中同行评审期刊 19000 多种，同时收录丛书、会议录、专利文献。与 Web of Science 平台上的数据库相比，SCOPUS 收录欧洲及亚太地区的文献更丰富。

3. CSCD

中国科学引文数据库（Chinese Science Citation Database，CSCD）由中国科学院文献情报中心于 1989 年开发成功，被称为中国的 SCI。收录我国数学、物理、化学、天文学、地学、生物学、农林科学、医药卫生、工程技术、环境科学和管理科学等领域出版的中英文科技核心期刊和优秀期刊 1200 种，已经被整合到 Web of Science 平台。

4. CSSCI

CSSCI 由南京大学中国社会科学研究评价中心开发，运用引文分析与同行评议相结合的方法，遴选出的社会科学领域的学术期刊，被很多机构认定为核心期刊，通常被称为 C 刊。最新版收录 640 种期刊，含扩展版有 933 种。

5. 中国引文数据库

中国知网开发的中国引文数据库（Chinese Citation Database，http://ref.cnki.net/ref）依托中国知网庞大的数据资源，不仅可以提供多种形式的被引分析，而且还能够自动生成引证报告。

5.2.2 Engineering Village

Engineering Village 是 Elsevier 公司的一个检索平台，整合了工程索引数据库（Engineering Index，Ei）、INSPEC、GEOBASE、GeoRef、EnCompassLIT 与 EnCompassPAT、US Patents、EU Patents、NTIS、PaperChem、Chemical Business NewsBase、Chimica、Knovel 等数据库。

（1）Ei 是美国工程信息公司（Engineering Information，EI）从 1884 年开始编辑出版的一个综合性工程信息检索工具，收录来自 77 个国家 190 个工程学科领域的 3615 种工程类期刊、9 万多种会议论文集、78 种图书系列、近 12 万篇工程领域的学位论文、所有的 IEEE 技术标准及其他组织的标准，覆盖的学科包括应用物理学（含光学）、生物工程与生物技术、食品科学与技术、材料科学、仪器（含医疗设备）、纳米技术等。被该数据库收录的论文就是所谓的被 Ei 索引论文。

（2）INSPEC 是英国工程技术学会（The Institution of Engineers and Technology，IET）编辑出版的综合性检索工具，收录 68 个国家 1000 多个出版机构的 5000 多种期刊、7 万多种会议录、14000 多种图书、6000 多个视频、450 多种开放存取期刊，覆盖的学科范围包括理论与应用物理、电气和电子工程、计算机科学、控制技术、机械与生产工程、商业信息技术等。

（3）GEOBASE 收录 68 个国家 879 个出版机构的 2000 多种期刊、14 种会议录、67 种图书系列和 277 种图书，覆盖的学科包括人文地理、环境科学、自然地理学、地质学、海洋学、地质力学等。

（4）GeoRef 是美国地球科学研究所（The American Geosciences Institute）制作的数据库，收录 90 多个国家 40 多种语言的 3500 多种期刊和图书、地图、会议、报告、学位论文等资料，以及美国地理调查出版物。

其他数据库就不再一一介绍了，有兴趣的读者可以访问 Engineering Village 网站（https://www. engineeringvillage.com），查阅相关内容[37]。

5.2.3 SciFinder

SciFinder 是由美国化学学会下属的美国化学文摘社（Chemical Abstracts Service，CAS）提供的检索平台（https://sso.cas.org），是世界上规模最大的权威化学相关学科文献、物质和反应信息检索工具，覆盖的学科领域包括化学、生物、医药、工程、农学、物理等，文献类型有期刊、专利、会议论文、学位论文、图书、技术报告、评论和网络资源等。

SciFinder 整合了多个数据库：文献数据库 CAplusSM、物质信息数据库 CAS REGISTRYSM、化学反应数据库 CASREACT、马库什结构专利信息数据库 MARPAT、管控化学品信息数据库 CHEMLIST、化学品商业信息数据库 CHEMCATS、美国国家医学图书馆数据库 MEDLINE。平台上还整合了专利工作流程辅助工具 PatentPakTM，让用户即时访问全球主要专利局提供的可检索的专利全文。

其中，文献数据库 CAplusSM 是以化学文摘（*Chemical Abstracts*，CA）为基础形成的，收录世界上 150 多个国家和地区的 56 种文字出版的 14000 种科技期刊、科技报告、会议录、学位论文、新书、综述，以及 28 个国家和地区的专利文献，专利文献占 20%，覆盖的学科范围包括化学、化工、物理、冶金、能源、生物医学、轻工业等[38]。

5.2.4 Web of Science 平台上的其他检索工具

（1）BIOSIS Previews 是由美国生物科学信息服务社出版的世界上规模最大的生命科学文献检索工具，收录 90 多个国家出版的近 6000 种期刊，以及会议录、报告、评论、图书、专利等文献，覆盖的学科包括生物学、生物化学、生物技术、植物学、医学、药理学、动物学、农业、兽医学等。BIOSIS Previews 可以通过 Web of Science 检索。通过 Web of Science 还可以检索到美国国家医学图书馆建立的数据库 MEDLINE，这是另一个具有权威性的生物医学检索工具。INSPEC 数据库也通过 Web of Science 平台提供服务，在 Engineering Village 部分已有介绍，这里不再重复。

（2）Derwent Innovations Index 分为化学、电气电子、工程三个专辑，收录全球 40 多个专利机构 1963 年以来的 2300 万条基本专利信息和 5000 万项独立的专利文档。其中，美国专利、世界专利、欧洲专利和德国专利可以浏览说明书全文，日本专利只能看到说明书的首页。该数据库还将“世界专利索引”（World Patents Index，WPI）和“专利引文索引”（Patents Citation Index，PCI）的内容整合在一起，通过引证关系建立专利与其他文献之间的链接。

（3）Web of Science 核心合集中的化学数据库包含 2 个子库，即 Current Chemical Reactions 和 Index Chemicus。前者收录来自期刊和专利文献的最新发现或经过改进的有机合成方法，后者则收录世界上有影响的期刊报道的新化合物。

（4）JCR 和 ESI。JCR（*Journal Citation Reports*）即期刊引证报告，是一种重要的期刊评价工具，1975 年开始出版，是以 SCIE 和 SSCI 两个库的引证数据为基础的期刊分析报告，分为自然科学和社会科学两个版本。JCR 把期刊划分到若干学科领域，每个学科领域按照期刊影响因子由高到低的顺序，把期刊分为数量相等的 4 个区，即 1 区、2 区、3 区和 4 区，提供每种期刊的影响因子、被引次数等引证数据。ESI（*Essential Science Indicators*）即基本科学指标，是 2001 年推出的以 SCI 和 SSCI 两个库的数据为基础建立的计量分析数据库，可以用于衡量科研人员、科研机构、国家和地区科学研究的绩效，跟踪学科发展的趋势。

5.2.5　EBSCO 平台上的检索工具

EBSCO 平台（search.ebscohost.com）除 ASP、BSP、Education Research Complete、PsycARTICLES、Psychology and Behavioral Sciences Collection 等全文数据库外，还整合了教育学、心理学、运动科学、医学、图书馆与信息科学技术等多个学科的检索工具[39]。

（1）ERIC（Education Resource Information Center）是教育研究的重要检索工具，由美国教育部教育资源信息中心制作，收录 980 多种教育及教育相关期刊文献的题录和文摘。

（2）PsycINFO 是美国心理学协会提供的检索工具，全面收录自 17 世纪以来的心理学文献，如期刊论文、书刊目录、图书和专题论文的题录和摘要信息。

（3）MEDLINE 是由美国国家医学图书馆创建的医学文献信息检索工具，提供医学、护理、牙科、兽医、医疗保健制度、临床医学等方面的权威医学信息，可检索 5400 多种流行生物医学期刊中的引文。

（4）SPORTDiscus 是运动和运动医学领域的权威检索工具，数据来自加拿大的运动信息资源中心（Sport Information Resource Center），文献类型包括期刊、会议记录、研究报告、专著、学位论文等。全文版即 SPORTDiscus with Fulltext，除题录和文摘信息外，还收录该库 960 多种期刊中 550 种最受欢迎的期刊自 1985 年以来的全文。

（5）LISTA 即图书馆信息科学与技术文摘（Library，Information Science & Technology Abstracts），是图书情报文献学最重要的检索工具，提供 600 多种核心期刊及图书、研究报告、会议录自 1960 年以来的索引，覆盖图书馆管理、分类、编目、文献计量学、网络信息检索、信息管理等领域。全文版即 LISTA with Fulltext，除题录和文摘信息外，还收录该库 330 种期刊及几十种专著的全文。

（6）GreenFILE 是环境科学文献检索工具，提供人类生活对环境影响方面的深入研究信息，主题包括全球变暖、绿色建筑、污染、可持续农业、再生能源、资源回收等。

（7）Teacher Reference Center 是专业教育工作者的重要参考工具，提供 280 种最受欢迎的教师和管理人员期刊和杂志的索引和摘要。

5.2.6 CALIS 的两个检索工具

CALIS（http://www.calis.edu.cn）是教育部投资建设的全国高校图书馆公共服务基础设施，管理中心设在北京大学，建立了由 4 个全国中心、7 个地区中心、31 个省级中心和 500 多个服务图书馆组成的合作服务体系，将这些骨干图书馆的文献资源、人力资源和服务能力整合起来，面向全国高校开展文献共享服务[40]。CALIS 开展了很多工作，其中两个检索工具对普通用户很有价值。

（1）CALIS 联合目录。该目录是 CALIS 成员馆合作建立的联机公共目录，揭示 CALIS 成员馆的馆藏，用户可以通过 CALIS 联合目录公共检索系统（http://opac.calis.edu.cn/opac/advanceSearch.do）检索文献在全国高校图书馆的收藏情况。文献类型包括普通图书，期刊、报纸等连续出版物，中文古籍，乐谱，电子资源和视频资料。检索系统还提供古籍四部类目浏览功能，可以查看经部、史部、子部、集部各类古籍在全国高校的收藏情况。CALIS 联合目录为高校图书馆开展馆际互借等形式的文献资源共享建立了重要基础。

（2）CALIS 外文期刊网。CALIS 外文期刊网（http://ccc.calis.edu.cn/）收录近 10 万余种高校图书馆收藏的外文纸本期刊和电子期刊信息，其中有 4 万多种期刊的文章篇名信息实现每周更新。

5.3 数据库的使用与文献全文获取

本节主要介绍数据库的导航功能与检索功能，并通过示例展示这两种功能的使用方法。人们使用文献数据库的主要目的是获取文献全文。常用文献数据库包括全文数据库和检索工具数据库两种。全文数据库一般具有很强的检索功能，可以作为检索工具使用，也是获取文献全文的主要途径。专门用作检索工具的数据库一般不提供文献全文，使用这类数据库的主要目的是获取文献线索。当然，现在一些检索工具提供了全文数据库的链接，方便用户获取文献全文。如果所在机构购买了全文数据库的使用权，单击全文链接就可以下载文献。然而，在很多情况下，需要根据文献线索从其他途径获取文献全文。因此，本节还将介绍获取文献全文的几个主要途径。

要使用文献数据库，首先要访问所在机构图书馆的网站，找到数据库列表，然后选择拟检索的数据库。图书馆采购的商业数据库一般采用 IP 捆绑的形式限制使用范围，在大学校园内可以直接访问，在校园外则需要通过身份认证才能访问。例如，华中师范大学的数据库用户在校园网之外访问数据库，则需要通过虚拟专用通道 VPN（https://vpn.ccnu.edu.cn）。为了让全国的高校用户都可以随时随地访问校园网上的网络资源，北京大学计算中心建立了面向教育和科研网的统一认证和资源共享基础设施（CERNET Authentication and Resource Sharing Infrastructure，CARSI）。北京大学于 2019 年 6 月 1 日率先加入该认证系统，截止 2019 年底，共有 22 所高校及科研机构加入该系统。2020 年初，受新型冠状病毒肺炎疫情的影响，绝大部分高校师生无法在学校开展教学科研活动。为解决师生访问数据库的问题，越来越多的高校图书馆纷纷加入该认证体系。截止 2020 年 6 月，参与认证的高校用户已达 420 所，另有 154 所高校认证系统正在调试中。[41, 42]

5.3.1　数据库的导航

数据库存储的信息数量十分巨大，许多刚接触数据库的用户往往在对其总体状况缺乏必要了解的情况下，就直接开始检索，这样很容易陷入只见树木不见森林的窘境，还会被检索到的大量信息淹没，产生信息焦虑。其实，数据库具有严密的组织结构，把每篇文献按照学科类别、文献类型、语种等分配到特定的位置，同时在用户界面上提供导航或浏览功能，帮助用户了解数据库的组织结构。

学科分类导航和期刊字母顺序导航是最常见的数据库导航功能。每个数据库都有自己独特的学科分类体系，使用数据库的学科分类导航功能，不仅有助于了解数据库的概貌，了解自己的专业或兴趣在这个分类体系中所处的位置，而且有助于限定检索范围，提高检索效率。期刊数据库收录的期刊数量庞大，为了便于查找，一般提供字母顺序导航功能，按英文 26 个字母的顺序把期刊加以归类，以相同字母开头的期刊被组织在一起。

1. 中国知网的导航功能

中国知网提供的导航功能比较丰富。进入中国知网的检索界面，单击位于右上角的“期刊导航”按钮，就进入期刊导航页面（http://navi.cnki.net/KNavi/Journal.html），左边列出了 7 种导航功能，包括学科导航、数据库刊源导航、主办单位导航、出版周期导航、出版地导航、发行系统导航、核心期刊导航。普通用户感兴趣的主要有以下 3 种。

（1）学科导航。中国知网把知识划分为 10 个学科类别，相应地把期刊组织为 10 个专辑，每个专辑下面再设若干专题。单击“学科导航”，下面显示出 10 个专辑的名称和各专辑的期刊种数。例如，“信息科技”专辑有 656 种期刊，把鼠标放在专辑名称上，对应的 11 个专题及期刊种数就显示出来了。单击其中的一个专题，如“图书情报与数字图书馆”，该专题 71 种期刊的图标就会全部出来。如果某期刊是核心期刊，还会标明其影响因子。图 5.1 显示的就是图书情报学领域权威期刊《中国图书馆学报》的图标。单击期刊图标，会出现一个新的页面，显示该期刊的详细信息，如中英文名称、基本信息、出版信息、评价信息，还有刊期浏览、栏目浏览、统计与评价等，内容十分丰富，非常有助于全面了解期刊。

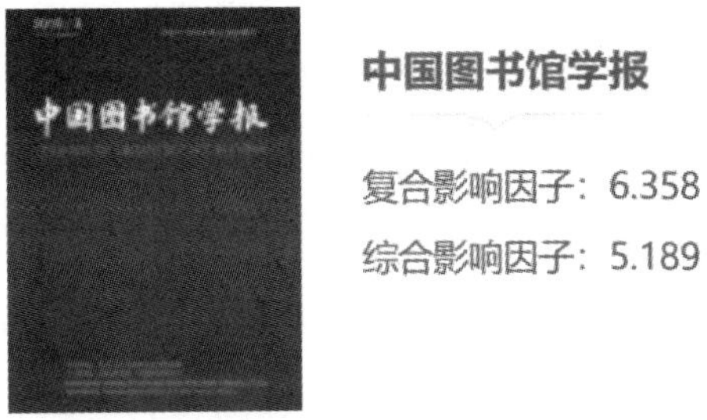

图 5.1　《中国图书馆学报》的图标

（2）数据库刊源导航。单击屏幕左侧的“数据库刊源导航”按钮，可以看到中国知网收录的期刊被国际上各大检索工具如 CA、SCI、Ei、CSCD、CSSCI 等收录的情况。例如，2018 年我国有158种期刊被SCI收录，2019年有213种期刊被Ei收录。单击SCI或Ei按钮，可以浏览这些期刊。容易发现，我国出版的这些期刊大部分是中文期刊，只有少量英文期刊。

（3）核心期刊导航。这里列出的是由北京大学图书馆主持研制的《中文核心期刊要目总览》评选的核心期刊，分为7大编76个学科类目。

2. ScienceDirect 的导航功能

ScienceDirect 提供两种导航功能，即学科导航和出版物名称字母顺序导航。平台首页（https://www.sciencedirect.com/）被划分为3个区域，最上面是检索界面，中间是学科导航，最下面是字顺导航。

学科导航把出版物划分为4个学科群，每个学科群下设若干领域（domain），每个领域下面再设若干子领域（subdomain）。出版物被划分为5种类型：期刊（journals）、图书（books）、手册（handbooks）、参考资料（reference works）、图书系列（book series）。

单击学科群如Social Sciences and Humanities下面的Social Sciences领域，系统会按字母顺序列出该学科下面2045种出版物的名称；进一步单击其中的Library and Information Sciences子领域，该子领域的467种出版物就会显示出来；再单击出版物类型如Journals，系统会把该类型的25种出版物筛选出来。单击其中的The Journal of Academic Librarianship，就会显示该刊的基本信息，如图标、现任主编、最新刊期、正在出版中的论文、刚刚出版的论文、被引次数最高的论文、最受欢迎的论文等。图5.2是该刊的图标。图5.2右侧的CiteScore、Impact Factor（影响因子）与复合影响因子、综合影响因子一样，都是期刊评价指标，将在第7章详细介绍。

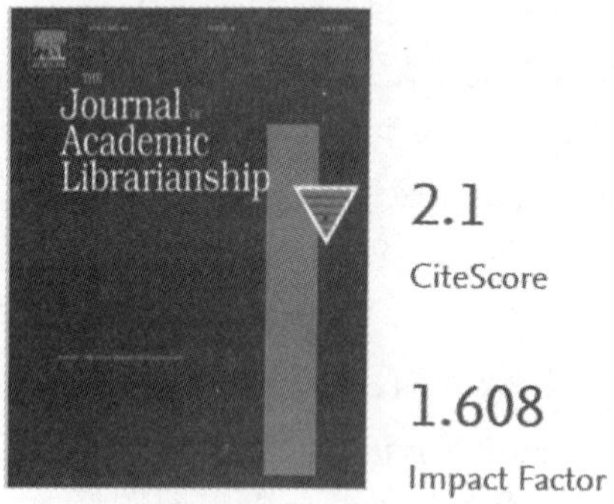

图5.2　期刊图标

3. Wiley Online Library 的导航功能

Wiley Online Library（https://onlinelibrary.wiley.com/）的首页也被划分几个区域，位于最上面的是检索区；在中间比较显著位置的是学科导航区（Subjects），设置了17个学科门类；位于页面下方的是Browse All Titles图标，单击该图标，进入专门的导航页面，左侧显示的其导航功能，包括字母顺序、出版物类型、学科导航等。出版物被划分为期刊（Journals）、图书（Books）、参考资料（Reference Works）、图书系列（Book Series）4种类型。单击Journals，系统按字母顺序显示数据库收录的2589种期刊。

在首页的学科导航区单击Computer Science & Information Technology学科门类，系统显示3个学科；单击其中的Information Science & Technology，会出现一个新的页面，显示该学科的名称及下设的两个主题（topics）；单击其中的Information & Library Science，显示该主题共有13种期刊和6种图书；再单击其中的Journal of the Association for Information Science and Technology，就出现了该期刊的信息页面。图5.3为期刊的基本信息。

JOURNAL OF THE ASSOCIATION FOR
INFORMATION SCIENCE AND TECHNOLOGY

Edited By: Javed Mostafa, University of North Carolina
Impact factor: 2.738
ISI Journal Citation Reports © Ranking: 2018: 56/155 (Computer Science, Information Systems); 21/89 (Information Science & Library Science)
Online ISSN: 2330-1643
© 2019 Association for Information Science and Technology

图 5.3　Wiley Online Library 显示的期刊基本信息

基本信息包括期刊名称、主编及其所属机构、影响因子、在 JCR 即期刊引证报告中所处的位置、ISSN 号、出版机构名称等。从显示的信息中可以计算出该刊在 JCR 中的区域。该刊在计算机与信息系统领域（Computer Science，Information Systems）的 155 种期刊中位于第 56 位，对应的是 2 区，因为（56/155）*100%=36%；在信息系统与图书馆学领域（Information Science & Library Science）的 89 种期刊中位于第 21 位，对应的是 1 区，因为（21/89）*100%=24%。

需要说明的是，数据库导航功能在表达形式和名称上会有所不同。例如，Springer Link 在首页就有图书和期刊字母顺序导航的链接 Books A-Z 和 Journals A-Z，其学科导航是 Browse by discipline。单击 Journals A-Z 就进入字母顺序导航页面；单击 S，就会显示 178 种以 S 开头的期刊名称；单击 Scientometrics 即《科学计量学》，就会进入该刊的页面。

5.3.2　数据库的检索

文献数据库发展到今天，已具备很强的检索功能。检索系统往往提供多个检索功能供用户选择，其中高级检索最为常用。这里以中国知网、Web of Science、Wiley Online Library 三个数据库为例，介绍数据库的高级检索功能，并说明检索时应注意的事项。掌握这些功能需要反复实践和思考。

1. 中国知网的高级检索

中国知网的检索功能非常强大，其高级检索界面提供了多个可供用户选择的功能。第一，选择学科范围。文献分类目录的默认状态是“全选”，即在全部文献学科类别中检索。如果希望在特定学科类别中检索，首先单击“清除”，然后在 10 个学科中选择拟检索的学科，还可以通过单击“+”号进一步选择学科领域、主题、分主题。例如，选择“信息科技”学科中的“互联网技术”和“自动化技术”两个领域，结果如图 5.4 所示。

⊟ ☐ 信息科技
- ⊞ ☐ 无线电电子学
- ⊞ ☐ 电信技术
- ⊞ ☐ 计算机硬件技术
- ⊞ ☐ 计算机软件及计算机应用
- ⊞ ☑ 互联网技术
- ⊞ ☑ 自动化技术
- ⊞ ☐ 新闻与传媒
- ⊞ ☐ 出版
- ⊞ ☐ 图书情报与数字图书馆
- ⊞ ☐ 档案及博物馆

图 5.4　中国知网的文献分类目录选择示例

第二，选择文献类别。中国知网按文献类别组织文献，如果希望选择多种文献类别，即实现跨库检索，需要将文献类别设置为“文献”，最后单击右上角的“跨库选择”，最后勾选拟检索的文献类型。

第三，选择检索条件。中国知网提供多个检索条件选项，以期刊检索为例，包括主题、关键词、篇名、摘要、作者及其单位、时间范围、来源期刊、来源类别、支持基金的类别等，还提供精确和模糊两种匹配形式。需要说明的是，所谓主题，其实就是从篇名、摘要、关键词、全文中提取的具有检索意义的专门名词术语。

图 5.5 是中国知网的期刊高级检索示例，确定了主题、时间范围、来源类别。这里的“核心期刊”是指由北京大学图书馆主持研制的《中文核心期刊要目总览》选择的核心期刊。

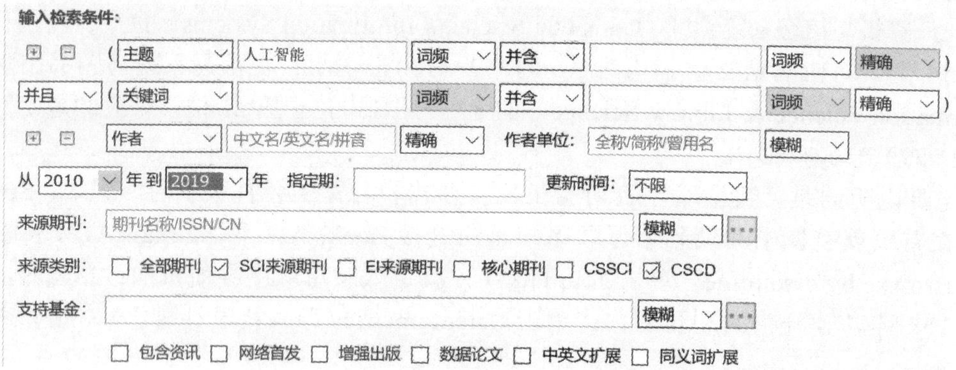

图 5.5　中国知网的期刊高级检索示例

检索结果可以选择按“相关度”“发表时间”“被引次数”“下载量”等降序排列结果。

2. Web of Science 的基本检索

Web of Science 默认的功能是基本检索，相当于其他数据库的高级检索。由于 Web of Science 平台上整合了多个数据库，在实施检索之前有必要选择拟检索的数据库。例如，如果希望在期刊引文数据库 SCIE 中检索最近 5 年发表在 Science 期刊上的人工智能方面的文献，则需要经过下面的三个步骤。设置结果图 5.6 所示。

第一步，选择数据库和时间范围。在“选择数据库”栏中选择“Web of Science 核心合集”；在“时间跨度”栏中选择“最近 5 年”；在“更多设置”栏中保留 SCIE。

第二步，选择检索途径并确定检索词。在“主题”栏录入“artificial intelligence”，在“出版物名称”栏录入“science”。Web of Science 的主题词也是从标题、文摘、关键词等处提取的具有检索意义的名词术语。

第三步，单击“检索”按钮，即可得到检索结果。

Web of Science 平台上的数据库都是检索工具，其检索结果只是一些文献线索。现在，由于数据库商之间建立了良好的合作关系，检索结果还提供了全文的链接，如图 5.7 所示。

图 5.6 Web of Science 的基本检索示例

图 5.7 Web of Science 的检索结果示例

3. Wiley Online Library 的高级检索

Wiley Online Library 首页的检索框旁边有一个“Advanced search”按钮，这就是高级检索。单击该按钮，进入高级检索界面。提供的检索途径包括题名（title）、作者（author）、关键词（keywords）、摘要（abstract）、作者所在机构（author affiliation）、基金资助机构（funding agency）和出版物名称。图 5.8 是一个高级检索示例。

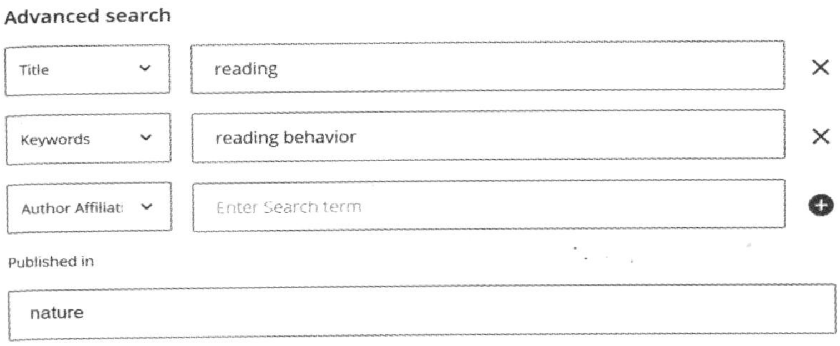

图 5.8 Wiley Online Library 的高级检索示例

其他数据库如 ScienceDirect、Springer Link 等的高级检索功能与之非常相似。Springer Link 的不同之处在于，其高级检索链接隐藏在一个齿轮图标下，单击这个图标，链接就出现了，如图 5.9 所示。

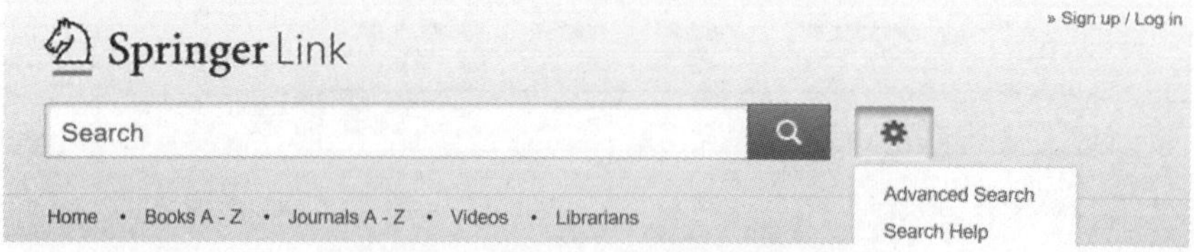

图 5.9　Springer Link 的高级检索链接

5.3.3　获取文献全文

人们无论是通过检索工具得到文献线索，还是通过其他途径得到文献线索，最后总是希望获得文献全文。文献全文可以借助互联网免费资源和图书馆服务网络获取。从提高效率的角度考虑，不同的情况可以采用不同的途径。

（1）访问互联网免费资源。如果已经掌握充分的文献线索，而且对文献全文的需求量不大，可以直接访问互联网免费资源。互联网上的免费信息资源十分丰富，如百度学术、Google Scholar、机构或个人网站、开放存取资源等。若获取机构的官方报告或文件，首选官方网站。

（2）检索图书馆购置的数据库。开展系统的资料查阅或文献调研，还是应该检索图书馆购置的数据库，特别是综合性检索工具及某学科的专门检索工具，确保全面、系统地收集资料。很多检索工具已实现与全文数据库的链接，如果图书馆购置的全文数据库比较齐备，则需要的文献全文基本上可以下载。一些机构由于财力有限，订购的全文数据库只限于部分学科、部分时间范围、部分文献类型，那么通过检索工具可以获得丰富的文献线索，但很多全文却无法下载，这时就需要通过其他途径满足需求。

（3）查阅图书馆的印本资源。图书馆的印本资源十分丰富，特别是图书、期刊类文献。检索图书馆的馆藏目录，很容易发现所需文献是否有收藏。

（4）馆际互借与文献传递。如果一些文献通过上述途径依然无法获取，就可以申请馆际互借或文献传递，利用图书馆的馆际合作网络最终保障自己的文献需求。

人们的研究兴趣非常广泛，对文献信息的需求十分多样化，单个图书馆显然无法满足如此丰富的需求。借助图书馆的馆际合作网络，可以快速获得国际国内图书馆收藏的文献。

一般来说，大学或研究机构的综合实力越强，其图书馆购置的综合性数据库就越齐备，对于其优势学科所需的专业数据库的配置也往往很充分。

练　习　题

1. 请列举世界上最高级别的两种综合类科学期刊。

2. 请列举5个综合性外文学术期刊全文数据库。

3. 请列举3个综合性外文学术文献检索工具。

4. 请列举中外文引文数据库各2个。

5. 当发现所在大学没有你急需的图书，想看看其他哪所大学有收藏，检索哪个数据库最方便？

6. 请结合本人所学专业，说明你开展专业信息检索时，会选择哪个数据库或网站作为第一站。

参考文献

[1] 国家科技图书文献中心. 机构简介[EB/OL]. [2019-09-12]. https://www.nstl.gov.cn/Portal/zzjg_jgjj.html.

[2] 彭以祺. 我国科技文献的形势与挑战[C]//中国国家图书馆. "图书馆·与时代同行" 国际学术研讨会会议报告资料汇编, 北京: 2019: 7-17.

[3] 教育部外国教材中心. 教育部外教中心简介[EB/OL]. [2019-09-12]. http://ftc.lib.tsinghua.edu.cn/CenterIntro.aspx.

[4] 中国高校人文社会科学文献中心. 项目概况[EB/OL]. [2019-09-12]. http://www.cashl.edu.cn/node/45.

[5] 中国知网. 中国知网[EB/OL]. [2019-09-05]. http://kns.cnki.net/kns/brief/result.aspx?dbprefix=SCDB.

[6] 万方数据. 万方数据[EB/OL]. [2019-09-06]. http://www.wanfangdata.com.cn/resource_nav/index.do.

[7] 维普资讯. 中文期刊服务平台[EB/OL]. [2019-09-07]. http://qikan.cqvip.com/.

[8] 世纪超星. 关于我们[EB/OL]. [2019-09-07]. http://about.chaoxing.com/.

[9] 国家图书馆. 中国国家数字图书馆读者门户[EB/OL]. [2019-09-07]. http://mylib.nlc.cn/web/guest/reader_login?redirect=/web/guest/home.

[10] 社会科学文献出版社. 皮书数据库[EB/OL]. [2019-09-12]. https://www.pishu.com.cn/skwx_ps/database?SiteID=14.

[11] 北京精讯云顿数据软件有限公司. 关于搜数[EB/OL]. [2019-09-12]. http://www.soshoo.com/about/aboutsoshoo.jsp.

[12] 华中师范大学图书馆. 特色资源[EB/OL]. [2019-09-12]. http://lib.ccnu.edu.cn/zydh/tszy.htm.

[13] ELSEVIER. Content and features[EB/OL]. [2019-09-07]. https://www.elsevier.com/solutions/sciencedirect/content.

[14] Springer Nature. About us[EB/OL]. [2019-09-16]. https://group.springernature.com/gp/group/aboutus.

[15] Springer Nature. Journals N[EB/OL]. [2019-09-16]. https://link.springer.com/journals/n/1.

[16] John Wiley & Sons, Inc. Wiley Online Library[EB/OL]. [2019-09-16]. https://onlinelibrary.wiley.com/.

[17] EBSCO Industries, Inc. About EBSCO[EB/OL]. [2019-09-16]. https://www.ebsco.com/about.

[18] EBSCO Industries, Inc. 选择数据库[EB/OL]. [2019-09-17]. http://web.a.ebscohost.com/ehost/search/selectdb?vid=1&sid=db6cba05-0ca5-4ca0-afc0-27775b0ba0c5%40sessionmgr4008.

[19] ProQuest LLC. 产品&服务[EB/OL]. [2019-09-17]. https://www.proquest.com/APAC-CN/cn-products-services/.

[20] Informa UK Limited. About Taylor & Francis Group[EB/OL]. [2019-09-21]. https://taylorandfrancis.com/about/.

[21] SAGE. SAGE journals[EB/OL]. [2019-09-17]. https://journals.sagepub.com/.

[22] SAGE. SAGE researchmethods[EB/OL]. [2019-09-17]. http://methods.sagepub.com/.

[23] ITHAKA. What's in JSTOR[EB/OL]. [2019-09-17]. https://about.jstor.org/whats-in-jstor/.

[24] GALE. Gale: a cengage company[EB/OL]. [2019-09-17]. https://www.gale.com/intl.

[25] 北京大学图书馆. Gale 平台上的数据库汇总[EB/OL]. [2019-09-17]. http://dbnav.lib.pku.edu.cn/node/12036.

[26] 清华大学图书馆. 清华大学数据库导航系统[EB/OL]. [2019-09-17]. http://nav.lib.tsinghua.edu.cn/cgi-bin/alphabetuse. cgi?s=G.

[27] American Association for the Advancement of Science. About Science & AAAS[EB/OL]. [2019-09-19]. https://www.sciencemag.org/about/about-science-aaas?_ga=2.181980004.274974004.1568861510-414010218.1568861510.

[28] 北京大学图书馆. Science Online-Science 全文数据库[EB/OL]. [2019-09-19]. http://dbnav.lib.pku.edu.cn/node/10545.

[29] Springer Nature Limited. About Nature research[EB/OL]. [2019-09-17]. https://www.nature.com/nature-research/about.

[30] Encyclopædia Britannica, Inc. Encyclopedia britannica[EB/OL]. [2019-09-20]. https://www.britannica.com/.
[31] IEEE. IEEE Xplore digital library[EB/OL]. [2019-09-17]. https://ieeexplore.ieee.org/Xplore/home.jsp.
[32] The Association for Computing Machinery. ACM digital library[EB/OL]. [2019-09-20]. https://dl.acm.org/dl.cfm.
[33] Cornell University. General information about arXiv[EB/OL]. [2019-09-20]. https://arxiv.org/help/general.
[34] RIEGER O Y. arXiv Update-January 2019[EB/OL]. (2019-01-29)[2019-09-20]. https://confluence.cornell.edu/display/arxivpub/arXiv+Update+-+January+2019.
[35] The Pennsylvania State University. About CiteSeerX[EB/OL]. [2019-09-21]. http://csxstatic.ist.psu.edu/home.
[36] Clarivate Analytics. Web of Science Platform[EB/OL]. [2019-09-23]. https://clarivate.com/webofsciencegroup/solutions/webofscience-platform/?utm_source=false&utm_medium=false&utm_campaign=false.
[37] Elsevier. Content that reflects the evolution of engineering[EB/OL]. [2019-09-24]. https://www.elsevier.com/solutions/engineering-village/content#compendex.
[38] American Chemical Society. What is SciFinder^n? [EB/OL]. [2019-09-23]. https://www.cas.org/products/scifinder-n.
[39] EBSCO Industries, Inc. 选择数据库[EB/OL]. [2019-09-27]. http://web.b.ebscohost.com/ehost/search/basic?vid=0&sid=5e519d6e-a395-4174-a40c-77834d41c6ab%40pdc-v-sessmgr03.
[40] CALIS 管理中心. CALIS 简介[EB/OL]. [2019-10-11]. http://www.calis.edu.cn/pages/list.html?id=6e1b4169-ddf5-4c3a-841f-e74cea0579a0.
[41] 王文清, 柴丽娜, 陈萍, 等. Shibboleth 与 CALIS 统一认证云服务中心的跨域认证集成模式[J]. 国家图书馆学刊, 2015, 24(4): 45-50.
[42] 教育网联邦认证与资源共享基础设施. 学校 IdP 清单[EB/OL]. [2020-06-22]. https://www.carsi.edu.cn/output_idp_zw.jsp?urltype=tree.TreeTempUrl&wbtreeid=1046.

第二次上机实验　专业检索工具的使用

1. 使用检索工具。

（1）在 INSPEC 数据库中检索近 5 年标题中含 big data 的文献，了解文献类型。

（2）在 SCOPUS 数据库中检索近 2 年主题为 artificial intelligence 的图书。

（3）通过 CALIS 外文期刊网的“期刊浏览”栏目了解本人所在学科的期刊收藏情况，以及被各种文摘库收藏的情况。

（4）利用 CSSCI 数据库了解自己所关注学科的来源期刊目录（C 刊）。

2. 使用全文数据库的导航功能。

（1）利用 CNKI 的期刊导航功能，查看自己所在的学科有哪些核心期刊。

（2）利用 CNKI 的期刊导航功能，查看我国出版的 Ei/SCI 期刊，了解是否有自己所在学科的期刊。

（3）在 Elsevier 数据库中利用期刊导航功能查找自己所在学科的所有期刊，了解其出版情况及影响因子。

（4）在 Springer 数据库中利用学科导航功能查找该库收录的 Computer Communication Networks 领域的期刊一共有多少种。

（5）利用导航功能在 ACM 数据库中查找一篇经常被引用的期刊论文全文（PDF 文档）。

（6）在 Wiley 数据库中查找与本人所在学科相关的期刊，查看其影响因子。

3. 访问 Science Online 和 Nature 网站，查找感兴趣的内容。

4. 在图书馆网站上查找包含年鉴、报纸、专利、标准的中文全文数据库。

5. 校外访问图书馆数字资源。

尝试从寝室通过 https://vpn.ccnu.edu.cn 访问图书馆订购的数据库中国知网和 Wiley。

第三次上机实验 数据库高级检索

1. 中文外文期刊全文数据库检索。

（1）在中国知网期刊数据库中检索满足下列条件的期刊论文：篇名中含“人工智能”，在核心期刊发表，学科领域为“无线电电子学”或“电信技术”。

（2）利用 Elsevier 数据库的高级检索功能查找近 5 年发表的、题名或关键词中都含有 artificial intelligence 的期刊论文。

（3）检索 Springer 数据库，要求同上。

（4）分别在 SCI、SSCI 数据库中检索题名中包含 artificial intelligence 的期刊论文，并打开一个全文链接。

（5）在 Education Research Complete 数据库中查找题名中含 children，主题词为 sleeping 的论文全文。

（6）访问 CiteSeerX 网站，检索一条主题为 artificial intelligence 的全文记录。

（7）访问 arXive 网站，检索一条主题为 artificial intelligence 的全文记录。

2. 利用湖北省数字图书馆检索文献。

在维普资讯中检索刊名为“数字图书馆论坛”，机构为“华中师范大学”的论文全文。

3. 检索学位论文数据库。

（1）在万方数据库中查找题名中含“人工智能”的学位论文。

（2）在华中师范大学博硕士学位论文全文数据库中检索关键词为“人工智能”的学位论文。

（3）在外文学位论文数据库 PQDT 中查找题名中含 artificial intelligence 的学位论文。

4. 在读秀学术搜索中查找题名为《爱弥儿》的电子书。

5. 在中国知网中检索《信息与文献 参考文献著录规则》（GB/T 7714—2015），并下载全文。

6. 在中国知网中检索《中国统计年鉴—2018》，查看并记录以下统计数据：①2017年底我国流动人口数量；②2017 年我国一共有多少个镇；③2017 年我国生活垃圾无害化处理率最高的 3 个省和最低的 2 个省。

第 6 章　文献信息收集与管理

6.1　科学研究与文献信息收集

6.1.1　科学研究具有继承性

1. 信息收集是任何研究的一个基本环节

芝加哥大学出版社出版的经典著作《研究的艺术》对研究的定义非常具有代表性。“什么是研究？广义地讲，每当我们收集信息来回答问题时，我们就在做研究”[1]。

人们每天面临着各种各样需要解决的问题（problem），这些问题既可能是科学问题，也可能是日常生活、工作中的实际问题，这些问题都需要借助信息来解决。无论是个人就生活、学习方面的问题做出决定，还是科研人员制定研究方案，或者是政府官员做重大决策时，都需要充分的依据，这种依据往往体现为信息。

“中国天眼”的建设过程中就遇到很多需要借助信息解决的问题，这里以其中两个问题为例加以说明。第一，选址问题。天眼是个庞然大物，需要一个能容纳数百米反射面的天然大坑，周围要有山体环绕，从而挡住外面的电磁波。哪里有这样理想的位置呢？首席科学家南仁东教授带领团队奔走在全国各地，特别是西南山区，历时 11 年，最终选定现在的位置[2]。第二，口径 500m 的“中国天眼”看上去是一个完整的锅，实际上是由 4450 个主动反射单元组成。这些反射单元需要随时动态调整位置和角度，同时还要确保组成一个完整的抛物面，这样才能满足天文观测的需要[3-4]。为此，需要建立一套通信控制系统，监控、调整每个反射单元。问题是，天眼要求通信控制系统不能产生电磁干扰。哪种通信技术符合这种要求呢？光通信技术无疑是理想的选择。负责此项工作的公司在产品研发过程中又遇到一个具体问题，哪里可以找到满足各项技术指标的光模块呢？通过网络搜索，最终找到一家位于武汉光谷的公司，提供了技术解决方案。

解决上述问题收集的信息既包括非文献信息，又包括文献信息，很多实际工作都是这样的。例如，法官判案既要掌握犯罪分子的犯罪证据，也需要查阅法典。又如，医生在充分了解患者病情的情况下，在制定药物治疗方案时，还需要查阅药典。

2. 文献信息收集是科学研究的一个重要步骤

科学研究的本质是创新，是对前人工作的突破，是在前人工作的基础上更进一步。牛顿曾经说过，“如果说我比别人看得远些的话，那是因为我站在巨人的肩膀上”。牛顿以开普勒、笛卡儿、伽利略等人的工作为基础，借助微积分，证明了万有引力定律[5-7]。

文献是科学研究成果的主要形式，因此，广泛收集文献信息，或查阅前人的相关研究成果，是科学研究的一个重要步骤。文献信息收集是否全面、系统，决定了对前人工作的了解是否充分，决定了一项研究是否能够站在一个比较高的起点上，决定了是站在巨人的脚背上、脚底下，还是巨人的肩上，决定了研究是在前沿基础上的突破，还是对前人工作的简单低水平重复。

收集文献信息需要花费大量的时间和精力。一位化学教授在谈到文献数据库的作用时说：没有数据库的时候，查找资料与研究的时间投入比例为 7∶3；有了数据库之后，这个比例变为 3∶7。数据库提高了收集文献信息的效率，但这方面的投入依然必不可少。

正因为人类善于积累、善于吸取前人的成果和智慧，人类社会才不断发展、不断进步。

3. 科学研究的继承性最直观地体现在对文献的引用上

科研研究是以问题为导向的，任何一项科学研究在提出研究问题的时候，都会对前人的相关工作进行梳理，从中找到自己研究的起点和依据；在提出解决问题的方案时，也会充分运用前人提出的理论、方法和技术。在科研写作上，就是作者在作品中，无论是论文、专著，还是研究报告、专利申请书，都会引用前人的工作，并列出参考文献，这就是科学研究继承性最直观的体现。

一般来说，理论研究引用的文献比较多，应用研究次之，开发类研究引用的文献最少。人们会尽量引用最新的，特别是最近 3～5 年的文献，因为较早文献的重要内容已经被较新的文献吸收。当然，一些发表较早的重要经典文献也会被经常引用。由于科学技术的发展进步，科学文献的利用价值会随着时间的推移而逐步衰减，这就是文献的老化现象。出版年限小于 5 年的文献被称为现时有用文献，而出版年限大于 5 年的文献被称为档案性文献[8]。

正因为引用参考文献在科学研究中占据如此重要的地位，学界已制定相应的规范和标准。不仅我国颁布了参考文献著录规则的国家标准[9]，美国心理学会多次修订出版的《APA 出版手册》[10]、芝加哥大学出版社的《芝加哥风格手册》[11]等都对参考文献的引用和著录做出了非常具体的规定，已形成具有代表性的风格，被国际学术界广泛采用。

6.1.2　文献信息的收集积累

文献信息对于开展实际工作和科学研究都具有十分重要的作用，因此，应重视文献信息的收集积累和组织管理。

1. 日常收集积累

随时留意与个人兴趣、工作、课题相关的文献信息，无论是在正式学术交流场合，还是在日常交谈、上网、看电视的时候，遇到相关信息就及时记录下来，尽量准确、全面，以备引证、核实。记录的内容应包括信息形式、事件名称、发生及报道时间、作者或机构名称、报刊或图书名称、网站名称、网址和访问时间等。

2. 集中收集

在课题研究起始阶段，往往需要集中收集文献信息，主要包括两种情况。一种情况是，选题尚未确定。当需要为课程论文、毕业论文、科研项目等确定一个合适的选题时，需要集中围绕感兴趣的问题收集大量资料，通过浏览、阅读、分析，初步判断拟选题目是否新颖、是否有价值、是否具有可行性，然后确定一个合适的角度开展研究。当发现拟选题目在新颖性、价值、可行性方面存在问题时，需要调整选题，并围绕新的选题开展新一轮的文献信息集中收集工作。另一种情况是，选题已经确定。例如，选择由指导老师拟定的毕业论文选题，或申报的课题已经获批，准备开始课题研究。这时候需要围绕课题开展系统的文献调研，全面收集专题资料。具体原则和方法将在下一节详细介绍。

集中收集文献信息时，应记录使用的数据库、检索策略、检索时间等，以备日后核实和补充。如果希望及时得到最新的课题相关文献信息，可以利用数据库的 Alert 功能。

3. 文献信息的组织管理

无论是日常积累，还是集中收集，都会发现与课题相关的文献信息数量繁多、类型多样、来源复杂、需要记录的内容庞杂，收集的信息还存在重复和谬误，需要借助一定的方法和工具进行管理。

分类管理是一种有效的方法。可以从数据库、文献类型、文种、课题的不同方面等角度对文献信息进行分类。文件夹和 Word 文档是便于使用的管理工具，应善于利用。

由于文献信息的管理日益复杂，为提高工作效率，人们已开发出专门的管理工具，本章第 3 节将详细介绍。

6.1.3 文献信息的整理和阅读

通过检索数据库获得的文献信息往往数量较多，质量参差不齐，涉及课题的方方面面，与课题的相关性差异也很大。对这些文献信息需要加以甄别筛选，留下那些与课题研究真正相关的、高质量的文献。同时，还要对文献信息分门别类加以整理，方便利用。

对于经过整理的文献信息，尽量设法找到文献全文，然后逐篇阅读，努力了解每一篇文献研究问题的角度、思路、方法和创新之处，发现其中的参考价值。通过阅读相关文献，梳理出研究脉络，从而发现存在的问题，确定自己研究的起点和角度。对于需要阅读的文献，不必同等对待，而是先初读，再选择一部分通读，最后挑选那些重要文献反复阅读。

（1）筛选。首先删去重复记录；然后通过阅读题名、摘要，判断文献与论题的相关性、文献的参考价值，删去那些不相关的、参考意义不大的文献信息；对于有价值的文献，补充遗漏信息，更正错误信息。

（2）归类。可以根据个人习惯对文献信息整理归类，把文献放在不同的文件夹和子文件夹内。常见的归类方式包括：①按文献类别，如专著、期刊论文、学位论文、会议论文等；②按语种，如中文、英文；③按逻辑结构，如理论、方法、技术，或国外、国内。

（3）初读。初读也是略读，浏览每篇文献的题名、摘要、前言、研究过程、研究结论，进一步判断文献与课题的相关性、研究的创新性、文献的参考价值，可以进一步删去那些相关性不强、创新性不强、参考价值不大的文献，保留那些有较多参考价值的文献。

（4）通读。详细阅读保留下来的每篇文献，记录文献值得借鉴和参考的方面，从中挑选值得反复阅读的重要文献。经过通读的文献一般都可以作为参考文献加以引用。

（5）精读。一些重要文献值得反复阅读，这种文献数量不多，视课题大小，一般只有几篇或者十几篇。这些文献或者对问题的把握比较全面、分析深入透彻，或者在理论、方法、技术等方面有重要创新，或者论证逻辑严密、语言精练优美。总之，有很多值得学习、借鉴之处，可以作为课题的核心参考文献。

6.2　文献调研与专题资料收集

6.2.1　文献调研与专题资料

1. 文献调研

所谓文献调研，就是围绕某一研究课题开展全面、系统的文献调查研究，全面收集该课题的相关文献信息，通过分析这些文献信息，了解该课题的国内外研究现状。

文献调研包括两个关键环节，即文献信息收集和文献信息分析。通过检索与研究课题相关的各类文献数据库，就可以完成文献信息收集。文献信息分析需要借助一些专门的工具，当然，有些数据库也具备一定的数据分析功能。本书第 7 章将讨论文献信息的分析与评价问题。

2. 专题资料

文献又称资料，人们所说的查资料就是查文献，是指文献调研的第一个环节。所谓专题资料，就是有关某一研究课题的相关文献。通过文献信息收集，就可以获得专题资料，因此，专题资料也是文献调研第一个环节的结果。

研究课题有大有小，相应地，专题资料的数量也有多又少，可能只有十几条，也可能有几十条、几百条，甚至上千条。

6.2.2　专题资料收集的基本原则

1. 相关

资料收集是为课题研究服务的，其首要原则是收集与课题相关的文献。如何保证文献与课题密切相关呢？第一，认真分析研究课题，确保使用的检索词应体现课题内容的主要方面，颗粒度适中，不能太宽泛，也不能太细小。第二，选择合适的检索途径。优先从篇名途径检索。如果检索结果较少，再从主题词、关键词途径检索。第三，使用精确匹配模式检索。第四，对检索到的文献加以甄别，删去那些不相关的文献。

2. 全面系统

努力收集有关问题发生、发展各个方面的所有相关文献，可以从以下几方面考虑。①时间范围。从问题产生的时间开始，直到目前，尽量全面覆盖，重点关注问题发展的关键时期。②中外文献。主要是中文和英文文献，如果熟悉其他语种，可以收录一些具有代表性的其他语种文献。③文献类型。根据研究课题的特点，收集的文献应覆盖相关的各种出版类型，除常见的期刊论文、学位论文外，还有报纸文章、会议论文、标准、专利、研究报告、统计数据、专著等。④课题研究的各个方面，如相关概念、关键要素、理论、原理、模型、方法、技术、应用等。

科学研究应努力全面占有资料，不能出现重大遗漏。例如，一些学生习惯到中国知网检索期刊论文，完全没有想到有些成果是以专著的形式发表的，这就造成了重大遗漏。

在文献信息收集之后的分析阶段，应特别注意“言有易，言无难”。在知识经济时代，科学研究已成为国家战略，有条件的国家都投入大量的人力、物力、财力开展科学研究，几乎每个有意义的问题都有一批人在开展研究，发表的成果散布于各个数据库。如果没有发现相关文献，可能是因为文献信息收集还不够全面，因此不要轻易得出结论，说没有人开展这方面的研究。

3. 新颖且有代表性

在全面收集的基础上，保留较新颖的、有代表性的、重要的、经典的文献。一般来说，最近 3～5 年出版的文献是在以往研究工作基础上的创新，吸收了以往文献的精华，能够反映课题研究的现状，应选择其中有代表性的予以保留。还有一些重要文献和经典文献，尽管发表时间较早，但在该课题研究的发展过程中占有重要地位，也应该予以保留。

4. 权威

检索和阅读文献的时候，容易发现同一文献信息可能来自多个信息源。例如，一个研究报告出现在多个网站上，一个政府文件出现在多个机构的网站上，这时应该选择权威信息源。所谓权威信息源，往往是第一信息源和直接信息源，是信息最初产生的地方，即发布报告或文件的机构。转载该报告或文件的网站就是间接信息源。

还有一种情况很容易发生，应该努力避免。当看到某篇文献提到一个有参考价值的理论、事件、方法或数据时，就直接引用该文献，而不是追根溯源找到原始信息源。

6.2.3　专题资料收集方法

（1）运用检索工具获得全面的文献线索。①获取数字资源线索。运用与研究课题相关的综合性检索工具和专门检索工具就可以完成这一任务。例如，对于从事基础研究的人来说，可把 Web of Science 平台上的引文数据库 SCI/SSCI/A&HCI 作为首选索引工具；应用物理及电子信息技术研究领域的人可以使用 INSPEC 和 Ei；从事生命科学研究的人可以选择 BIOSIS；教育研究领域的人可以直接选择 ERIC。②获取印刷型文献资源线索。很多资料还是以印刷型文献的形式存在，特别是版权保护期内的专著和教材。获取这类资料的线索，首先应检索所在机构图书馆的馆藏目录，然后可以检索 CALIS 联合目录、国家图书馆馆藏目录、美国国会图书馆（https://www.congress.gov/）馆藏目录，获取更全面的信息。

（2）通过全文数据库获取绝大部分文献全文。对于需要获取全文的文献，通过检索所在机构图书馆网站上的全文数据库，就可以获取电子版的期刊论文、学位论文、会议论文、图书、标准、专利等。有时候只要求找到一些具有代表性的文献，就没必要做全面的文献调研，这时就直接把全文数据库作为检索工具使用，基本上可以满足需要。

（3）通过网络获取公开文献的全文。对于机构或事件简介、新闻、政府公告、政策法规、机构官方公开发布的调查或研究报告，可以直接访问机构官方网站或重要媒体网站，获取权威文本。

（4）努力获取全部重要的原始文献全文。对于那些通过免费渠道和图书馆全文数据库、图书馆印刷版资源都无法获取的重要文献，可以通过申请馆际互借和文献传递获取。

对于在阅读过程中发现的重要参考文献，也应尽量设法获取文献全文，在阅读的基础上直接引用，而不是简单地加以转引。

6.3　文献信息管理工具 NoteExpress

开展科学研究需要大量利用文献信息，然而，文献信息的管理和利用需要耗费科研人员大量的时间和精力。文献信息不仅数量繁多、类型丰富、来源多样，而且不同刊物、不同出版社、不同会议对引用文献信息的格式要求各不相同，编辑、修改参考文献成为一项十分烦琐的任务。为了解决这些问题，人们开发了文献信息管理工具，大大提高了工作效率。

目前有一些可供选择使用的文献信息管理工具，如 Mendeley、RefWorks、EndNote、Reference Manager、NoteExpress 等。其中，Mendeley 是一款较新的软件，可以免费注册使用；NoteExpress 是我国自主研发的产品，可以免费下载试用一个月，国内很多大学图书馆已购买使用权；其他软件也提供免费试用机会。

这些软件基于 C/S 和 B/S 两种模式开发，在使用方式上有所差别。基于 C/S 模式的软件需要下载、安装客户端软件，而基于 B/S 模式的软件需要注册、登录账户。

这些工具软件的功能和使用方法十分相似，下面以 NoteExpress 为例加以介绍。

6.3.1　NoteExpress 简介

1. 概述

NoteExpress 简称 NE，是由北京爱琴海乐之技术有限公司开发的专业文献信息管理软件，支持多国语言[12]。NoteExpress 模拟科研人员的工作过程，把软件的使用大致划分为文献信息收集、阅读筛选并记录要点、写作并引用参考文献 3 个阶段。①文献信息收集。根据课题要求，检索与课题相关的文献数据库，获取文献信息。②阅读筛选并记录要点。阅读每篇文献的标题、摘要等内容，如果相关性不强、参考价值不大，就删去记录；如果有参考价值，就单击“附件”中的链接，下载全文阅读，并利用“笔记”功能记录要点。③写作并引用参考文献。研究完成之后，使用 Word 或 WPS 撰写文稿，一边写作一边逐条插入参考文献。

2. 主要功能

NoteExpress 的功能比较丰富，概括为以下 7 种。

（1）数据整合与分类。通过文件和文件夹管理，它可将来源于不同文献数据库、不同类型的文献信息整合到本地数据库，并灵活地分类标识。

（2）联机数据库检索。它提供常用中外文文献数据库列表，用户可根据需要选择任一数据库实时开始在线检索。

（3）附件管理。通过联机检索获得的每一条文献记录，它都在附件中提供链接，单击即可下载全文。还可以把 PDF、doc 等多种格式的文件添加到附件中，以便随时打开阅读。

（4）笔记功能。阅读文献的时候，它可以记录文献要点和重要事实、数据、观点，以备引用或参考。

（5）参考文献管理。它可实现引用参考文献的自动插入、自动编号，内置 4000 多种国内外常见学术期刊、学位论文、会议论文、出版社著作及国家、协会标准的参考文献格式供用户灵活选择。

（6）统计分析。它提供文件夹信息统计功能，可以按照文献的出版物类型、发表年份、作者、期刊或出版社名称、被引用次数、影响因子等多个角度进行统计，可非常方便地了解某专题文献的时间分布、作者分布、期刊分布、被引用情况。

（7）设置文献优先级。它可为每篇文献设置不同颜色的星标，标识其重要程度，作为阅读和参考引用的优先级依据。

3. 几个重要概念

（1）数据库是用户自己创建的专题资料库或个人数据库，是用来存储参考文献数据的文件。

（2）引文是指参考文献，插入引文即插入参考文献。

（3）题录类型就是参考文献的类型，如期刊文章、图书、学位论文、会议论文集、专利、标准、网页等。

（4）样式是指，参考文献的具体格式。插入参考文献的时候需要选择一种样式，如《信息与文献 参考文献著录规则》（GB/T 7714—2015）APA 6th、IEEE Proceedings、中国科学 C 等。

（5）过滤器是指将检索得来的参考文献导入 NoteExpress 时所用的过滤方式。

6.3.2 NoteExpress 的安装

1. 安装过程

访问 NoteExpress 的官方网站（http://www.inoteexpress.com/aegean/），单击“免费下载”图标，选择“个人版”或“集团版”下载软件。选择集团版时需要输入所在单位的名称。安装完成后，桌面上会出现软件图标，并打开如图 6.1 所示的工作界面。

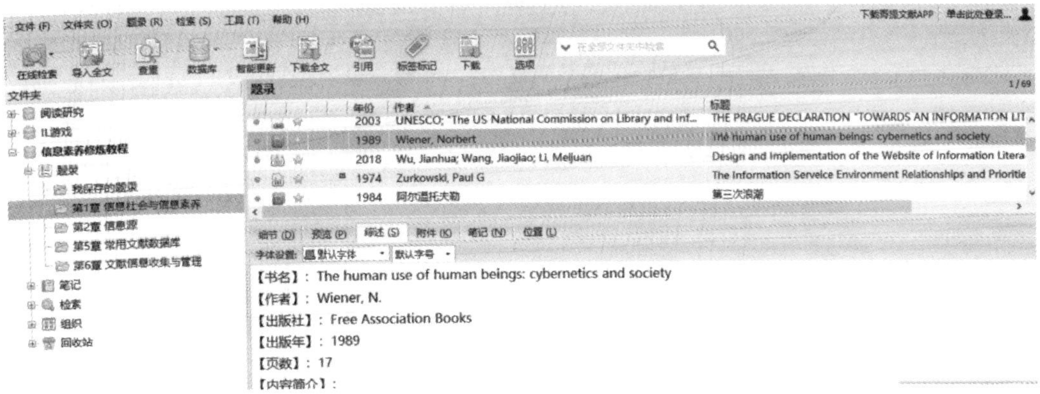

图 6.1　NoteExpress 工作界面

NoteExpress 的工作界面分为 3 个区域。左边是文件夹，用于管理数据库。可以删去系统自带的样本数据库，建立自己的数据库。右上方是题录，概要列出指定文件夹下全部文献的题录信息。右下方列出指定题录的具体内容，如细节、摘要、附件、笔记、位置等。

NoteExpress 成功安装之后，打开 Word 或 WPS，菜单中会出现 NoteExpress 的插件。图 6.2 就是 Word 2010 中的 NoteExpress 插件。

图 6.2　Word 2010 中显示的 NoteExpress 插件

2. 处理 NoteExpress 插件安装不成功的情况

如果插件安装不成功，NoteExpress 插件就不会出现在 Word 或 WPS 的菜单中。这里提供两种解决办法供参考。

（1）从 NoteExpress 的“选项”入手。打开 NoteExpress，在工具栏找到“选项”并单击，然后单击“扩展”，发现有个“安装或卸载 MS Word/WPS 插件”选项，单击“安装”开始安装，之后会报告安装成功。打开 Word 或 WPS，就可以看到 NoteExpress 插件。

（2）从 Word 的“选项”入手。单击 Word“文件”菜单中的“选项”，选择“加载项”，再单击“转到”，跳转到 COM 加载项对话框，然后选择“添加”，找到 NoteExpress 安装目录，选择 NEWordAddin2.dll，单击“确定”，Word 2010 菜单中的 NoteExpress 插件就会出现。

如果上述方法依然不能解决问题，可以到 NoteExpress 官方网站的论坛中寻求技术支持。

6.3.3　利用 NoteExpress 管理文献信息

1. 建立个人数据库

在 NoteExpress 菜单栏中单击“文件”，再单击“新建数据库”，就可以建立一个专题数据库。新建立的数据库会出现在 NoteExpress 工作界面左边的文件夹区域。

把鼠标放在数据库下面的“题录”上，右击，然后单击“添加文件夹”，为数据库建立若干文件夹。还可以在文件夹下面建立若干子文件夹，方便数据管理。

2. 检索数据

在 NoteExpress 菜单栏上单击“检索”，选择“在线检索”，再单击“选择在线数据库”，出现一个按字母顺序排列的数据库清单，选择一个数据库，单击“确定”，就出现一个高级检索界面。设置检索途径和检索词，单击“开始检索”，就可以获得检索结果。

与一般文献数据库检索不同的地方是，NoteExpress 检索完成后，需要选择题录信息加以保存。图 6.3 是 NoteExpress 的检索界面和检索结果示例。NoteExpress 检索完成后，自动勾选全部题录。如果希望对检索结果加以筛选，可以单击勾选框，取消勾选；还可以单击“勾选题录”，选择“取消勾选所有题录”，然后逐一勾选希望保留的记录。勾选完成后，单击“保存勾选的题录”，选择把数据保存在指定的文件夹，或者单击“至另一个文件夹…”，选择或创建新的文件夹。

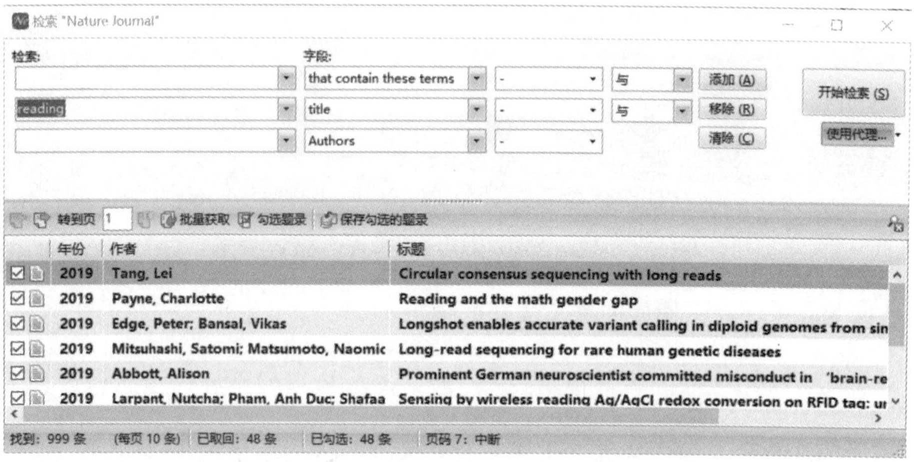

图 6.3　NoteExpress 的检索界面和检索结果示例

利用 NoteExpress 的检索功能不仅可以检索在线数据库，还能够检索个人数据库。在 NoteExpress 菜单栏上单击“检索”，选择“在个人数据库中检索…”，就会出现检索界面。不仅可以选择检索途径，还允许设置检索范围。

除通过检索获得文献题录数据，还可以手工添加题录信息。在 NoteExpress 的菜单栏上单击“题录”，然后选择“新建题录”，会出现一个题录类型清单，选择拟建立题录的文献类型如图书、网页、学位论文等，就会出现一个新建题录界面。添加必备字段内容，如果选择的是图书，必备字段就包括作者、出版年、书名、出版社、出版地点、页数，在页数字段填写拟引用的页码范围。

如果需要引用网页信息，可以采用两种方法获取网页的题录信息。一种是手工添加。选择“新建题录”后，在题录类型清单中选择“网页”，然后添加作者、年份、标题、链接、访问日期。值得注意的是，引用网页信息时，访问日期是必备的，填写形式为“2019-10-18”。另一种是安装浏览器插件。NoteExpress 目前只为部分浏览器提供插件，如 IE、Chrome 等。NoteExpress 工作界面右上角有一个“单击此处登录”链接，单击之后进入一个新的工作界面，在这里可以单击“如何安装”下载教程，注册微志网账号，下载、安装浏览器插件“NoteExpress 网络捕手”。

3. 统计分析

通过多个渠道收集的专题文献信息往往数量庞大，来源和类型多样，难以把握，也需要进一步筛选。运用 NoteExpress 的统计分析功能，可以对这些信息进行梳理。把鼠标放在拟分析的文件夹上，右击，选择“文件夹信息统计”，然后选择不同的字段如年份、期刊、作者、影响因子等，单击“统计”，就可以得到按不同角度统计的排序结果。

如果希望把子文件夹的数据放在一起分析，就选择“包含子文件夹”。图 6.4 是 NoteExpress 文件夹统计信息界面和一个分析结果示例。年份、记录数、百分比等可以选择按升序或降序排列。通过分析，就能够了解某专题的研究论文在各个文献数据库的分布情况，发表的时间趋势，主要发表在哪些期刊上。

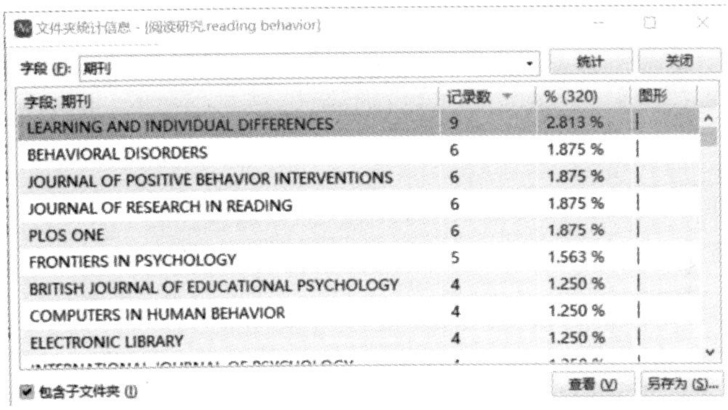

图 6.4　NoteExpress 文件夹统计信息界面与分析结果示例

4. 管理附件

选择一条题录，然后在 NoteExpress 工作界面右下方的菜单栏选择“附件”，单击链接，就进入对应的文献数据库详细信息界面，在这里可以获取文献全文。

以 Web of Science 的题录为例，单击链接后，在出现的页面上方有查找全文的链接，在“全文”选项里单击“出版商处的全文”，就出现 HTML 格式的文献全文，单击 PDF，就可以下载对应的 PDF 格式文档。把鼠标放在“附件”下方“链接”附件，鼠标变为十字，右击，选择“添加”，可以把文件等添加到附件中。附件添加成功，题录旁边出现一个深红色小方块。

单击旁边的空白框，会出现一面标识优先级的小红旗。右击，选择“星标与优先级”，可以选择其他颜色的旗帜。设置优先级便于标识重点，还可以按重要程度为文献题录排序。

5. 管理笔记

一边阅读文献全文，一边用 NoteExpress 的笔记功能记录要点，单击“保存”按钮，题录旁边会出现一个粉红色小方块标识。使用 Word/WPS 写作时，单击 NoteExpress 插件，然后单击“插入笔记”，就可以把记录的内容插入到文档中。

6. 插入参考文献

完成文献阅读后，进入写作阶段，就要在 Word/WPS 文档中插入参考文献。首先打开 NoteExpress，单击拟插入的文献题录；然后打开 Word/WPS 文档，把鼠标移到文档拟插入参考文献的位置，在菜单栏单击 NoteExpress，再单击“插入引文”，题录对应的文献就会出现在参考文献列表中。文档正文与参考文献列表之间至少要有一个空行，否则可能出错。

7. 格式化参考文献

写作阶段有一个重要环节，就是把参考文献格式设置为期刊、会议或出版社规定的样式，这个过程被称为格式化。

在 Word/WPS 的 NoteExpress 插件中单击“格式化”，出现 NoteExpress 格式化参考文献的工作界面，如图 6.5 所示。单击右上角的“浏览”按钮，从 NoteExpress 提供的数千个样式中选择一个，还可以直接在“快速查找”栏里录入关键词如 IEEE、GB，迅速找到需要的样式。

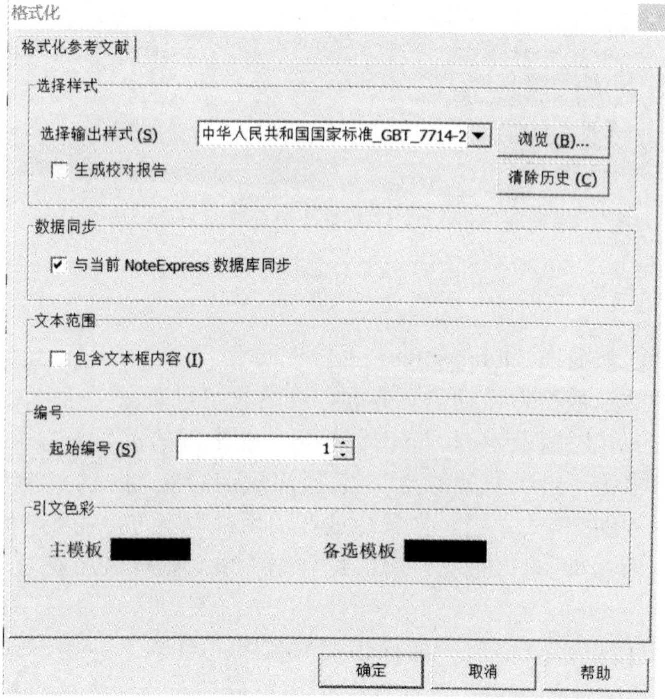

图 6.5　NoteExpress 的格式化参考文献工作界面

如果希望题录信息更改之后迅速出现在参考文献中，就在工作界面中勾选“数据同步”。

6.3.4　数据导入

NoteExpress 提供联机检索数据库的功能，但不像文献数据库的检索功能那么强大，而且有时还会出现数据库无法访问的情况。这时可以通过检索文献数据库获取数据，然后把数据导入个人数据库。下面以 3 个数据库为例，介绍如何将检索结果导出为特定格式的文件，然后将文件中的题录信息导入 NoteExpress。其中两个最关键步骤是导出格式的选择和导入过滤器的设置。

1. 中国知网数据的导入

完成检索之后，勾选拟导出的记录，在检索结果页面单击“导出/参考文献”按钮，会出现一个文献导出页面，在左边的“文献导出格式”选项中选择 NoteExpress，数据被格式化为 NoteExpress 的数据格式，如图 6.6 所示。单击“导出”按钮，保存结果。

图 6.6　将中国知网的检索结果导出为 NoteExpress 格式

然后打开 NoteExpress，选择拟导入数据的文件夹，右击，选择“导入题录”。在导入题录对话框中选择拟导入的文件，将“当前过滤器”设置为 NoteExpress，如图 6.7 所示。单击“开始导入”按钮，完成数据导入。

2. Elsevier 的数据导入

检索完成之后，在结果页面选择导出的记录，单击 Export 按钮，出现如图 6.8 所示的选项框，选择 Export citation to RIS，保存结果。

图 6.7　将中国知网的输出数据导入 NoteExpress

图 6.8　Elsevier 的导出格式选项

打开 NoteExpress，选择拟导入数据的文件夹，右击，选择“导入题录”。在导入题录对话框中选择拟导入的文件，将“当前过滤器”设置为“RefMan-（RIS）”，单击“开始导入”。

3. Web of Science 数据导入

在 Web of Science 平台选择核心合集，然后选择 SCIE/SSCI/A&HCI，确定检索途径和检索词，得到检索结果。结果页面上方出现导出格式选项，如图 6.9 所示。选择“其他文件格式”，出现如图 6.10 所示的对话框，将“文件格式”设置为“其他参考文献软件”，将导出的结果保存至指定文件夹。

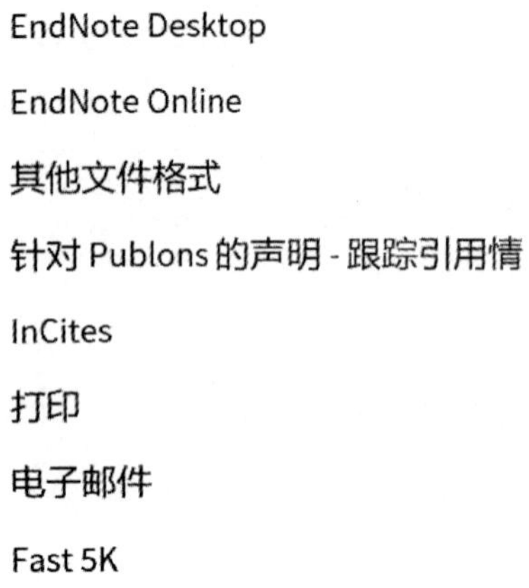

图 6.9　Web of Science 的导出格式选项

图 6.10　Web of Science 的数据导出界面

然后打开 NoteExpress，选择拟导入数据的文件夹，右击，选择“导入题录”，在出现的对话框中选择拟导入的数据文件，将“当前过滤器”设置为“Web of Science”，单击“开始导入”按钮。

练　习　题

1. 科学研究的继承性体现在哪些方面?
2. 什么是文献调研?
3. 专题资料收集的基本原则
4. 解释“言有易，言无难。”
5. Word 和 NoteExpress 为什么要配合使用?

参 考 文 献

[1] BOOTH W C, COLOMB G G, WILLIAMS J M. The craft of research[M]. 3rd. Chicago & London: The University of Chicago Press, 2008: 10.

[2] 吴智睿. “天眼”之父南仁东　历历星河二十载[J]. 军工文化, 2017(11): 46-49.

[3] 欧德琳, 严召进. “中国超级天眼”的地质科技支撑[J]. 国土资源科普与文化, 2017(1): 19-21.

[4] 李国君, 邓卉, 方亮. 他为“中国天眼”织就世界最大索网: 记广西特聘专家、桂林理工大学土木与建筑工程学院教授朱万旭[J]. 人事天地, 2017(9): 54-57.

[5] 李素艳. 开普勒: 牛顿脚下的巨人[J]. 物理教师, 2011, 32(11): 51-52.

[6] 李海刚, 赵瑞娟. 牛顿是如何站在巨人肩膀上的?[J]. 数学的实践与认识, 2011, 41(15): 241-246.

[7] 牛顿 I. 自然哲学之数学原理[M]. 王克迪, 译. 西安: 陕西人民出版社, 2001: 617-618.

[8] 邱均平. 信息计量学[M]. 武汉: 武汉大学出版社, 2007: 67-73.

[9] 全国信息与文献标准化技术委员会. 信息与文献　参考文献著录规则: GB/T 7714-2015[S]. 北京: 中国标准出版社, 2015.

[10] American Psychological Association. Concise rules of APA style[M]. 6th. Washington DC: American Psychological Association, 2010.

[11] The University of Chicago Press Editorial Staff. The Chicago manual of style[M]. 17th. Chicago: University of Chicago Press, 2017.

[12] 北京爱琴海乐之技术有限公司. NoteExpress[EB/OL]. [2019-10-14]. http://www.inoteexpress.com/aegean/.

第四次上机实验　NoteExpress 的安装与使用

1. 通过以下步骤，练习使用 NoteExpress。

（1）下载并安装文献管理工具 NoteExpress，建立“核能安全”数据库，在对应的题录下建立目录“中文文献”“英文文献”。

（2）在 NoteExpress 中检索中国知网收录的近 3 年发表的核能安全研究方面的期刊论文、硕士学位论文、博士学位论文，导入题录信息到“中文文献”目录下的“期刊”“学位论文”子目录。

（3）在 NoteExpress 中检索 Elsevier 收录的近 3 年发表的核能安全（nuclear safety）研究方面的期刊论文，导入题录信息到“英文文献”目录下的“Elsevier”子目录。

（4）在 SCI 数据库中检索核能安全研究方面的期刊论文，选择当前页面的 10 条记录，将题录信息导入“英文文献”目录下的“SCI”子目录。

（5）在 NoteExpress 中检索万方专利数据库收录的近 3 年发表的核能安全性研究方面的专利文献，导入题录信息到“中文文献”目录下的“专利”子目录。

（6）在中文文献下建立“专著”子目录，并把下列著作手工添加到题录中：

马栩泉. 核能开发与应用. 北京: 化学工业出版社, 2005: 10-15.

（7）下载中英文期刊论文各一篇，保存在文件夹中，并通过附件功能添加到 NoteExpress 中。

2. 练习在 Word 文档中插入参考文献。

（1）建立一个 Word 文档，把上面利用 NoteExpress 收集的文献添加到 Word 中。

（2）利用 NoteExpress 调整参考文献的格式，使之符合参考文献出版要求，可选择 APA6 和《信息与文献 参考文献著录规则》（GB/T 7714—2015）两个样式练习。

第 7 章　文献信息的分析与评价

7.1　文献计量分析

科学文献是人类知识的客观记录，是科学技术存在和表现的主要形式，也是获取科学情报的最基本来源和情报工作的物质基础。科学文献体系是整个科学交流系统的重要组成部分，随着数学理论和统计方法的逐步引入及应用，文献研究的计量化趋势明显增强。本节主要介绍文献计量分析的常用方法及其评价指标。

7.1.1　文献计量分析概述

所谓文献计量分析，是以文献体系和文献计量特征为研究对象，采用数学、统计学等方法，研究文献情报的分布结构、数量关系、变化规律和定量管理，进而探讨科学技术的某些结构、特征和规律[1]。按照统计的内容与方法，主要包括以下类型[2-3]。

1. 出版物统计

出版物统计是最常见的文献计量分析方法之一。出版物数量是所有计量指标体系中最基本的指标，统计对象包括图书、期刊、科技报告、专利文献等各类文献，可以统计某一学者、机构、地区、国家发表文献的数量随时间的分布来分析其发展趋势；也可以统计某一学科、主题领域的文献数量按时间或地域的分布来分析其发展趋势或进行横向比较。

2. 作者统计

科学文献的作者是科学活动、科学产出的主体。作者人数反映了“科学研究”队伍的大小，作者发文量则反映了作者的“科学生产力”大小。通过对不同学科、不同国家的作者数量的统计分析，可以了解这些学科、国家的研究发展水平和侧重点等。此外，对高被引作者的统计则为人才学、科学学研究提供数据。

3. 引文分析

学术论文或著作所附的引文是文献被利用情况的客观记录，引文分析（citation analysis）就是利用各种数学及统计学的方法，以及比较、归纳、抽象、概括等逻辑方法，对科学期刊、论文、著者等各种分析对象的引用与被引用现象进行分析，以便揭示其数量特征和内在规律的一种文献计量分析方法[4]。引文分析常用于对国家、期刊、机构、作者等各层次研究主体的评价。

4. 词频分析

词频分析（word frequency analysis）是文献内容分析的常用方法，是根据统计语言学研究词（字）在科学文献中出现的频率分布，主要以词频的高低揭示研究主题受关注的程度。词频分析的依据是社会现象、文献内容与词频之间的内在联系，涉及科学交流中知识及其传播者的最基本单元——主题词、类名类号、著者等，对特定类别的词进行统计分析可以发现文献的主题内容、研究热点、主题变迁等。

5. 内容分析

内容分析的实质是符号数量分析。它将科学文献与一系列用来计算的单元联系起来，以大量的科学交流为样本，统计其中各种符号出现的频率，确定时间和空间的关系，如将百科全书的条目作为术语，进行统计分析，用于信息检索的理论与实践。

6. 共词分析

共词分析（co-word analysis）是通过分析在同一文本中的词段（单词或者名词语对）共同出现的形式，确定文本代表的学科领域中相关主题的关系，进而探索学科的发展。通过高频主题词的聚类，可以发现学科的研究热点；对词段进行聚类分析，可以根据结果绘制战略坐标图，从中发现热点研究状态，研究内部的联系和领域间相互影响的情况。

7. 文献聚类分析

聚类分析是常用的降低维数技术的多元统计方法之一，其结果通常是网络图或树状图。文献聚类分析是聚类分析技术在引文分析领域的具体应用，根据引文的不同特征，进行引文的分群聚类和分析研究。所谓“聚类”就是利用文献间的同被引关系把本来无人为关系的论文“聚”在一起形成“类”的过程。其中，同被引强度是有同被引关系的论文能否聚为一类的判断标准。

7.1.2 评价指标

科学的发展规律很大程度上是由人才、经费与成果的消长演变、增长速度、学科构成及其比例关系体现的。通过对人才、成果的指标分析，可以客观地衡量和评价科学。本节主要从科学期刊、作者与论文三个维度加以分析。

1. 期刊评价的测度指标

期刊在科学活动中起着重要作用，在科学文献中占有突出地位，是科学家之间一种正式、公开和有秩序的交流媒介，为此，经常需要对期刊在科学活动和文献交流中所起的作用及其质量的优劣做出客观、全面的评价。下面介绍一些常用的测度指标[5]。

1）期刊载文量

期刊载文量是描述期刊生产论文能力的基本指标之一。其定义为：在给定时间内，期刊发表的全部论文数量。这是一个绝对数指标，根据统计需要，它可以是期刊刊载的全部论文量，也可以是特定学科或专业的论文量。

2）期刊引用量

期刊引用量是描述期刊吸收外部文献能力的基本指标之一。其定义为：在给定时间内，期刊引用的全部参考文献数量。根据统计需要，可以分别统计期刊引用多学科、多语种的参考文献量，以及相互之间的比例关系，以反映该期刊综合吸收文献信息的能力。

3）期刊被引量

期刊被引量是从用户使用的角度评价期刊的基本指标之一。其定义为：在给定时间内，期刊被引用的全部次数。该指标以客观使用数量直接反映了期刊在科学发展和文献交流中的作用。一般来说，其值越大，作用越重要。然而由于它采用的是绝对数量，有时也难以准确评价，如载文量大的期刊往往容易比载文量小的期刊获得更多的被引量。

4）影响因子

影响因子（impact factor，IF）是加菲尔德在 1972 年提出的评价期刊的重要指标之一。该指标是一个相对数指标，主要用以调整和修正大刊、老刊凭借发表论文的绝对数量而在期刊被引量上所占的优势，同时选择期刊被引量达到最高峰时计算其平均被引率①，更能反映期刊被引用的真实情况。加菲尔德定义了影响因子的计算公式：

$$\text{影响因子}=\frac{\text{某刊前两年发表的文章在该年的被引用次数}}{\text{该刊前两年发表的文章总数}}$$

通常认为，影响因子越大，该刊在科学发展和文献交流过程中的作用和影响力越大，质量也越高。JCR 定期发布所收集期刊的影响因子，为用户评价期刊提供了极大便利。

查询方法：在 Web of Science 检索结果界面，单击论文名称，进入论文详情界面（图 7.1）。单击期刊信息下方“查看期刊影响力”链接，即显示该刊的影响因子信息，如图 7.2 所示。单击期刊影响力界面的 Journal Citation Reports 链接，还可查看关于该刊更详细的引文数据（图 7.3）。

图 7.1　Web of Science 论文详情界面

图 7.2　Web of Science 期刊的影响因子信息

① 科学论文一般在其发表 1～2 年后，被人们了解接受，并达到被引用的峰值阶段。

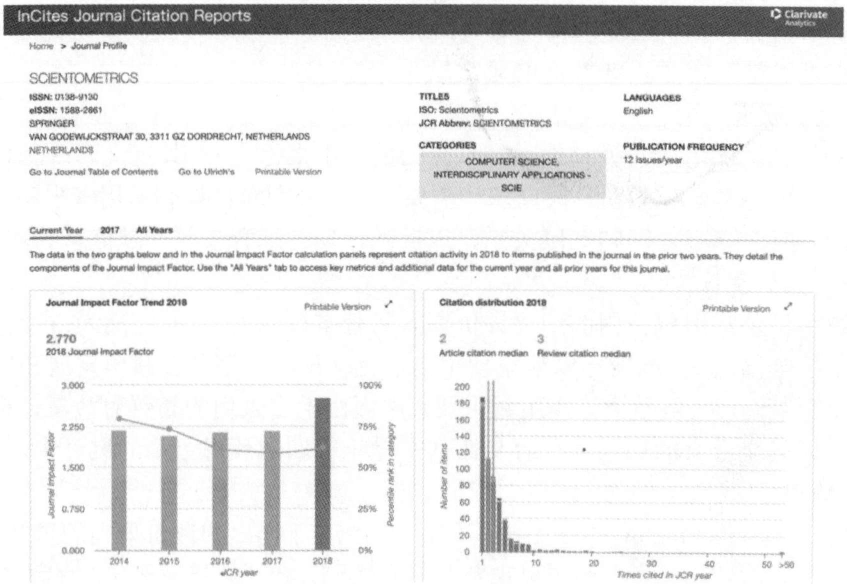

图 7.3　Journal Citation Reports 的期刊引文分析界面

Scopus 在 2016 年发布了新的期刊评价指标 CiteScore。与传统 IF 类似，差别在于其计算的是期刊前 3 年的文章平均被引用的次数，而传统 IF 仅计算前两年，即

$$\text{CiteScore}=\frac{\text{某刊前3年发表的文章在该年的被引用次数}}{\text{该刊前3年发表的文章总数}}$$

查询方法：进入 Scopus 数据库上方的 Sources（来源出版物）界面，以刊物标题或 ISSN 号等方式查询（图 7.4），即可进入刊物的详情界面，将显示最新年度的 CiteScore 指标及其排名、趋势等信息，如图 7.5 所示。还可选择“学科类别”，输入或选择想浏览的学科，查看该学科领域所有期刊的 CiteScore 表现，如图 7.6 所示。

图 7.4　Scopus 来源出版物检索界面

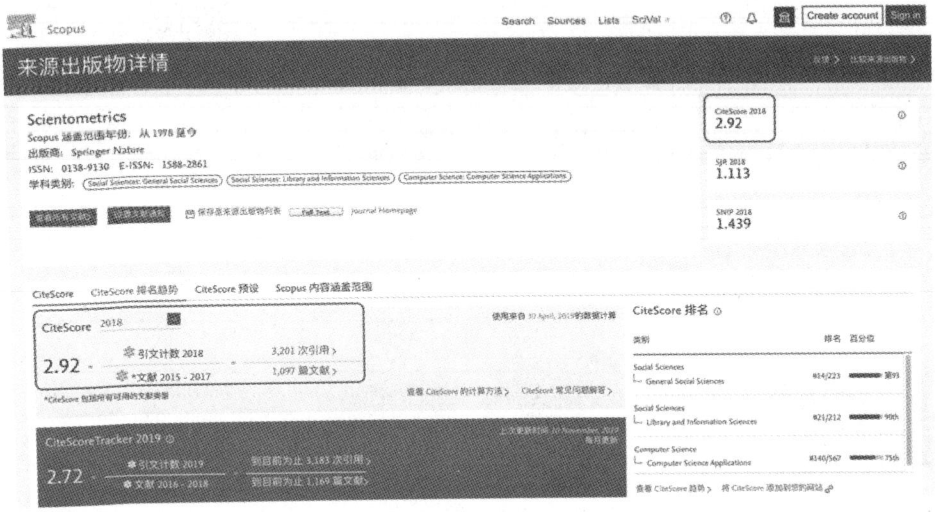

图 7.5　Scopus 期刊详情界面

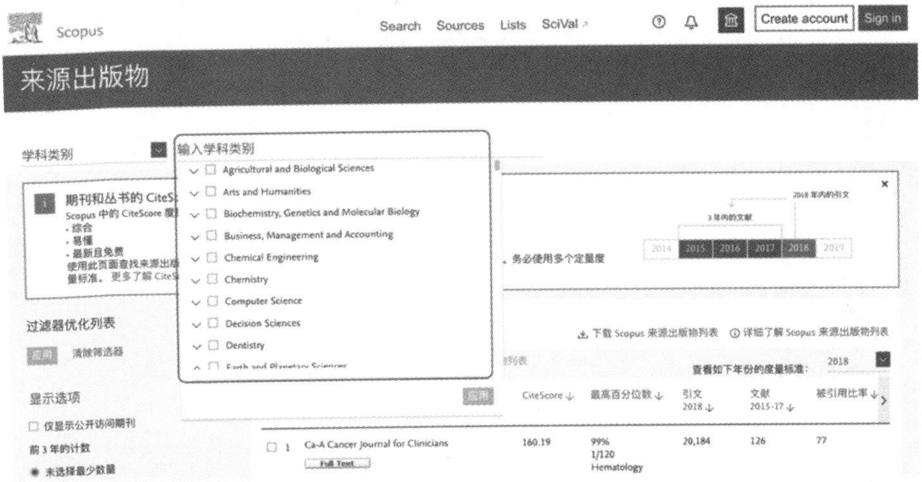

图 7.6　Scopus 学科类别选择界面

我国也开展了这方面的研究工作，中国知网提供多种分析指标[6]，为开展期刊评价提供条件。基于不同数据源，中国知网提出了复合影响因子与综合影响因子两种统计口径。复合影响因子是指某期刊前两年发表的文献在统计当年被复合统计源引用的总次数与该期刊前两年内发表的文献总量之比。其中，复合统计源由期刊、博硕士学位论文、会议论文统计源构成。综合影响因子是指某期刊前两年发表的文献在统计当年被综合统计源引用的总次数与该期刊前两年内发表的文献总量之比。其中，综合统计源是指期刊类统计源，既包括基础研究型、技术研究型、技术开发型、研究层次综合型科技期刊，也包括引证科技期刊的人文社会科学研究理论型、应用研究型、工作实践型期刊。

查询方法：输入检索词后，在中国知网检索结果界面（图 7.7），单击期刊名称链接，可直接进入刊物的详情界面（图 7.8）。在界面右上方，显示影响因子的信息。

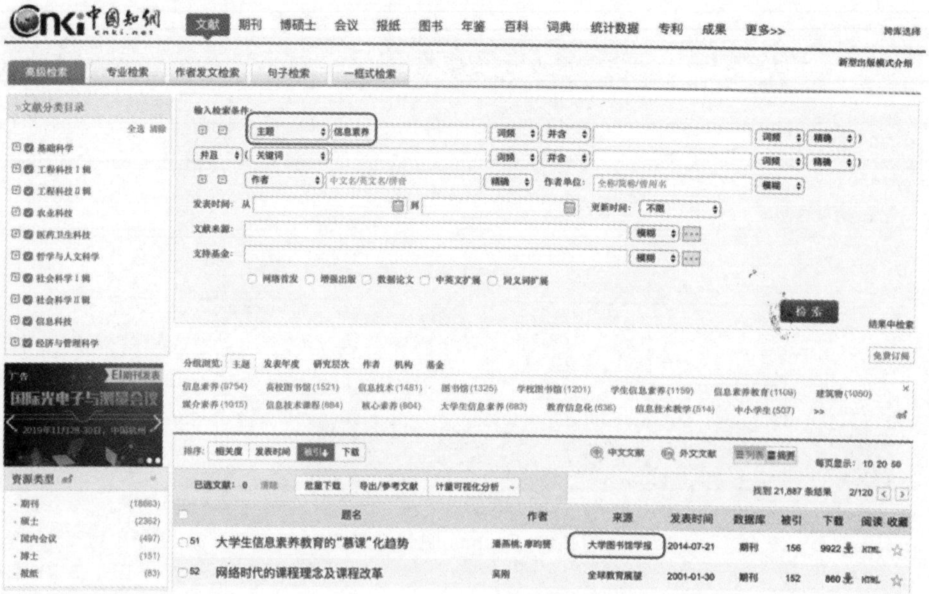

图 7.7　中国知网检索结果界面

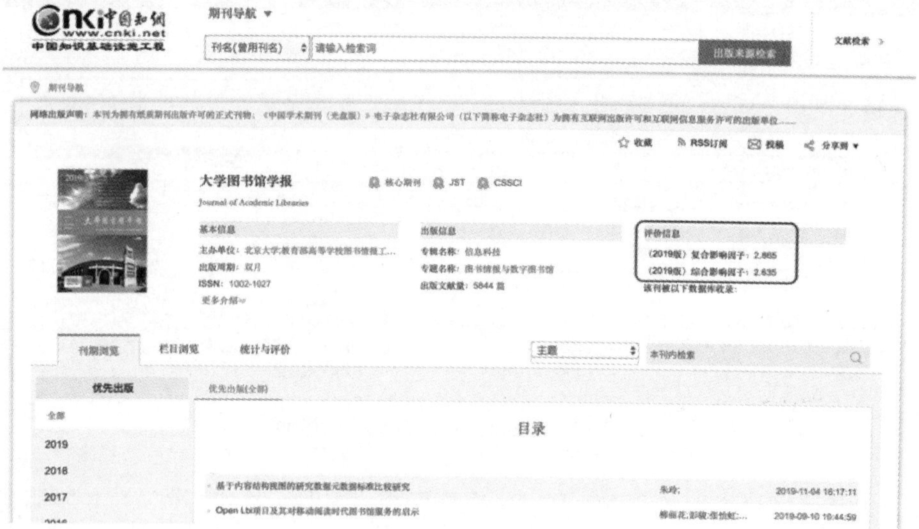

图 7.8　中国知网刊物详情界面

5）即年指标

即年指标（immediacy index）也称当年被引指数，用于测度期刊被利用的速度，这也是衡量期刊重要性的依据之一。一般而言，质量较高的期刊及其优秀论文总是被用户争相阅读，尽快吸收利用，为描述用户这方面的使用趋势，加菲尔德引入了即年指标这一评价标准。它一般表示期刊某年发表的论文在当年被引用的篇均次数，即

$$即年指标=\frac{某刊某年发表的论文在当年的被引用次数}{当年发表的论文篇数}$$

国内外重要的检索工具结合定量与定性评价方法，依据期刊影响因子、被引总数等数量指标与专家意见确定了一系列来源期刊（国内也称核心期刊），对于评估和查询期刊学术影响力有重要参考价值。常用的期刊目录或检索平台包括：北京大学图书馆的《中文核心期刊要目总览》、南京大学中国社会科学研究评价中心的 CSSCI、Web of Science 核心合集的 Master Journal List（https://mjl.clarivate.com/home）、Ei 的 Compendex Source List（https://www.elsevier.com/solutions/engineering-village/content）等。

2. 作者评价的测度指标

作者的论文被他人引用的程度可以作为衡量该论文学术价值和影响的一种测度，也从科研成果被利用的角度反映了该作者在本学科领域的影响与地位。一般采用 4 项指标，即论文总数、每篇论文的被引次数、被引证总数和高被引论文数。

1）发表文献数量及其被引次数

科学活动中，科研产出是衡量科研人员所从事科研活动的重要指标，科研人员的成就与发表的文献数量及发表文献的被引次数有关。这是由于科研人员的成就是以科技成果体现的，而科技成果一定要用文献的形式表达出来才能推广应用，并得到社会承认。一般来说，科研人员发明越多，成就越大，他的文献尤其是专利文献及在重要刊物上发表的文献就越多。

此外，文献被引次数的多少，一定程度上反映了文献的质量和价值，从总体上反映了该文作者在学术界的影响和地位，以及对社会的贡献，从客观和使用的角度证明了发表论文的价值与作用。对某一作者来说，发表的文献越多，被引的次数也可能会越多。因此，作者的文献被引次数既从质量上也从数量上反映了文献的价值，从而可以衡量作者的学术水平。从历年诺贝尔奖获得者的论文被引数据来看，物理学、化学、医学领域的诺贝尔奖获得者中，论文被引次数最高者（Landan）为 1888 次，最低者为 79 次（Jensen），只有六名少于 200 次。

2）h 指数

美国物理学家 Hirsch 将科学家个人 h 指数（h-index）定义为：当且仅当某科学家发表的 N_p 篇论文中有 h 篇论文每篇至少获得了 h 次的引文数，其余的 N_p-h 篇论文中各篇论文的引文数都$\leqslant h$ 时，此 h 值就是该科学家的 h 指数[7-8]。h 指数被认为是对之前评价指标的一大改进，之前的评价指标都倾向于关注科研人员发表论文的期刊，因而都假定作者的贡献等同于期刊的平均值。h 指数代表“高引用次数”，能够比较准确地反映一个人的学术成就。一个人的 h 指数越高，表明他的论文影响力越大。例如，某学者的 h 指数是 20，表示在该学者发表的论文中，被引次数达 20 次以上的论文总共有 20 篇。以表 7.1 为例，某学者的 h 指数为 37。

表 7.1　*h* 指数的计算方法

论文序号	被引次数
1	665
2	423

续表

论文序号	被引次数
3	394
4	391
5	242
⋮	⋮
36	38
37	38
38	36
39	35

3）*g* 指数

比利时科学计量学家 Egghe 在分析 *h* 指数评价效果时，提出了一种基于学者以往贡献的 *g* 指数（*g*-index），即将论文按被引次数的高低排序，并且将排序的序号平方，被引次数逐次累加，当序号平方等于累计被引次数时，这时的序号就被定义为 *g* 指数。如果序号平方不能恰好等于而是小于对应的累计被引次数，则最接近累计被引次数的序号就是 *g* 指数。*g* 值越大，表明学者的学术成就越大[9-10]。

以表 7.2 为例，某学者的 *g* 指数为 8。这一指标充分考虑了该学者以往发表的论文对其后续学术生涯的影响，体现了知识的累积性和继承性。

表 7.2　*g* 指数的计算方法

论文-序号-序号平方	被引次数	累积被引次数
A-1-1	20	20
B-2-4	10	30
C-3-9	9	39
D-4-16	8	47
E-5-25	6	53
F-6-36	6	59
G-7-49	6	65
H-8-64	5	70
I-9-81	5	75
J-10-100	4	79

3. 论文评价的测度指标

学术论文是科研人员最重要的科研成果之一，传统的学术论文影响力评价主要通过学术论文的引用和被引用进行分析，这些引文指标表明了科研成果的学术价值，是学术影响力的直接体现。

1）刊载论文的期刊或作者影响力

一般认为，刊载论文的期刊学术影响力越大，等级越高，论文质量越有保障。例如，期刊被国内外重要数据库收录（如属于 SCI/SSCI/A&HCI、Ei、CSSCI、《中文核心期刊要目总览》）；期刊的影响因子较高；期刊的主办单位和编委团队为权威机构等。此外，论文作者的学术水平越高，话语权越大，如某领域的专家、资深学者因各种原因发表的论文也被认为论文的质量较为稳定。但这不是绝对的，论文受关注和使用的情况受许多因素的影响，如所属学科、论文涉及的研究内容、研究热点、出版延时等，因此应注意主观因素带来的偏差。

2）论文被引次数

论文被引次数是统计时间段内论文被引用的总次数，该指标说明论文被使用和受重视的程度，及其在学术交流中的作用和地位。一些数据库根据论文的被引情况推出了许多评价指标，如 Web of Science 在 ESI 数据的基础上评选出某领域的“高被引论文”与“热点论文”。其中，高被引论文是指根据对应领域和出版年中的高引用阈值，截至统计时间为止，论文被引用次数达到该学术领域同一出版年最优秀的前 1%；热点论文是指在过去两年内发表的论文，在统计时间内被引用次数是该学术领域中最优秀的 0.1%，如图 7.9 所示。

图 7.9　Web of Science 的高被引论文和热点论文

3）Altmetrics 指标

Altmetrics 指标偏向于社会影响力及关注度，较少涉及与论文质量相关的学术影响力，其表现在论文被学术同行、专家群体外的社会大众所认知和了解的程度，主要是从学术文献的读者数，以及它们通过在线社交媒体进行交流过程中的推荐、评论等交互行为和传统媒介的社会传播深度来度量[11]。Altmetrics 指标是根据被不同社交媒体引用的次数，如新闻、专利、博客、微博、Twitter、论坛等（图 7.10 和表 7.3），主要从 3 个方面进行考量，分别是被引用量、引用源和引用作者[12]。例如，一篇论文在新闻上报道 1 次，博客上转载 2 次，Twitter 上转载 4 次，Google+上转载 5 次，Facebook 上转载 8 次，那么该文的 Altmetrics 指标为 1×8+2×5+4×1+5×1+8×0.25=29 分。

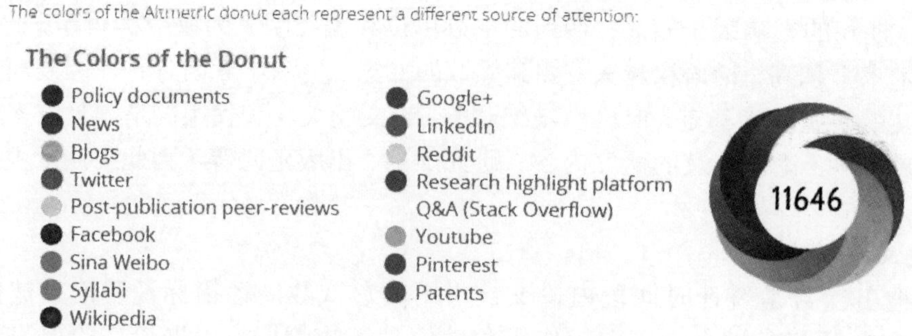

图 7.10 Altmetric 的引用源

表 7.3 Altmetric 的社交媒体权重

社交媒体	权重
News	8
Blogs	5
Policy document	3
Patents	3
Wikipedia	3
Twitter	1
Peer review (Publons, PubPeer)	1
Sina Weibo (not trackable since 2015. but historical data kept)	1
Google+(not trackable since 2019. but historical data kept)	1
Syllabi (Open Syllabus)	1
Linkedln (not trackable since 2014. but historical data kept)	0.5
Facebook (only a curatedlist of public pages)	0.25
Reddit	0.25
Pinterest (not trackable since 2013. but historical data kept)	0.25
Q&A (Stack Overflow)	0.25
Youtube	0.25

7.2 文献可视化分析

随着互联网技术的深入普及，以及移动网络和大数据的兴起，科学文献的数据海量增加，给有效利用这些信息带来了前所未有的困难与挑战。另外，可视化技术的长足发展，为解决上述挑战提供了解决方案，特别是人机交互和知识可视化展示的发展为科学文献的深入发掘、个性化呈现、关联展示提供了便利。本节主要介绍可视化分析的发展，并介绍代表性的可视化分析工具。

7.2.1 可视化分析概述

可视化技术的提出始于 20 世纪 80 年代。随着计算机技术的快速发展，以及绘图仪、图形交互设备等复杂仪器的广泛使用，如何分析和解释这些复杂设备所产生的大规模数据逐渐成为科研人员所面临的艰巨任务。为解决这一问题，美国国家科学基金会（National Science Foundation，NSF）于 1986 年召开研讨会，提出“科学计算可视化”（visualization in scientific computing，ViSC）这一概念，即把先进的计算机技术、图像处理技术、计算机视觉及交互技术结合起来，通过算法将庞大复杂的数据转换成图像信号，使科研人员可以对其进行观察并处理。

可视化方法的应用基本遵循了数据可视化、信息可视化和知识可视化的发展阶段。可视化技术最早应用于医学、地球物理学、计算机流体力学、气象学和分子结构学等领域，多用于绘制三维立体图像数据，即数据可视化阶段。从文献计量分析角度看，早期的发文量和引文量的年代分布、机构分布、作者分布、国家分布、期刊分布、关键词词频分布等统计数据比较简单，主要表现方式为二维图表，属于数据可视化阶段。

随着信息资源日益丰富，信息的规模和种类不断突破人们的处理技术，可视化的内涵也不断扩展。1989 年，Card 和 Machinlay 首次提出“信息可视化”的概念，指出信息可视化所针对的数据对象为非空间的、非数值的高维信息[3]。文献计量分析中，引文分析和共词分析的可视化研究是信息可视化的重要标志，这些方法涉及海量数据、矩阵处理及知识图谱等方法和技术。

2004 年，Eppler 和 Burkard 提出“知识可视化”，这是在科学计算可视化、数据可视化和信息可视化基础上发展起来的新阶段，该方法应用视觉表征手段，促进群体知识的传播和创新[13]。概念图（concept）、思维导图（mind map）、认知地图（cognitive map）、语义网络（semantic network）等一些新兴研究方法和手段都是知识可视化的有效工具。

7.2.2 可视化工具

可视化工具依其专业性的提升，大致可以分为五种类型：①数据库自带的可视化功能。例如，Web of Science 的“检索结果分析”和“创建引文报告”功能；中国知网的“计量可视化分析”功能，可以实现对检索结果的基础可视化分析。②数据存储和简单的表格工具，如 Microsoft Excel、Access 和 SQL 等，由于具备一定的编程功能，这些工具也能实现统计分析结果的可视化展示。③文献计量分析过程中对数据统计分析所采用的工具，常见的如 SPSS、SAS、R 和 Matlab 等。④交叉学科领域的专用软件，如社会网络分析工具 Pajek、Dephi 等，这类工具最初主要应用于人际网络分析，由于科学知识交流中的大量网络采用同样的数学表达形式，所以这类软件被广泛使用，基本上都具有展示网络结构的功能。⑤一些专门为科学计量学科研目的所设计的软件，往往由专业的科学计量学科研人员开发，并集成相关的分析结果可视化展示功能，如 Thomson Reuters（汤森路透公司）开发的文本挖掘软件 Thomson Data Analyzer，美国印第安纳大学 Börner 教授及其团队所开发的 Sci^2，荷兰莱顿大学 van Eck 和 Waltman 等开发的 VOSviewer 等。下面介绍一些代表性的可视化工具[3]。

1. CiteSpace

CiteSpace 是由美国德雷克赛尔大学（Drexel University）的陈超美应用 Java 语言开发的一款信息可视化软件，主要基于共引分析理论和寻径网络算法等，对特定领域文献（集合）进行计量，以探寻学科领域演化的关键路径及其知识拐点，并通过一系列可视化图谱的绘制形成对学科演化潜在动力机制的分析和学科发展前沿的探测[14]，访问地址为 http://cluster.cis.drexel.edu/～cchen/citespace/。

该工具提供了三种可视化方式，其中默认的是聚类（cluster）视图，侧重于体现聚类间的结构特征，突出关键节点与重要连接；时间线（timeline）视图侧重于勾画聚类之间的关系和某个聚类中文献的历史跨度；时区（timezone）视图是另一种侧重于从时间维度表示知识演进的视图，可以清晰地展示文献的更新和相互影响，如图 7.11 所示。具体应用案例可参见陈超美的相关研究[15-17]。

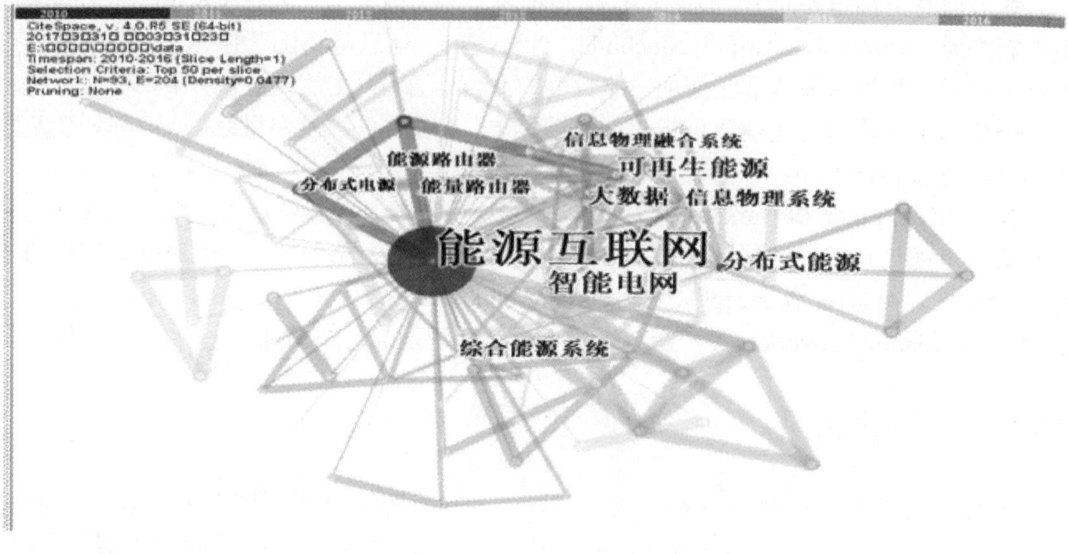

图 7.11　CiteSpace 效果图

2. Gephi

Gephi 由各国的工程师和科学家联合研发，于 2008 年在法国开始使用，并成立非营利机构 Gephi 联盟以支持、保护和促进 Gephi 项目，开发者对其寄予的希望是成为“数据可视化领域的 Photoshop”[18]，访问地址为 https://gephi.org/。它是一款基于 Java 虚拟机的、跨平台开源复杂网络分析软件，主要用于各种网络和复杂系统、动态和分层图的交互可视化与探测（图 7.12），被广泛应用于探索性数据分析、链接分析、社交网络分析和生物网络分析等。具体应用案例可参见黄宇[19]、邱晨子[20]、王佳秋[21]等的研究。

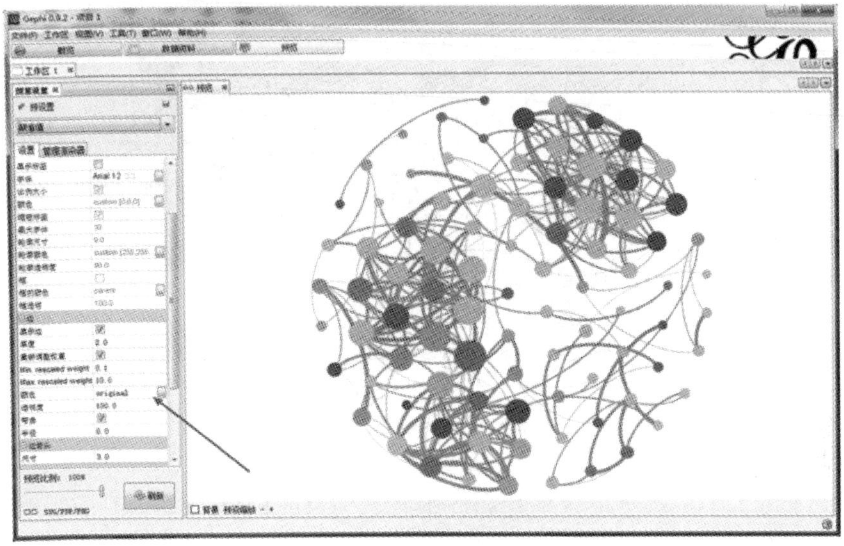

图 7.12　Gephi 效果图

3. UCINET

UCINET（University of California at Irvine NETwork）是一款用于社会网络分析的常用软件，在社会科学中主要用于分析社会调查数据。最初由美国加利福尼亚大学欧文分校（University of California at Irvine）的 Freeman 编写，之后主要由美国波士顿大学（Boston University）的 Borgatti 和英国威斯敏斯特大学（Westminister University）的 Everett 维护更新。访问地址为 https://sites.google.com/site/ucinetsoftware/home。

UCINET 包含大量表征整体网络和网络中节点位置的指标，同时具有强大的分析功能，如子群分析、矩阵分析、多元统计分析等[22]。在可视化方面，它集成了一维与二维数据分析的 NetDraw 程序、三维展示分析软件 Mage 及用于大型网络分析的 Pajek 工具，如图 7.13 所示。具体应用案例可参见邱均平等[23]、徐媛媛等[24]、李文娟等[25]的研究。

4. VOSviewer

VOSviewer 是一款用于构建和可视化文献计量网络的软件工具，这些网络主要基于出版物或科研人员之间的引用、文献耦合、共引或合著关系构建，它还提供文本挖掘功能，可用于构建和可视化从科学文献中提取的重要术语的共现网络。该软件由荷兰莱顿大学的 van Eck 和 Waltman 共同开发，访问地址为 https://www.vosviewer.com/。

VOSviewer 可通过 4 种视图进行可视化分析[26]：①标签视图，使用圆圈和标签来代表元素，圆圈大小代表重要性的高低，拥有相同颜色的圆圈属于同一聚类；②密度视图，图谱中的任一点（项目）都会根据该点的密度来填充颜色，密度越大，越接近红色，反之，

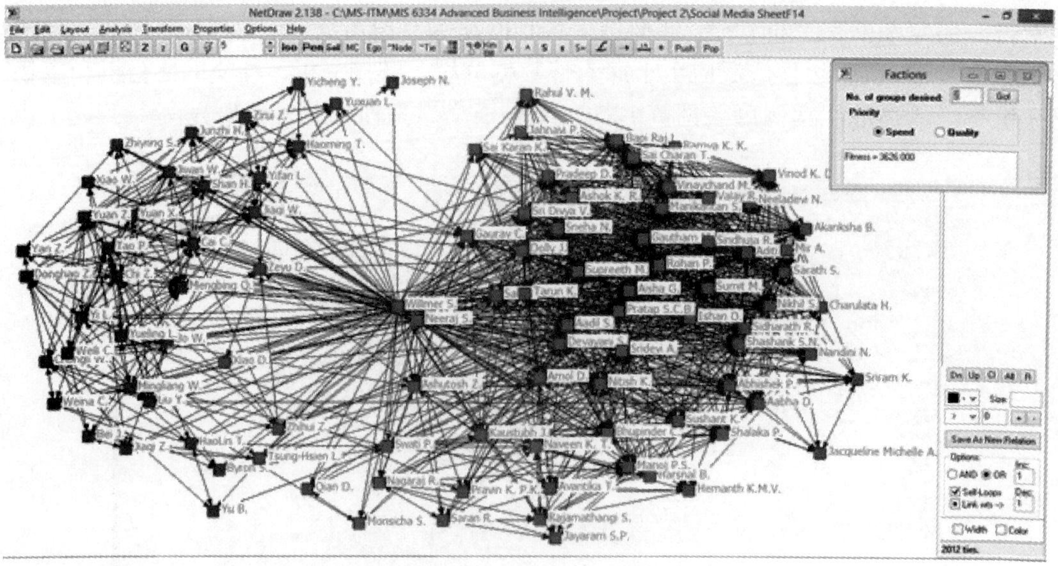

图 7.13　UCINET 效果图

越接近蓝色，密度大小依赖于项目本身和周围区域项目的权值，这一视图可用来观察重要领域；③聚类视图，只有项目被分配到某一聚类中才可使用，与密度视图类似，这一视图可以快速查看每一单独聚类；④分散视图，一种简单视图，用小圆圈代表项目，不展现标签，可以快速查看图谱结构，如图 7.14 所示。具体应用案例可参见张力等[27]、宋秀芳等[28]、张璇等[29]的研究。

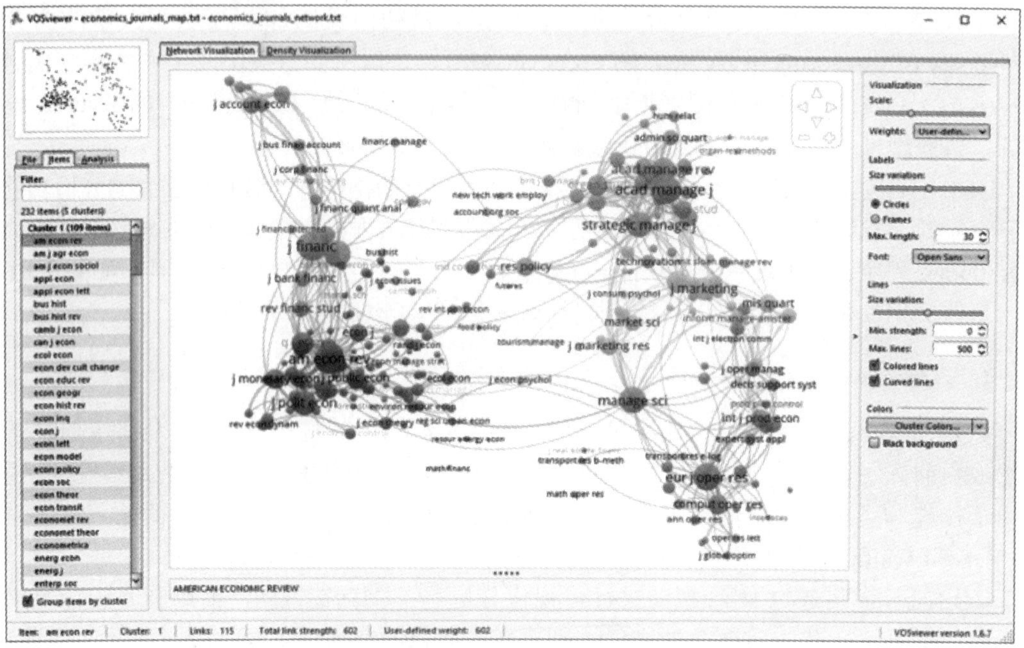

图 7.14　VOSviewer 效果图

5. SciMAT

SciMAT 是由西班牙加的斯大学（Universidad de Cádiz）的 Cobo 等开发的开源知识图谱绘制工具，可在纵向时序框架下对科学文献进行全流程分析，提供数据预处理、网络精简、聚类、可视化图谱制作等多种功能，支持战略坐标图、聚类网络图、演化图及重叠图4种可视化形式[30]，如图 7.15 所示。访问地址为 https://sci2s.ugr.es/scimat/。

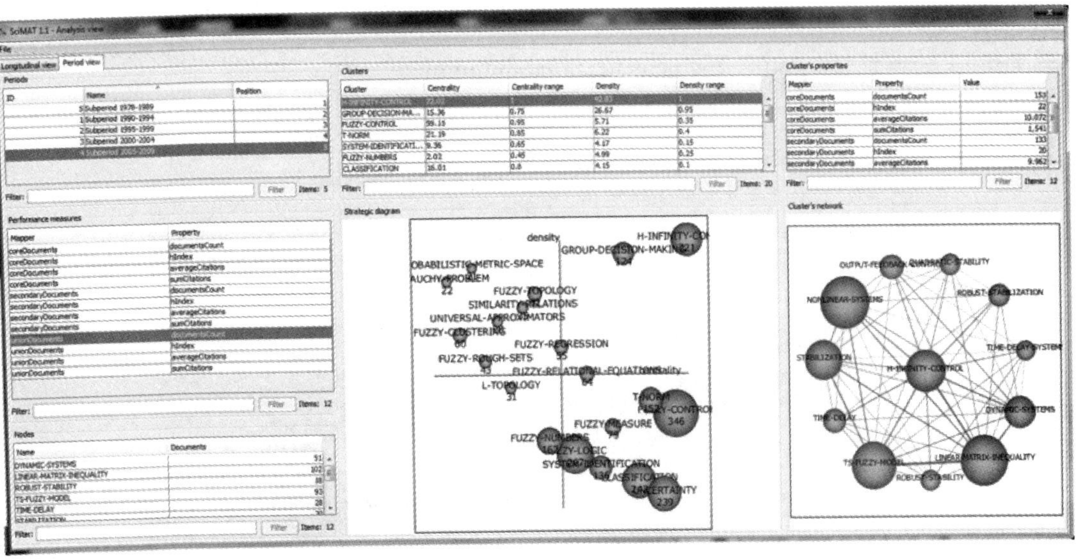

图 7.15 SciMAT 效果图

SciMAT 的特点在于：具有较强的数据预处理功能，可通过计算机和手工结合的方式提高分析数据的质量；将演化图、战略图、聚类网络结合起来，从点、面、纵向联系方面揭示主题的演进变化情况；它包含 *h* 指数、*g* 指数、hg 指数等反映质量特性的计量指标，并按这些指标调节图谱的表达。具体应用案例可参见张云等[31]、刘艳华等[32]的研究。

6. Sci^2

Sci^2（Science of Science）是由美国印第安纳大学（Indiana University）的 Börner 教授及其团队在 Cyber Infrastructure Shell 基础上开发的一款知识图谱分析软件。其特点在于可以共享数据集和跨学科算法，能够根据研究需要，添加不同类型的分析和可视化插件。美国国家科学基金会、国立卫生研究院、农业部及国家海洋和大气管理局等都曾使用 Sci^2 进行可视化分析。访问地址为 https://sci2.cns.iu.edu/user/index.php/。

与其他可视化工具相比，Sci^2 具有一些功能优势[33]，如可以加载. xml、.net、.isi、.csv、.bib、.enw、.nsf 等多种格式数据；可以抽取定向网络、双边网络、引文网络、作者文献网络、共现网络、合作者网络、引文耦合网络等不同数据网络；具有强大的数据处理能力，集成数据分析统计功能，可以对时空信息进行突发检测，计算地理空间坐标，分析（非）加权、定向（无向）网络等情况；支持多种形式的可视化图谱。具体应用案例可参见邱小花等[34]、李国俊等[35]的研究。

7. Network Workbench Tool

Network Workbench Tool（NWB）是一款可用于生物医学、社会科学、物理学等领域的大规模网络分析、建模和可视化工具。NWB 可读取.xml、.net、.mat、.nwb、.edge 等格式的数据，能够分析多种网络数据，对分析结果的可视化主要由各种插件完成，如 GUESS（图 7.16）。访问地址为 http://nwb.cns.iu.edu/about.html。

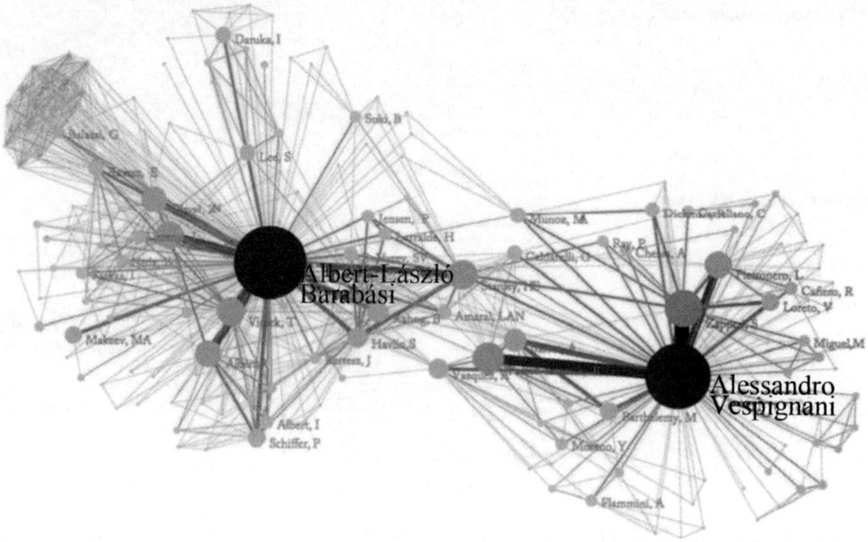

图 7.16　NWB 效果图

和 Sci² 一样，NWB 也是由美国印第安纳大学研发，两款软件的功能有很多相似之处，如在数据预处理方面，都支持数据的去重处理、时间切片、数据和网络的缩减等；进行知识图谱分析时，都能构建多种矩阵，支持自定义插件，进行各种分析并可视化，同时很多算法可以通用。但也有一些细微差别，由于 NWB 是在 Sci² 之后开发的，它整合了 Sci² 的一些算法，合并了一些功能，使软件更易操作。Sci² 也保留了自己的一些特点，如可以进行地理空间分析，将数据信息通过地图展示等[36]。具体应用案例可参见 Pullen[37]、高鹏斌等[38]的研究。

8. HistCite

HistCite 是由 Garfield 开发的引文分析软件，后被汤森路透公司收入，因此 HistCite 只支持 Web of Science，对于 Scopus 等数据库则无能为力。2016 年，汤森路透的知识产权与科技业务被科睿唯安公司收购，Web of Science 也归该公司所有，导出的数据格式发生了一些变化，进而不能直接导入 HistCite 进行分析。尽管不再正式支持 HistCite，也不再投入研发，科睿唯安仍提供该软件的下载包。访问地址为 https://support.clarivate.com/ScientificandAcademicResearch/s/article/HistCite-No-longer-in-active-development-or-officially-supported?language=en_US。

整体来说，HistCitc 简单易学，可以进行一些基本分析，如计算文献被引频次，输出作者、刊名、参考文献列表，生成引文矩阵和编年图等（图 7.17）；通过计算本地引用频次（local citation score，LCS）、总引用频次（global citation score）、本地参考文献数（local cited references，LCR）等指标，定位本领域的重要文献，发现新动向[39-41]。具体应用案例可参见刘丽[42]的研究。

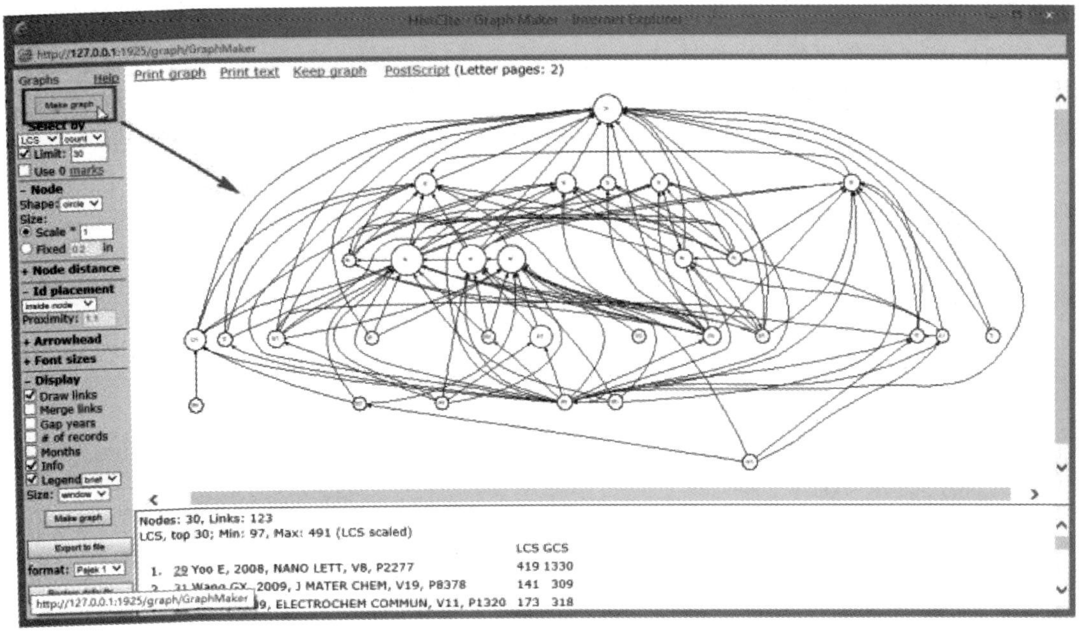

图 7.17　HistCite 效果图

此外，还有诸如 Bibexcel、Pajek、R 等一些工具。Bibexcel 是由瑞典科学计量学家 Persson 教授开发的软件，其支持的数据格式也是 Web of Science 数据库，最大的优点在于对共现关系的分析，但可视化功能较弱，需要借助第三方可视化软件，如 UCINET、NetDraw、Pajek 等，访问地址为 https://homepage.univie.ac.at/juan.gorraiz/bibexcel/。Pajek 在数据预处理和规范化方面能力有限，但支持多种格式输入，还能识别其他软件处理的数据。强大的图形处理功能是 Pajek 的特点之一，在处理大量数据的复杂网络时，提供多种有效算法将大型网络有效分解为几个小的子网络，解决了大型网络难以可视化的问题。此外，还可以帮助其他一些软件工具生成图谱，如 UCINET 等。R 是由奥克兰大学（The University of Auckland）的 Gentleman 和 Ihaka 及其他志愿者开发的一款自由软件编程语言与操作环境，主要用于统计分析、绘图、数据挖掘，R 具有多个功能各异的软件包，能够处理较大规模的数据样本，不同研究者可以根据研究需要进行灵活配置和操作，目前较为流行的可视化工具包有 ggplot 等。

7.3　文献分析实例

本节将以“我国图书情报学科最具影响力的刊物近 5 年的研究热点”为例，说明文献信息分析与评价的过程，以及介绍可视化工具 CiteSpace 的使用[43]。

7.3.1　数据选择与采集

通过查询《中文核心期刊要目总览（2018）》或《CSSCI 来源期刊目录（2019—2020）》，确定图书情报学科的 20 余种核心期刊。登录中国知网，借助期刊库的“期刊导航”功能（图 7.18），在“学科导航”栏依次选择“信息科技”“图书情报与数字图书馆”（图 7.19），得到中国知网所收录的图书情报与数字图书馆的期刊影响因子（图 7.20）。比较发现，《中国图书馆学报》的复合影响因子与综合影响因子均得分最高，即分析的目标刊物。

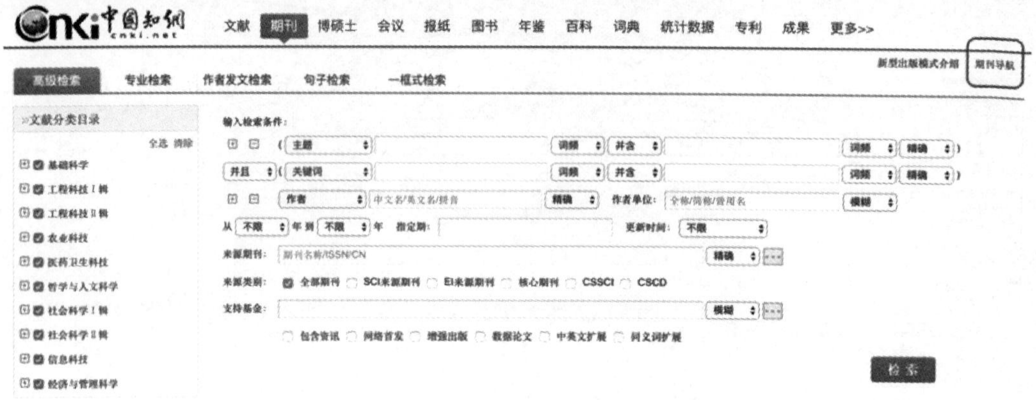

图 7.18　中国知网的期刊导航功能

图 7.19　“图书情报与数字图书馆”期刊导航

图 7.20　图书情报与数字图书馆的期刊影响因子

在中国知网的期刊检索界面，来源期刊栏输入“中国图书馆学报”，匹配方式选择“精确”，时间范围为2014～2018年（图7.21），进行检索，共得到311条记录。可单击“主题”“发表年度”“作者”“机构”“基金”等方面，对数据进行筛选。同时，可以对每页显示记录数进行设置，这里选择每页50条，逐页点选，直至选中311条记录[①]，单击“导出/参考文献”（图7.22），进入文献输出界面（图7.23）。需要注意的是，中国知网的检索结果中包含新闻、会议通知等信息，需要在导出时单击“重选文献”之后的链接进行检查。

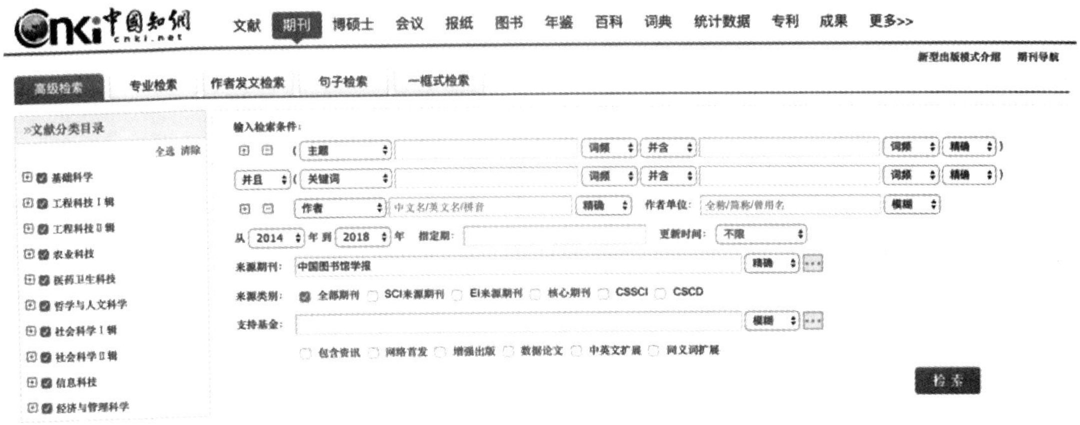

图 7.21　数据检索策略

① 中国知网允许一次下载500条记录。

图 7.22　检索结果界面

图 7.23　文献输出界面

在文献输出界面，逐条核查无效记录进行删除（图 7.24），最终得到 277 条记录。继续单击“导出/参考文献”，回到文献输出界面，选择文献导出格式（图 7.25）。使用 CiteSpace 软件进行分析的输入格式为 Refworks，单击“导出”按钮下载文献。下载时将文献命名为 CiteSpace 格式“Download_XXXX”，本例命名为“Download_2014”（图 7.26）。数据转换前，建议先建立一个 input 文件夹保存中国知网下载的原始数据，建立一个 output 文件夹保存转换后的数据。

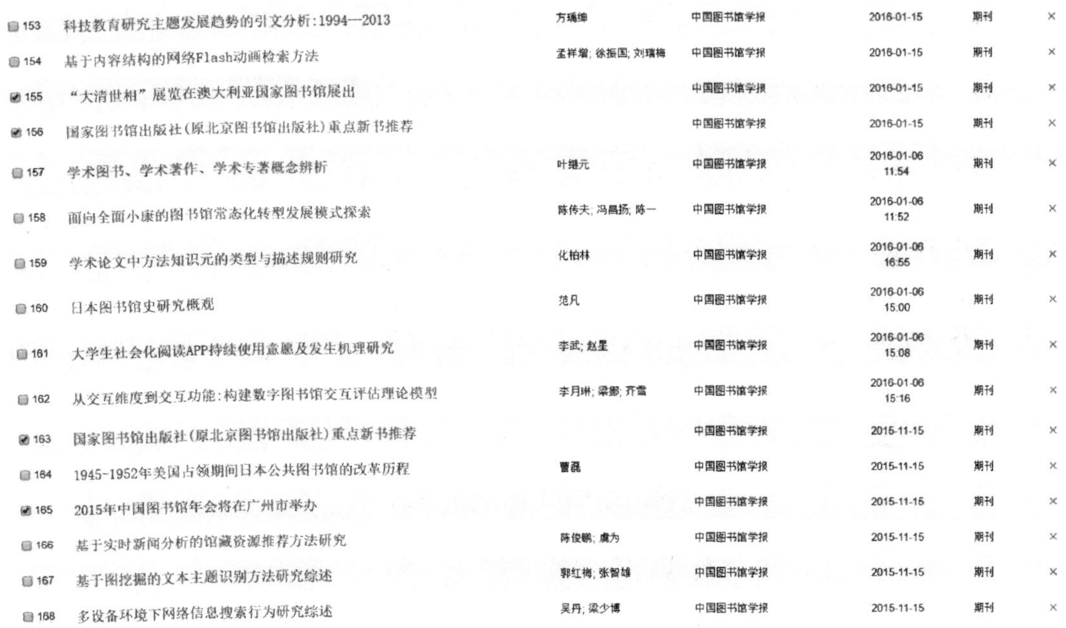

图 7.24　数据清洗界面

图 7.25　文献输出格式界面

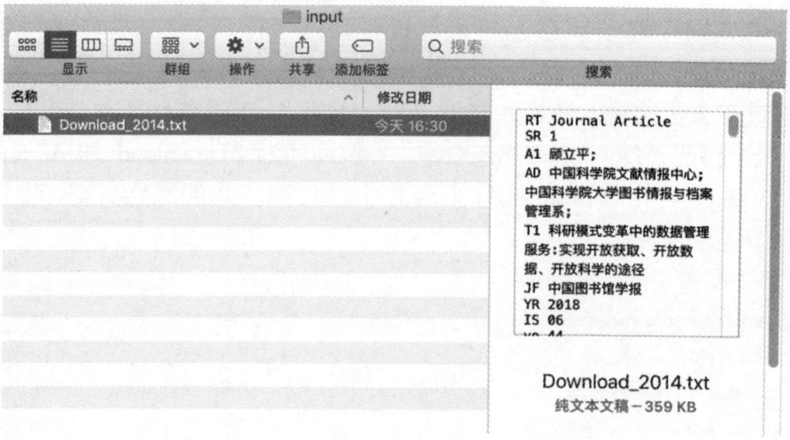

图 7.26　文件命名方式

7.3.2　软件安装与数据转换

根据自身系统要求，从 CiteSpace 网站下载相应软件包（图 7.27），安装成功后，运行软件弹出窗口（图 7.28），单击 Agree 后进入软件功能界面（图 7.29）。

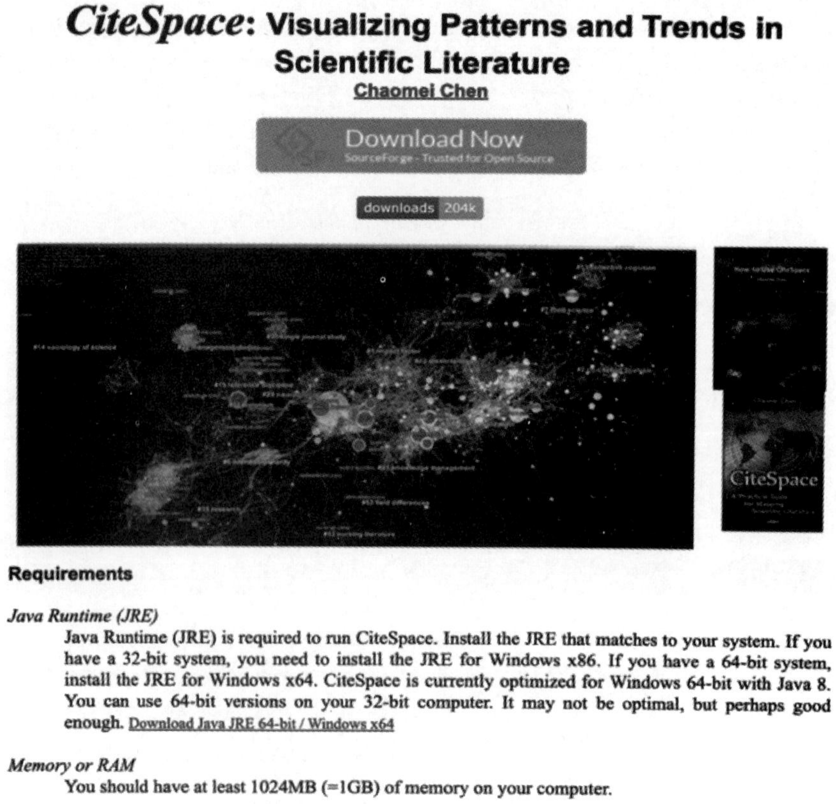

图 7.27　CiteSpace 下载界面

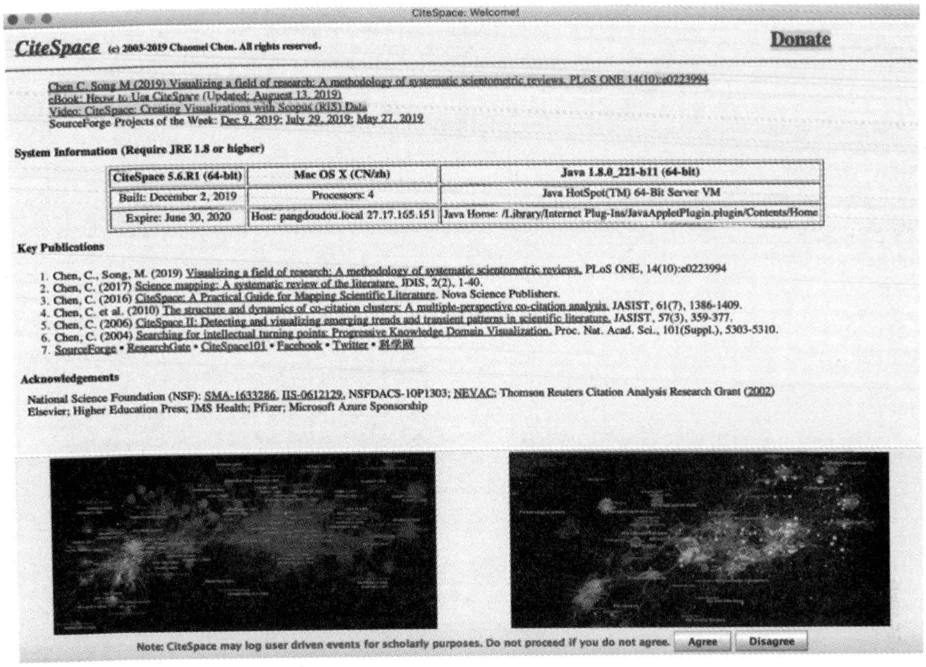

图 7.28　软件弹出窗口

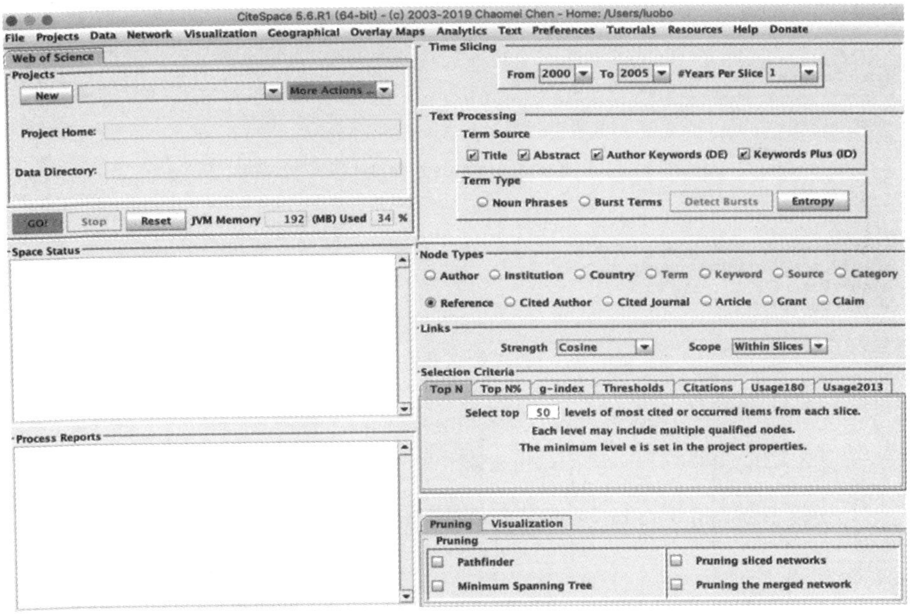

图 7.29　CiteSpace 功能界面

单击 Data（数据）选项卡，在 Import/Export（输入/输出）界面（图 7.30），选择中国知网的格式，将前一节建立的 input 文件夹作为输入路径，output 文件夹作为输出路径，单击 Format Conversion（格式转换）按钮，完成后会显示转换成功记录数（图 7.31）。output 文件夹会自动添加转换后的文档（图 7.32）。

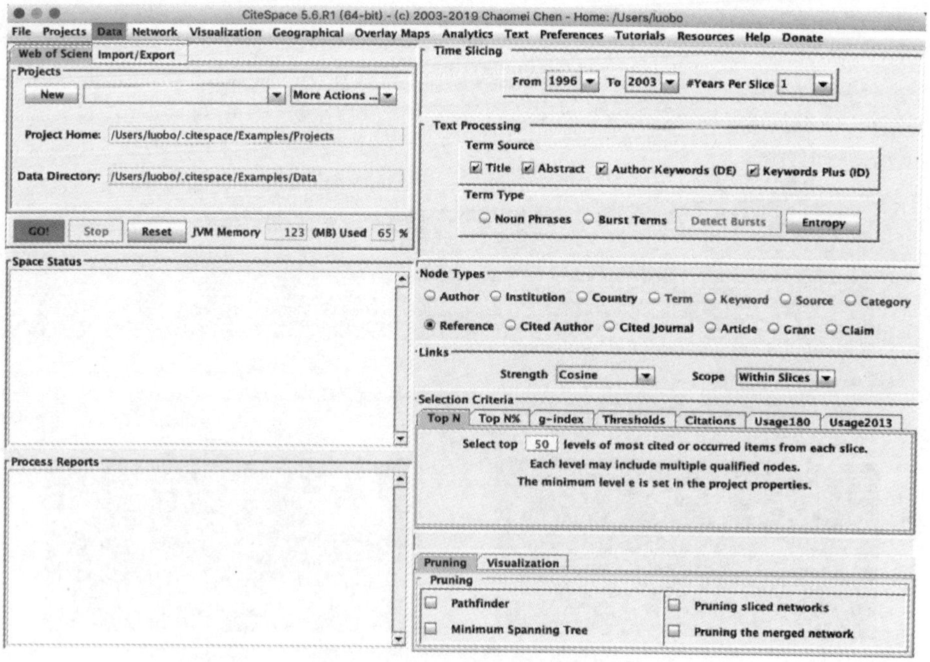

图 7.30　CiteSpace 数据处理选项

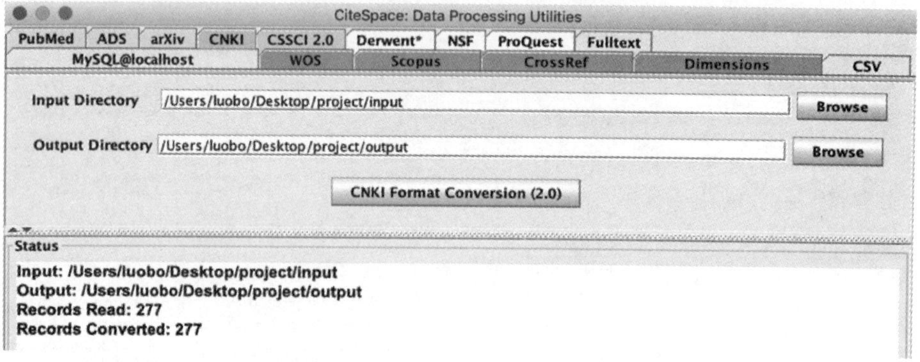

图 7.31　数据输入/输出路径设置

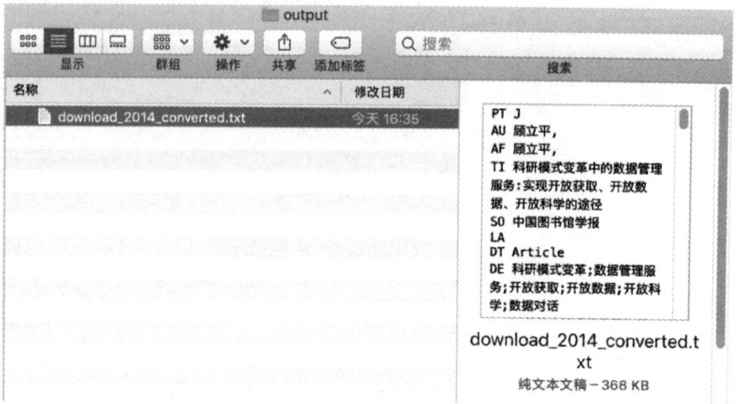

图 7.32　数据输出文档

7.3.3　数据分析与可视化

数据分析之前，新建 data 和 project 文件夹，将 output 文件夹中生成的转换后文档复制到 data 文件夹，project 文件夹主要用于保存分析后的结果。

单击 Projects（项目）选项下的 New（新项目）按钮，新建项目 ZTXB，对相关参数进行设置（图 7.33）。Project Home 和 Data Directory 分别对应 project 和 data 文件夹，Time Slicing 选择本例时间段 2014 To 2018，Node Types 可选择中国知网输出数据中包含的作者、机构、关键词等任意字段（图 7.34）[①]。单击 GO 按钮，进行可视化。

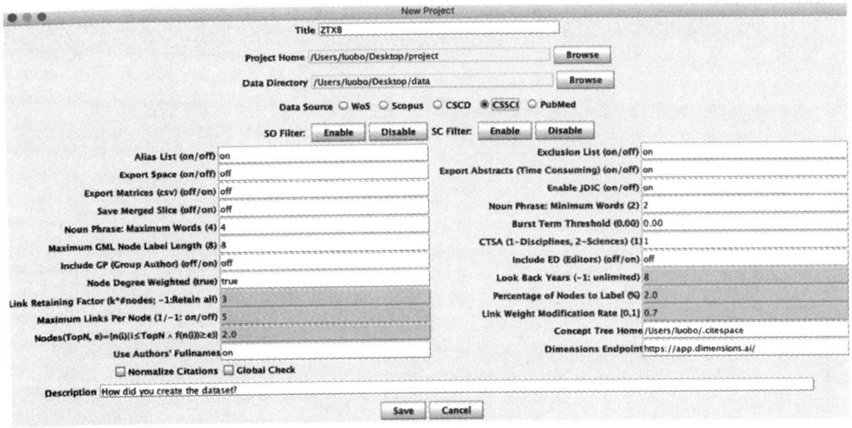

图 7.33　新建项目界面

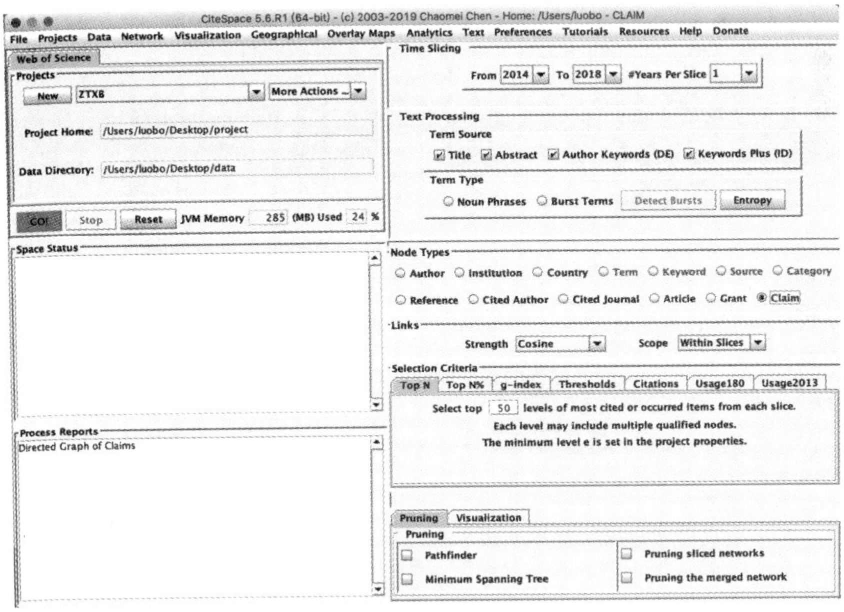

图 7.34　参数设置

① 中国知网的输出字段中不包含参考文献，故无法分析论文间的引证关系。

由可视化分析结果可知，由于样本数据有限，近 5 年我国图书情报学科高影响力期刊《中国图书馆学报》的关注点始终围绕图书馆这一主题呈发散状，其研究热点包括图书馆事业及其组成要素、图书馆学教育，以及新兴技术如大数据、关联数据等（图 7.35），其研究主体集中在武汉大学信息管理学院、南京大学信息管理学院、北京大学信息管理系、南开大学商学院等学科实力较强的机构（图 7.36），发文量较多的作者包括刘炜、李纲、张智雄、赵宇翔、叶鹰等隶属不同高校、不同年龄梯队的学者，部分作者之间存在合作（图 7.37）。

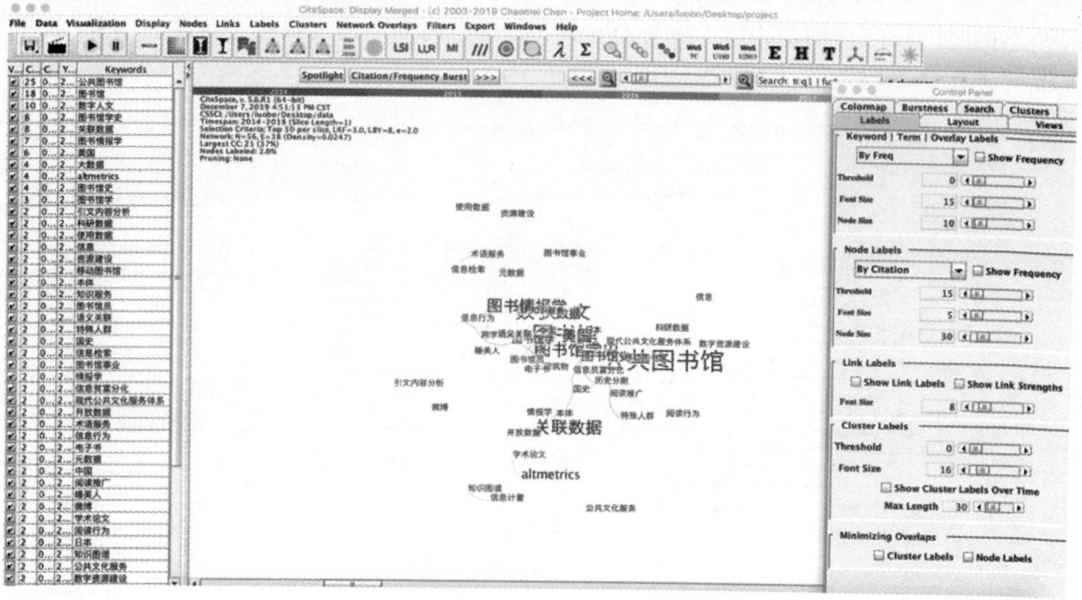

图 7.35　关键词分析结果

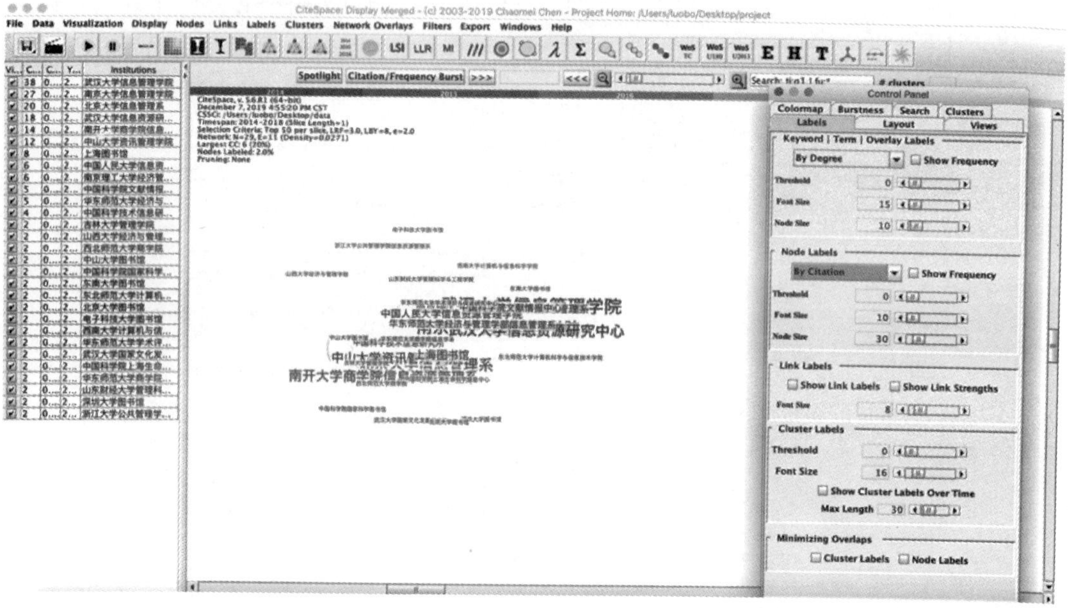

图 7.36　机构共现网络

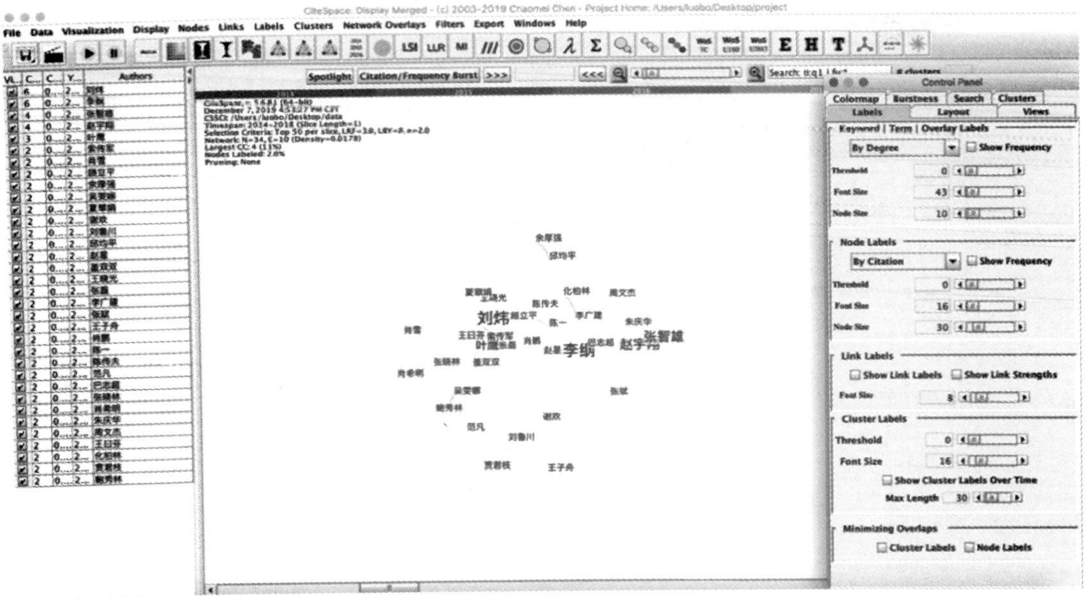

图 7.37　作者合作网络

此外，也可以使用中国知网内置的“计量可视化”功能（图 7.38），对 2014～2018 年的《中国图书馆学报》发表的论文进行整体分析，如发文量的总体趋势分析及其主题分布等（图 7.39）。

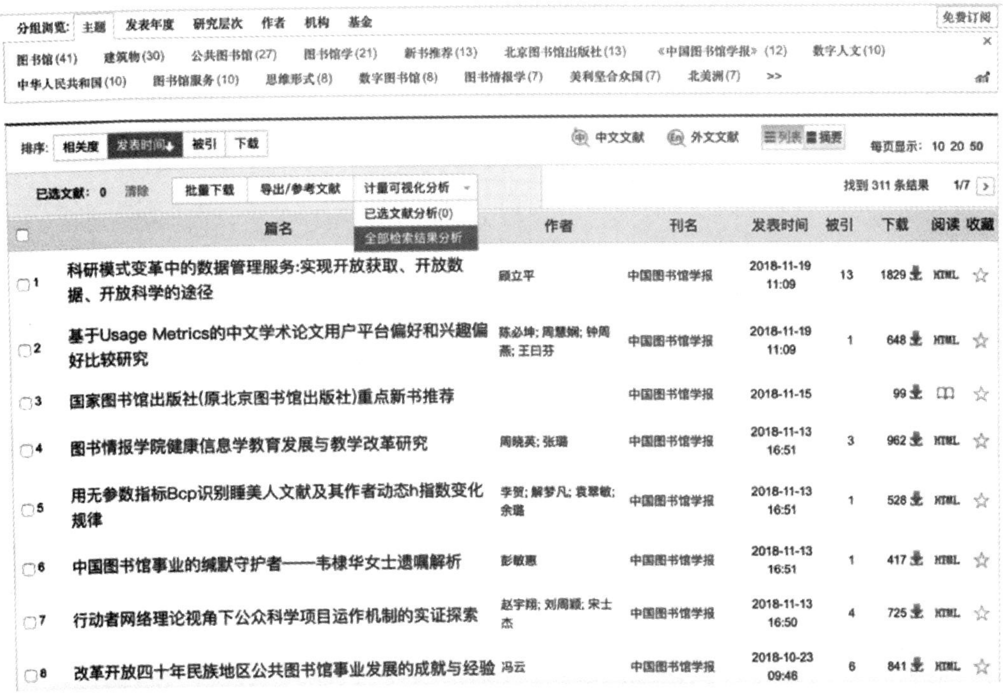

图 7.38　中国知网计量可视化界面

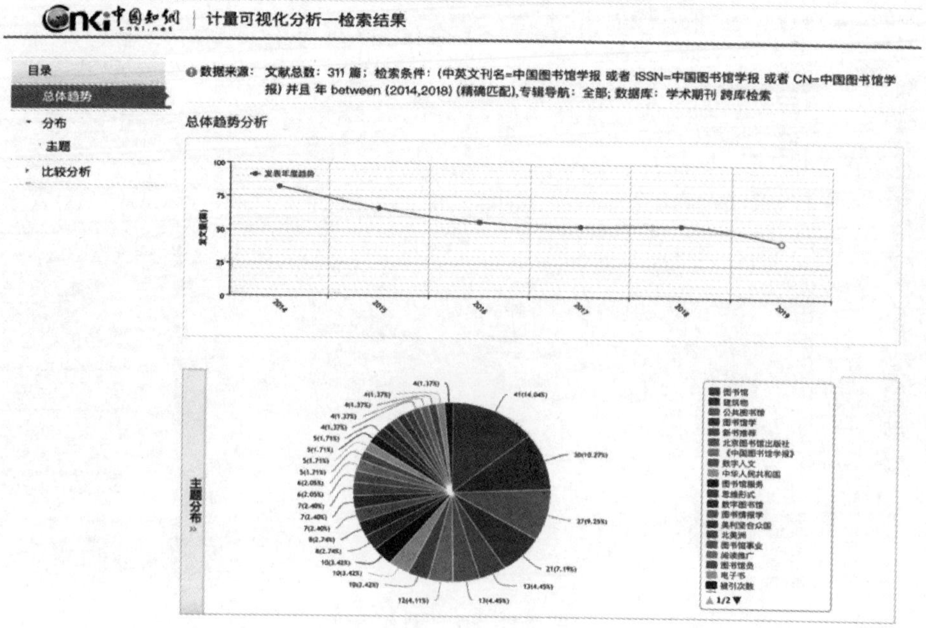

图 7.39　中国知网计量可视化分析检索结果

练　习　题

1. 结合自身体验，试述几种常用的文献计量分析方法。

2. 分别列举你所在学科专业的中文核心期刊、SCI、SSCI 或 A&HCI 索引的外文期刊各 3 种。

3. 已知 *Nature* 2015～2017 年发表的文章数量及被引用数据，见下表。试计算 *Nature* 2018 年的影响因子。

***Nature* 的文章数量及被引用数据**

年份	期刊载文量/篇	在 2017 年的被引频次/次	在 2018 年的被引频次/次
2015	902	41701	
2016	880	32389	41183
2017	837		32769

4. 名词解释

（1）即年指标

（2）*h* 指数

（3）Altmetrics 指标

5. 人们通常采用同行专家定性评价与文献计量定量评价两种方法进行科学资源分配与科学评价，试比较定性评价与定量评价的优缺点。

6. 随着 Web 2.0 技术的发展，越来越多的学者及非学术领域的群体开始通过在线社交媒体进行学术交流，谈谈你对学术影响力与社会影响力的理解。

7. 结合自身操作，试从运行平台、数据格式、分析功能、扩展功能、可视化等角度比较不同可视化分析工具。

参 考 文 献

[1] 邱均平. 文献计量学[M]. 北京: 科学技术文献出版社, 1988: 13-14.

[2] 花芳. 文献检索与利用[M]. 北京: 清华大学出版社, 2014: 189-190.

[3] 邱均平, 赵蓉英, 董克, 等. 科学计量学[M]. 北京: 科学出版社, 2016: 14-18, 334-339.

[4] 王伟军. 信息分析方法与应用[M]. 2 版. 北京: 清华大学出版社, 北京交通大学出版社, 2014: 152.

[5] 邱均平. 信息计量学[M]. 武汉: 武汉大学出版社, 2007: 305-326.

[6] 中国知网. 期刊分析器[EB/OL]. [2019-11-19]. https://ref.cnki.net/REF/Analysis.

[7] HIRSCH J E. An index to quantify an individual's scientific research output[J]. Proceedings of the national academy of sciences, 2005, 102(46): 16569-16572.

[8] 赵基明, 邱均平, 黄凯, 等. 一种新的科学计量指标: *h* 指数及其应用述评[J]. 中国科学基金, 2008(1): 23-32.

[9] EGGHE L. An improvement of the *h*-index: the *g*-index[J]. ISSI newsletter, 2006, 2(1): 8-9.

[10] 姜春林, 刘则渊, 梁永霞. H 指数和 G 指数: 期刊学术影响力评价的新指标[J]. 图书情报工作, 2006(12): 63-65, 104.

[11] 赵蓉英, 郭凤娇, 谭洁. 基于 Altmetrics 的学术论文影响力评价研究: 以汉语言文学学科为例[J]. 中国图书馆学报, 2016, 42(1): 96-108.

[12] 国际科学编辑. 什么是 Altmetric 指标？如何计算和提高？[EB/OL]. (2019-07-25)[2019-12-08]. http://www.sohu.com/a/329208591_100191228.

[13] 周宁, 陈勇跃, 金大卫, 等. 知识可视化与信息可视化比较研究[J]. 情报理论与实践, 2007(2): 178-181, 255.

[14] 陈悦, 陈超美, 刘则渊, 等. CiteSpace 知识图谱的方法论功能[J]. 科学学研究, 2015, 33(2): 242-253.

[15] CHEN C. Searching for intellectual turning points: progressive knowledge domain visualization[J]. Proceedings of the National Academy of Sciences of the United States of America(PNAS), 2004, 101(S1): 5303-5310.

[16] CHEN C. CiteSpace II: detecting and visualizing emerging trends and transient patterns in scientific literature[J]. Journal of the American Society for Information Science and Technology, 2006, 57(3): 359-377.

[17] CHEN C, IBEKWE-SANJUAN F, HOU J. The structure and dynamics of co-citation clusters: a multiple perspective co-citation analysis[J]. Journal of the American Society for information Science and Technology, 2010, 61(7): 1386-1409.

[18] 邓君, 马晓君, 毕强. 社会网络分析工具 Ucinet 和 Gephi 的比较研究[J]. 情报理论与实践, 2014, 37(8): 133-138.

[19] 黄宇. 基于隐性语义挖掘的社区划分方法[D]. 成都: 电子科技大学, 2013.

[20] 邱晨子. 微博网络舆情热点生长分析模型研究[D]. 大连: 大连海事大学, 2013.

[21] 王佳秋. 基于用户行为及关系的微博电商企业影响力度量[D]. 哈尔滨: 哈尔滨商业大学, 2013.

[22] BORGATTI S P, EVERETT M G, FREEMAN L C. UCINET[M]//ALHAJJ R, ROKNE J. Encyclopedia of social network analysis and mining. New York: Springer, 2014.

[23] 邱均平, 吴慧. 基于 SNA 的国际科学计量学作者共被引关系研究: 以 Scientometrics 期刊 2000—2010 年数据为例[J]. 情报科学, 2012(2): 166-172.

[24] 徐媛媛, 朱庆华. 社会网络分析法在引文分析中的实证研究[J]. 情报理论与实践, 2008(2): 184-188.

[25] 李文娟, 牛春华. 社会网络分析在合著网络中的实证研究: 以《中国图书馆学报》为例[J]. 现代情报, 2012(10): 153-158.

[26] 高凯. 文献计量分析软件 VOSviewer 的应用研究[J]. 科技情报开发与经济, 2015, 25(12): 95-98.

[27] 张力, 赵星, 叶鹰. 信息可视化软件 CiteSpace 与 VOSviewer 的应用比较[J]. 信息资源管理学报, 2011(1): 95-98.

[28] 宋秀芳, 迟培娟. Vosviewer 与 Citespace 应用比较研究[J]. 情报科学, 2016, 34(7): 108-112, 146.

[29] 张璇, 黄香玲, 李鸿, 等. 基于 CSSCI 的本体研究热点与前沿的可视化分析[J]. 情报科学, 2013, 31(5): 151-154, 160.

[30] COBO M J, LÓPEZ-HERRERA A G, HERRERA-VIEDMA E, et al. SciMAT: a new science mapping analysis software tool[J]. Journal of the American Society for Information Science and Technology, 2012, 63(8): 1609-1630.
[31] 张云, 华薇娜, 袁顺波, 等. WoS 数据库中专利分析论文的主题动态演进研究[J]. 现代图书情报技术, 2015(1): 17-23.
[32] 刘艳华, 华薇娜, 钱爱兵. 国际健康信息研究主题的演化路径分析[J]. 现代情报, 2018, 38(7): 135-141.
[33] 邱小花, 李国俊, 肖明. Sci^2: 一款新的知识图谱分析软件介绍与评价[J]. 图书馆杂志, 2013, 32(9): 79-87.
[34] 邱小花, 李国俊, 肖明. 基于 Sci^2 的国外图书馆学情报学研究主题演变分析: 以共词分析为例[J]. 情报杂志, 2013, 32(12): 110-118.
[35] 李国俊, 刘恩涛, 邱小花, 等. 国外图书馆学情报学知识图谱研究: 基于 Sci^2 的文献引文耦合分析[J]. 情报杂志, 2014, 33(1): 78-90, 151.
[36] BÖRNER K, HUANG W, LINNEMEIER M, et al. Rete-netzwerk-red: analyzing and visualizing scholarly networks using the Network Workbench Tool[J]. Scientometrics, 2010, 83(3): 863-876.
[37] PULLEN J M. The Network Workbench: network simulation software for academic investigation of Internet concepts[J]. Computer networks, 2000, 32(3): 365-378.
[38] 高鹏斌, 于渤, 吴伟伟, 等. 基于知识图谱的即兴领域知识结构及其演化分析[J]. 科技管理研究, 2015, 35(6): 112-117.
[39] GARFIELD E. Historiograph compilation HistCite guide[EB/OL]. [2019-11-29]. http://garfield.library.upenn.edu/histcomp/guide.html.
[40] 肖明, 邱小花, 黄界, 等. 知识图谱工具比较研究[J]. 图书馆杂志, 2013, 32(3): 61-69.
[41] 李运景, 侯汉清, 裴新涌. 引文编年可视化软件 HistCite 介绍与评价[J]. 图书情报工作, 2006(12): 135-138.
[42] 刘丽. 基于 HistCite 的图书馆服务领域引文脉络分析[J]. 情报科学, 2014, 32(5): 91-96, 101.
[43] 李杰. CiteSpace 中文指南[EB/OL]. (2017-07-19)[2019-12-08]. http://cluster.ischool.drexel.edu/～cchen/citespace/manual/CiteSpace-Chinese.pdf.

第 8 章　批判性阅读与写作

8.1　批判性思维

8.1.1　批判性思维的历史

批判性思维（critical thinking）可以追溯到 2500 多年前苏格拉底的实践。苏格拉底通过探究提问的方法发现，人们无法理性地证明他们对知识的确信主张，流畅但空洞的言辞之下往往是意义含混、证据不足、信念自相矛盾。他确立了几个重要的思维准则：在把他人的想法作为名副其实的信念加以接受之前，提出引发深入思考的问题，寻求证据、仔细审查推理和假设、分析基本概念、探寻言语和行为的影响。他的提问方法被称为“苏格拉底式提问”，也是最著名的批判性思维教学策略。这一提问模式强调思维的清晰性和逻辑的一致性。

示例：

老师与小学四年级学生讨论头脑的作用，老师的提问表现出苏格拉底式提问的特点，括号中运用批判性思维的语言加以标识。对话中的头脑（mind）也可以翻译为精神、心灵或理智。

老师：你的头脑如何工作？你的头脑在哪里？

学生：在脑袋里

老师：你的头脑做事吗？**（探索“头脑”的概念）**

学生：它帮助你记忆和思考。

如果你想移动你的腿，它就向你的腿发送消息。

你头脑的这一侧控制身体的那一侧，而头脑的另一侧会控制身体的这一侧。

当你触摸一只热烤炉的时候，你的头脑告诉你是否要喊叫或说一声“哎哟”。

老师：它会告诉你什么时候难过，什么时候高兴吗？它怎么知道什么时候该难过，什么时候该高兴呢？**（为澄清而提问，探测意义）**

学生：当你受伤了，它会告诉你难过。

如果外面正在闪电，你会感到害怕。

如果你得到了你想要的东西，你会感到高兴。

它让你的身体运转，就像一台机器一样操作你的身体。

老师：有没有这种可能性，在相同的情况下，一个人高兴，另一个难过？即使他们处于完全一样的情况？**（探索不同的观点或视角）**

学生：当得到同样的玩具时，一个人可能喜欢这个玩具，而另一个可能不喜欢。

老师：你为什么会认为一些人喜欢一些事物，而其他人会喜欢不同的事物？（**探索不同的观点或视角**）

学生：因为每个人都不一样。每个人的头脑不一样，被制造的不一样，被做的不一样。也许他们有不同的个性？

老师：个性从何而来呢？（**探索个性的概念**）

学生：当你开始做某件事的时候，你发现你最喜欢某件事。

老师：你是生来就具有某种个性，还是在成长过程中逐步发展出某种个性？（**探究原因**）

学生：在成长过程中发展出来的。

老师：是什么导致你发展出这样的个性而不是那样的个性？（**探究原因**）

学生：例如父母或其他原因。

老师：你父母的个性怎么影响到你的个性呢？（**探究原因**）

学生：因为你总是在父母周围，如果他们认为他们的一些行为方式是好的，而且希望你有同样的行为方式，他们就会教你，你就会照着做。例如传统，他们希望你继承自他们的父母就开始的一些传统。

老师：你的头脑会像你周围所有的孩子那样思考吗？你能不能想起一些你的思考方式与周围其他孩子相似的例子？你认为你与其他美国孩子的行为方式相似吗？（**探索观点及社会中心思维的概念**）

学生：是的。

老师：是什么让你的行为方式与周围的孩子相似，而不是与爱斯基摩的孩子相似？（**探索观点或视角**）

学生：因为他们在你周围。爱斯基摩孩子也许甚至不知道“跳绳”这个词是什么，而美国孩子知道。

老师：那么，有没有什么事情是爱斯基摩孩子知道的，而你们不知道？（**探索观点或视角**）

学生：当然有。还有，我们不需要像他们那样穿着打扮或做事。例如，他们必须知道风暴什么时候来，这样他们就不会被困在外面。

……

苏格拉底式提问通常提出基本问题，深入到事物的表面之下，追问有问题的思想领域[1]。

柏拉图记录了苏格拉底的思想，并与亚里士多德和希腊怀疑论者一起发展了苏格拉底的批判性思维。他们都强调，事物往往不像他们看上去的那样，只有那些受过训练的头脑才能透过表象看到生活更深层次的现实。之后经过数千年，数以百计的思想家为它的发展做出了贡献，批判性思维得到了极大丰富和发展。

批判性思维对于教育具有重要意义。批判性思维要求对思想进行系统的检验，不能对思想简单地加以接受，而必须对其清晰度、准确度、相关性、深度、广度、逻辑性加以分析和评估；所有的推理都发生在一定的观点和理论中；所有的推理都源于某些目标和目的，但有着共同的信息基础；所有的数据被用于推理时，必须加以解释，而解释就会涉及概念；

概念需要假设，思维中所有的基本推论都会产生影响；思维的这些维度都需要加以检验，思维的问题在每一个维度都会发生。

在人类思维的每个领域、对推理的每一次运用，都可以提出如下问题：目的和目标；问题的状态与措辞；信息与事实的来源；信息收集的方法与质量；判断与推理的方式；使推理得以发生的概念；所用概念背后的假设；推理时对概念的运用；采用的观点与理论带来的影响。总之，提问是批判性思维的底线。批判性思维过程中会发生各种错误，学生需要熟练地运用上述结构和标准[2]。

思辨哲学是批判性思维的雏形，中国传统思想和哲学中有没有这种雏形呢？黑格尔认为，“孔子只是一个实际的世间智者，在他那里思辨的哲学是一点也没有的——只有一些善良的、老练的、道德的教训，从里面我们不能获得什么特殊的东西。”他还认为，《易经》是抽象思想的基础，达到了纯粹思想的意识，但并不深入[3]。

诚然，在我国的传统哲学中，缺乏思辨思维这种精神内核，甚至对思辨持一种排斥的态度。孔子认为，“巧言令色者，鲜矣仁”，即“花言巧语、面貌伪善的人，很少会有仁德”。[4]庄子批评辩士“饰人之心，易人之意，能胜人之口，不能服人之心”[5]。

但并不是没有。中国先秦名家公孙龙的《白马论》和《坚白论》就充满了思辨主义色彩。“白马非马”的论述就揭示了个别与一般的辩证关系，以及概念的同一性自身包含着差异性的思想，同时触及了概念的内涵与外延的关系问题，强调了概念之间的差异性和独立性[6]。“离坚白”强调视觉与触觉的差异，论证石头坚、白两种属性相分离：“视不得其所坚而得其所白者，无坚也；拊不得其所白而得其所坚者，无白也。”[7]

8.1.2　批判性思维的兴起和衡量标准

1. 批判性思维的兴起

20世纪80年代前后，美国本科教育战略调整，倡导发展通识教育，提出发展批判性思维。这是因为，在知识经济时代，知识增长迅速，学会学习、学会思考比掌握知识更重要，而发展批判性思维是其中的关键。

芝加哥大学校长赫钦斯（Hutchins）预见到未来的社会是一个学习型社会，并于1968年出版《学习型社会》一书。他反对大学过分专业化，认为人们需要不断地学习以适应知识快速的变化，利用闲暇时间使这种持续的学习成为可能；主张大学的重要任务是训练学生的思维能力，并且可以运用经典名著训练学生的心智[8]。一批知名大学纷纷开始实施通识教育，在大学前两年开设系列通识必修课，包括批判性思维能力训练课程，促进大学生个性与智识的全面发展。哈佛大学要求学生毕业时在广泛的领域里受过教育，同时又在一个特定的学术领域上受过训练。哥伦比亚大学要求大学生通过前两年的系列必修课学习，学会分析性地阅读、清晰地写作、简明扼要地讲话，并接触西方艺术、音乐、文学和哲学中最伟大的思想[9]。

2. 批判性思维的衡量标准

良好的思维方式是训练出来的，需要付出努力，也需要依据一定的标准，并运用一些工具。

下面是普林斯顿大学1993年对本科毕业生提出的12项衡量标准，从中可以看出对批判性思维关注的主要内容[10]。

（1）具有清楚地思维、谈吐、写作的能力。

（2）具有批判性和系统性推理的能力。

（3）具有形成概念和解决问题的能力。

（4）具有独立思考的能力。

（5）具有敢于创新和独立工作的能力。

（6）具有与他人合作与沟通的能力。

（7）具有判断什么意味着彻底理解某种东西的能力。

（8）具有辨别重要的东西与琐碎的东西、持久的东西与短暂的东西的能力。

（9）熟悉不同的思维方式（定量、历史、科学、道德、美学）。

（10）具有某一领域知识的深度。

（11）具有观察不同学科、理念、文化的相关之处的能力。

（12）具有一生求学不止的能力。

8.1.3　批判性思维的定义

批判性思维是与普通思维相对而言的。所谓普通思维，就是人们形成意见、做出判断、做出决定、形成结论的思考过程。批判性思维是对普通思维的反思和批判，让思维过程接受理性评估。批判性思维是对思维展开的思维，是完善思考的办法。[11]2

批判性思维既是一种能力，也是一个思维过程。恩尼斯（R. Ennis）认为批判性思维指个体对做什么和相信什么做出理性、反思性决策的能力，重点在于理性、反思和决策过程[12]。法乔恩（P. Facione）把批判性思维定义为一种有目的性的、自我调节性的判断思维过程，对判断依据的证据、方法、准则或情境方面的考虑进行解释、分析、评估、推断和说明[13]。霍尔普恩（D. F. Halpern）持类似观点，认为批判性思维是“对增加获得期望结果可能性的认知技能和策略的运用”[14]。

简而言之，批判性思维是以开放的、反思的和理性的方式进行分析推理和论证的思维方式及能力。

批判性思维的定义在20世纪90年代还存在比较严重的分歧，为此，美国哲学学会运用德尔菲法对“什么是批判性思维”这一问题进行研究，调查对象是美国哲学和教育领域的专家。专家认为批判性思维包括6项核心技能和16项子技能，见表8.1。

表8.1　批判性思维技能[15]

核心技能	子技能
1. 解释（interpretation）	1. 归类（categorization）
	2. 意义解码（decoding significance）
	3. 意义澄清（clarifying meaning）

续表

核心技能	子技能
2. 分析（analysis）	4. 观点探测（examining ideas）
	5. 论证确认（identifying arguments）
	6. 论证分析（analyzing arguments）
3. 评价（evaluation）	7. 判断评价（assessing claims）
	8. 论证评价（assessing arguments）
4. 推论（inference）	9. 证据查证（querying evidence）
	10. 设想多种可能性（conjecturing alternatives）
	11. 导出结论（drawing conclusions）
5. 阐释（explanation）	12. 说明结果（stating results）
	13. 过程判断（justifying procedures）
	14. 展示论证（presenting arguments）
6. 自我调整（self-regulation）	15. 自省（self-examination）
	16. 自我纠错（self-correction）

在批判性思维领域耕耘多年的保罗（Paul）和埃尔德（Elder）的解析有助于更具体地把握这一概念。他们认为批判性思维包括 3 个阶段：①分析思维方式阶段；②评估思维方式阶段；③提高思维方式阶段。第一阶段要求在任何情境中关注思维的各种元素，如目的、未解决的问题、信息、解释和推理、概念、假设、结果和意义、观点。第二阶段需要从以下方面评估思维的优势和劣势：内容的清晰度、准确性、精确性、相关性、深度、广度、重要性和公正性。第三阶段是努力增强优势，减少劣势，即从上述各个方面改善思维。

他们认为批判性思维建立在良好判断的基础上，使用恰当的评估标准对事物的真实价值进行判断和思考，批判性思维需要从分析、评估、创造 3 个维度展开。在系统分析的基础上，给出了一个批判性思维的详细定义，如图 8.1 所示[16]。

坚持思考自己不理解的问题，认真系统地评估自己解决问题的方式，会让你成为优秀的思考者。通过不懈的努力，不仅可以增进对问题的理解，有助于解决问题，而且还能掌握新的思维技能，提高思维水平。

批判性思维能力对个人和社会的发展都非常重要，美国的高等教育机构非常重视这方面的教育，还开发了众多的测试工具，如康奈尔批判性思维能力测试、加利福尼亚批判性思维技能测试量表等[17]。

8.1.4 批判性思维的功能

批判性思维帮助我们形成正确的结论，评估思维的逻辑性，也是创新思维的基础[18]。

（1）用理性的标准得到更好的结论，同时帮助我们更好地去识别论证（argument）中的逻辑性。论证由前提（premise）和结论（conclusion）构成；前提是为另一个断言提供理由的陈述，被前提支持的断言就是论证的结论。

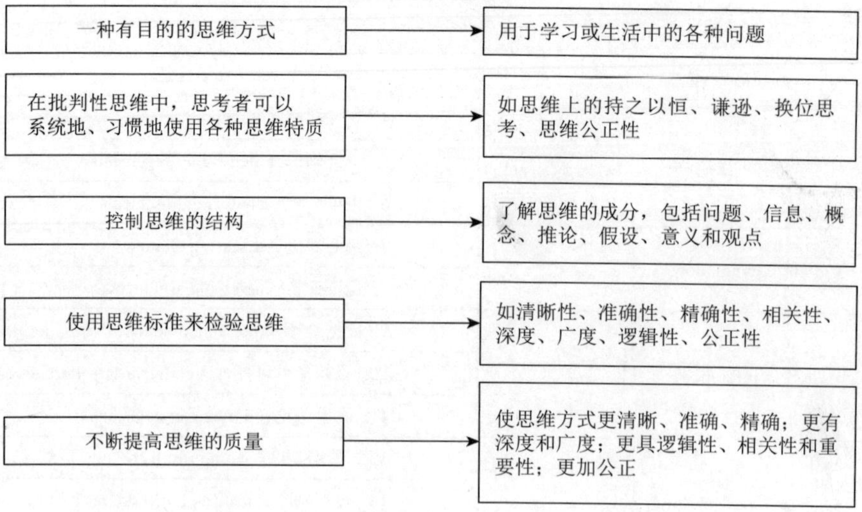

图 8.1　批判性思维的一个详细定义[16]

对于批判性思维而言，评价推理的基本规则有两点最重要。第一，可以支持结论的前提必须是真的；第二，可以支持结论的前提必须是和结论相关的，而且必须和结论的“真”相关。总之，前提必须是令人信服的。

示例：

佳美拉是位小女孩，家里的一位朋友要送给她一只小狗，佳美拉要为是否养这只狗做决定。下面是她的论证。

前提：我爱小狗佩里格丽特，我能够照料它，我找不到任何拒绝接受它的理由。

结论：所以，我应该领养佩里格丽特。

下面进行批判性分析。在佳美拉的这个论证中，前提都与结论相关，但是否都是“真”的？特别是“我能够照料它”这个前提？佳美拉真的有时间、精力、兴趣、场地照料小狗吗？当佳美拉重新开始考虑自己思维的时候，她才能知道自己当初的思维中哪些需要重新思考。

（2）评估自己或他人的思维是否符合逻辑、是否符合标准，纠正认知偏差。人们对事物的判断并不总是基于逻辑和客观事实，这是因为一些人类固有的心理因素会干扰思维过程，这些心理因素被心理学家称为认知偏差。认知偏差的一个实例就是，当别人提出一个观点时，我们的思维更倾向于“我是否赞同这个观点”，而非“此观点是否合乎逻辑”。

示例：

下面这个推断是否符合逻辑？

所有的狗都是动物，

德国牧羊犬是动物，

因此，德国牧羊犬是狗。

这个推理的错误在于，不符合三段论的推理规则，但其中的逻辑错误并不容易发现，因为这段话的结论在主观上是正确的，而我们通常更习惯于通过经验和主观标准做判断。

通过结论的可信度来判断一个推论的正确与否被称为信念偏差（belief bias）。批判性思维可以帮助我们识别出信念偏差，提高我们的理性思维能力[11]10-13。

（3）批判性思维是创新性思维的基础。批判性思维主要针对认识对象的真实性、准确性及价值，在分析的基础上对其进行判定，是一种逻辑推理分析能力；创造性思维是一种思维活动，它能够在固有知识和经验的基础上，提出新的观点与发现，是一种想象力的呈现。

批判性思维是基础，只有在进行批判性思考的时候，才会对已有的知识、智力和自我能力进行运用，才能在深思熟虑的基础上有质疑和判断，激发自我的想象，提出新问题，并探索和发现真理，从而充分运用创造性思维。

因此，开发大学生的批判性思维将为培养学生的创新思维提供基础[11]。

8.1.5　布卢姆教育目标分类体系与批判性思维

1. 布卢姆教育目标分类体系

布卢姆（Bloom）于 1956 年提出教育目标分类体系，“明确提出教育过程使学生发生预期变化”，在教育领域产生了深远的影响。安德森（Anderson）等于 20 世纪 90 年代对分类体系进行了修订，使之更加完善，被广泛用于各教育层次的教学与测评中。该分类体系把知识分为事实性知识、概念性知识、程序性知识和元认知知识，把认知过程划分为记忆、理解、应用、分析、评价和创造 6 个阶段[19]。

2. 布卢姆教育目标分类体系中的批判性思维

布卢姆教育目标分类体系中的认知过程可以表示为图 8.1 所示的金字塔，可以看出，认知发展是一个从简单到复杂、从具体到抽象的过程，是一个由较低思维阶段向更高思维阶段渐进发展的过程，后一个思维阶段都在前一个思维阶段的基础上发展。记忆与理解属于低阶思维，应用与分析属于中阶思维，评价和创造属于高阶思维。

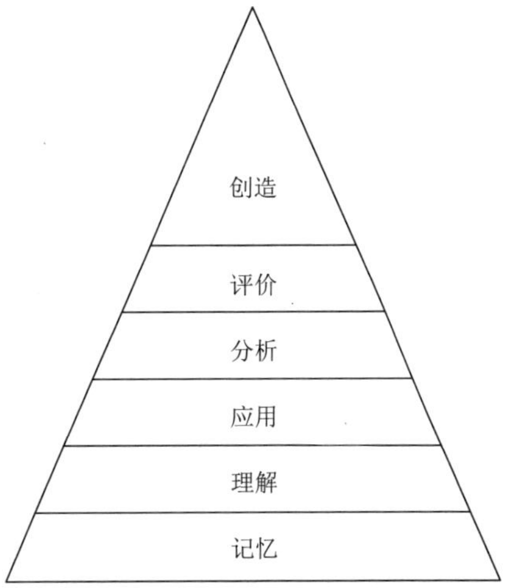

图 8.1　布卢姆教育目标分类体系中的认知过程[20]

（1）记忆。从长时记忆中检索、识别、回忆相关知识，这一层次只是简单地记忆或回忆以前学习过的知识，如记忆、回忆、列举、重复信息。

（2）理解。通过解释、举例、分类、总结、推理、比较、说明，从口头、书面及图表信息中建构意义，能够用自己的语言重述、释义、总结、解释。

（3）应用。能够识别理论与实际之间的关系，并运用知识解决实际问题。

（4）分析。把整体分解为相互关联的组

成部分，通过区分、组织、归属来确定各部分之间的逻辑关系和语义关系，从而把握总体的结构与目的。

（5）评价。依据一定的条件和标准，通过核对和评判，对观点、行为等做出价值判断，对于支持或反对的观点或行为，能够论证其正当性、合理性。

（6）创造。把知识和信息组合在一起，形成一个具有内在逻辑关系和特定功能的独特产物，如将各种元素重新组织成新的模式或结构，形成新的想法、产品或看待事物的方式。

在阅读文献的时候应该注意到，不同的表述代表了不同的思维层次。试着分析下面的表述分别属于哪个层次。

（1）斯密斯（2003）把干扰定义为……。

（2）斯密斯（2003：7）把干扰定义为“……。”

（3）斯密斯（2003）关于干扰的概念包含 3 个元素。

（4）干扰这一概念可以理解为……（Jones, 2001）。

（5）根据我的发现，我提出非干扰这一概念。

（6）斯密斯（2003）关于干扰的定义应该受到批评，这是因为……。

（7）我们可以运用斯密斯（2003）的干扰这一概念……。

8.2　批判性阅读

8.2.1　什么是批判性阅读

阅读是从文字和符号中获得意义的过程。阅读有两个层次，一个是海绵吸水式的阅读，其特点是专心致志、死记硬背。另一个是批判性阅读，属于高层次阅读，是一个分析性阅读过程，要求在阅读的过程中积极思考，提炼出作者的主要观点、论据，以及论证的方式与结构。

Pirozzi 等认为，批判性阅读是对文本的高层次理解，包括解释和评价，以区分重要和次要信息，区分事实与观点，确定作者的目的和语气。同时，通过推理、分析等方法发掘文本的深层含义及作者的言外之意，得出合乎逻辑的结论[21]。

日常生活和工作中阅读的内容十分丰富，其中一个重要的方面是学术文献的阅读。对文献进行批判性阅读至少应该包括以下几方面。

（1）揭示作者所持的假设。尤其是那些对知识和研究方法的可靠性所做的假设。

（2）评价作者的结论和理论解释的可靠性和准确性。

（3）评价文献的清晰性。例如，表达的含义是否完整，例证是否充分，十分容易理解。

（4）对文献的优劣之处进行综合评价。批判不等于否定。批判性阅读是一个综合评价的过程，既看到可取之处，又看到不足之处，最终的评价也应该不偏不倚，包括对文献的单独评价及与其他文献的对比评价。批判性阅读的一个重要目的就是质疑权威及被视为理所当然的观念[22]115-120。

8.2.2　批判性阅读的要素

批判性阅读包括理解文本、评价文本和表明自己的观点 3 个部分。对于学术文献的阅读也是一样，基本原则是给文献的学术成就一个恰当的定位，说明作者试图表达的含义，找出它的假设、疏漏之处和不同的视角，肯定文献在准确性、全面性、合理性和明确性等方面的优点。

（1）理解文本。包括了解作者的研究目的、研究假设、研究方法和理论框架、主要观点和结论、主要依据、所做的工作与贡献，以及在整个研究领域中的地位，如拓展了以往的研究、指出了新的研究方向等，可以借助一些典型节选和实例加以说明。

（2）评价文本。即对文本进行批判性分析。需要思考的问题包括：作者采用的理论框架和方法是否可靠；作者的每个假设在多大程度上是准确合理的；论证有没有自相矛盾的地方；作者提出了哪些观点和论断，所依据的证据的可靠性如何；研究的主要结论是否与论证和解释一致，有没有明显的发展脉络；作者的表达是否清晰、易于理解。

（3）表明自己的观点。包括：研究是否跟得上时代，是否采用了最新的研究方法和理论框架；对主题的解释是否充分到位；与其他类似文献相比，是否提供了新的信息和视角；论证是否严密，论据是否可靠，结论是否可信；与同类研究相比，有什么独特之处；局限性何在，作者是否认识到这些局限性；研究是否经得起反驳，是否需要深化或改进；采用专门术语时，是否给出了清楚的解释[22]121-126。

8.2.3　批判性阅读策略

（1）预习。开始阅读文本之前，先了解文本。通过批注和其他介绍性材料，对文本的内容和组织结构有一个概貌性把握。

（2）情境化。把文本置入历史、传记和文化背景中加以考察。人们阅读文本的时候，实际上是通过自身经历来阅读的，对文本的理解离不开读者自身特定的生活时空，而这个时空与文本的写作时空可能截然不同。因此，阅读时需要情境化，需要认识到二者之间的差别。

（3）提问。针对文本提出各种问题，以增进理解和记忆。学生习惯于由老师来提问，老师设计这些问题是为了帮助学生理解文本。其实，当你第一次阅读文本的时候，可以把一些问题写下来，这种办法对于理解文本十分有益。阅读学术文献的时候，如果针对每一段或每一部分都能写出一些问题，你对文本的理解一定会更好，记忆的时间也会更长一些。每个问题都应该集中于一个主要思想，而不是插图或细节；每个问题都要用自己的语言来表达问题，而不是从文本的段落中抄来。阅读文献时可以从以下角度提出疑问：论证的一致性或连贯性；作者的解释所依据的信息来源或研究；作者的动机或立场；那些未被充分代表的观点，特别是那些弱势群体的观点。

（4）反思。反思文本对你的信念和价值观带来的挑战，考察自己的反应。阅读的文本可能对你的态度、信念和立场形成挑战。在第一次阅读文本的时候，在每一个你感到挑战的地方做个标记，在空白处简要记下对挑战的所思所想。

（5）列提纲做总结。发现文本表达的主要观点，并用自己的语言加以表达。这一策略对于理解文本的内容和结构很有帮助。提纲揭示文本的基本结构；总结简要地概括文本的主要论点。列提纲是做注释的一个部分，可以单独进行。问题的关键是，列提纲和做总结可以区别主要思想和支撑思想及实例。主要思想构成文本的主干，把文本的各个部分和片段组织到一起。把文本的主要思想列出来，可以帮助你发现这个结构。列提纲的时候，不要使用与文本中一样的词。总结始于列提纲，但不是把主要思想罗列出来，而是把主要思想组合起来形成新的文本。列提纲需要对每个段落进行周密分析，做总结也需要创造性的综合。用自己的语言以精要的方式把主要思想整合起来，这种批判性阅读会加深对任何文本的理解。

（6）评价。对文本中的论证进行评价，检验文本的逻辑性、可信性和情感影响。论证由两个基本部分组成：断言与支持。作者希望你能够接受断言得出的结论，如一个想法、一个意见、一个判断或一个观点。支持包括理由（共同的信念、设想或价值观）和证据（事实、实例、统计资料、权威人士），这是让读者接受结论的基础。你在评价论证的时候，你关注推理过程及其真实性，但它们并不是一回事。在最基本的层次上，为了让一个论证可接受，支持必须与断言相适应，并且陈述必须彼此一致。

（7）与相关阅读进行比较。了解它们的相似之处与不同之处，以增进理解。许多文本的作者关注的问题相同，但他们讨论问题的方法却不一样。比较不同文章的逻辑论证，有助于理解为什么不同的作者会采用各自的方法处理特定问题。

8.3 学术写作

8.3.1 学术写作的四种类型

学术写作的四种类型分别是描述性写作、分析性写作、说服性写作和批判性写作，每种写作类型都有特定的语言特征和目的。

在很多学术写作中，需要运用的类型往往不止一种。例如，写作实证研究论文时，在文献综述部分需要运用批判性写作，指出现有研究存在的差距或机会；在研究方法部分，主要运用描述性写作概述收集的数据、分析信息时所用的方法；在结果部分要报告收集的数据，主要采用描述性和分析性写作；在讨论部分，当把研究发现与研究问题关联起来的时候，经常运用分析性写作，而在对研究发现进行解释的时候，则运用说服性写作。

1. 描述性写作

这是一种最简单的学术写作，其目的是提供事实或信息。例如，一篇文章的摘要，或一项实验结果的报告。

2. 分析性写作

分析性写作中包括描述性写作，但还要求把描述的事实和信息重新组织为类别、组、部分、类型或关系。

如何让写作更具分析性呢？首先需要花大量的时间规划。例如，对事实和观点进行头脑风暴，根据模式、部分、相似性和差别，尝试不同的分组方式，在这个过程中可以使用颜色编码、流程图、树形图或表格。为每一个关系或类别命名，如优势与劣势。然后，围绕每一个分析类别构建章节和段落。最后，通过使用主题句和清晰的引言，让读者清楚地了解你的论文结构。

3. 说服性写作

在绝大多数学术写作中，你至少需要比分析性写作更进一步，达到说服性写作。说服性写作具有分析性写作的所有特征，即信息及对信息的重组，并加上自己的观点。

学术写作中的观点可以包括论点、建议、对发现的解释或对他人工作的评价。在学术写作中，你所做的每一个陈述都需要一些证据的支持，如引用研究结果或已发表文献。

为了帮助你在实施或想法上达成自己的观点，可阅读一些其他研究者在这个论题上的观点，看看谁更有说服力。在数据或引用中寻找模式，看看最有力的证据在哪里。列出几个不同的解释，看看它们对现实生活有什么影响，哪一些更有益，哪些存在问题。与他人讨论事实和想法，你同意他们的观点吗？

为展开论证，为你的观点列出不同的理由，考虑运用不同类型和不同来源的证据来支撑你的观点，考虑你自己的观点与其他研究者的观点的相似之处与不同之处，寻找各种方法将你的观点加以分解，如成本效益、环境可持续性、实际应用范围等。

4. 批判性写作

批判性写作在研究写作、研究生写作和高年级本科生写作中很常见。批判性写作具有说服性写作的全部特征，还有一个特征，就是至少有一个其他人的观点。

说服性写作要求你就某一问题或论题表达自己的观点，而批判性写作要求你至少考虑两个观点，其中一个是你自己的观点。例如，你阐释一个研究者的解释或论点，然后评价该论点的优点，或给出自己的替代解释。这方面的实例包括评论一篇期刊论文，或一篇对现有研究优缺点进行述评的文献综述。

批判性写作要求：①准确地总结整部作品或作品的一部分。这可能包括确定主要解释、假设或方法。②形成自己对作品的看法。适当的意见类型包括指出作品的一些问题，提出一个更好的替代方法，或针对他人的批判为作品辩护。③为观点提供合适的证据。如逻辑推理，参考权威资料或研究数据。

批判性写作对写作技能的要求较高，需要彻底理解论题和相关问题，然后设计一个论文结构和段落结构，让你分析不同的解释，并形成有证据支持的论点。

8.3.2 批判性写作的工具与方法

写作对学习至关重要。人们都知道学习写作对学生而言非常重要，但很少有人知道写作对于学习的意义。事实上，在写作的时候，学生学会把所学的一点点知识联系起来，并且要努力地处理细节、事实和原始信息，把那些理解得不甚清楚的概念转换为能够与他人交流的语言。不管为什么目的写作，都需要基本的写作技能去表达值得表达的东西，为此需要掌握一些核心写作工具与方法。

1. 有目的地写作

人们因为身份的不同，写作的时候目的也不太相同。例如：媒体顾问撰写政论文章；报纸编辑决定如何编辑一个故事，以吸引读者的兴趣；媒体顾问为广告撰写文案；化学家写一份实验室报告；作家写一部长篇小说；诗人写诗；学生写一份研究报告。

比较常见的写作目的有：①纯粹为快乐而写作；②表达一个简单的想法；③传递一个具体的技术信息；④说服读者接受一个重要的立场或论点；⑤挑战读者去思考一个新的世界观；⑥表达一门学科中的知识。

2. 精心设计整体结构，写好每一个句子和每一个段落

写作并不是把进入头脑的任何东西写下来，达到要求的长度即可，而是一个精心设计和建造的过程，就像造房子一样。

（1）精心设计文章的整体结构。首先要选择一个有意义的论题；然后想明白，针对这个论题，需要讨论哪些重要问题，准备从哪些方面展开讨论，各方面是一种什么逻辑关系。把这个问题思考明白了，就可以设计文章的结构，如划分为几个部分，每个部分讨论什么问题等。

（2）写好每一个句子和每一个段落。总体结构就像一幅蓝图，是建造房屋的依据。句子是文章最基本的基本部件，句子的组合构成段落。文章的每个句子、每个段落都是为论证主题服务的，句子如何构成段落，段落的位置和目的都值得反复斟酌。对于一些重要概念或问题，需要花一个段落的篇幅详细说明其含义。为了让写作的内容易于理解，可以适当运用一些实例、隐喻或类比，帮助读者把所写内容与他们生活中熟悉的事件、经历等联系起来。

3. 边写作边反思

让写作始终围绕特定目的，把各种想法关联起来，反复对写作的清晰性、准确性、精确性、相关性、深度、广度、逻辑性、重要性与公正性加以评估。

思维的 8 个要素是训练批判性思维的重要工具，写作也要围绕这些要素展开。①目的。明确行动的目的。②问题。针对需要解决的问题，提出需要回答的问题。③信息。利用诸如数据、事实、观察、经历等类型的信息。④概念。运用概念，包括理论、定义、原理、法律、信念、模型等。⑤假设。提出假设。⑥解释与推论。通过解释和推理，得出结论，形成解决方案。⑦影响与后果。分析结论和方案会产生什么样的影响和后果。⑧观点。使观点具体化，明确参照的标准、视角与方向。人们思考的时候，都有一个目的，都持有一个观点，这个观点来自一定的假设及其产生的影响和后果；思考过程中，人们使用概念、想法、理论来解释数据、事实、经验，从而回答问题、解决问题[23]。

无论是批判性阅读，还是批判性写作，其核心都是运用批判性思维。批判性思维并不神秘，而是人类古老的智慧。不仅苏格拉底式提问能够帮助我们透过表象层层深入到事物的本质，佛陀告诫葛拉玛人十不准则也给予我们批判性思维的启迪[24]。

不可因为口口相传，就信以为真。
不可因为奉行传统，就信以为真。
不可因为轰动一时、流传广远，就信以为真。
不可因为引经据典，就信以为真。
不可因为合乎逻辑，就信以为真。
不可因为根据哲理，就信以为真。
不可因为引证常识，就信以为真。
不可因为符合先入为主的观念，就信以为真。
不可因为说者的威信，就信以为真。
不可因为他是导师，就信以为真。

练习题

1. 批判性思维为什么兴起于 20 世纪 80 年代？
2. 结合布卢姆教育目标分类体系的认知过程金字塔模型，论述批判性思维是创新思维的基础。
3. 试结合自己的阅读经历，论述什么是批判性阅读的三个要素。
4. 什么是批判性写作？如何让自己的写作更具批判性？

参考文献

[1] PAUL R, ELDER L. The art of socratic questioning[M]. 北京：外语教学与研究出版社, 2017: 33-40.
[2] The Foundation For Critical Thinking. A brief history of the idea of critical thinking[EB/OL]. [2019-10-25]. http://www.criticalthinking.org/pages/a-brief-history-of-the-idea-of-critical-thinking/408.
[3] 黑格尔. 哲学史讲演录[M]. 北京：商务印书馆, 2009: 130-131.
[4] 魏雯. 国学必读哲学经典(上)[M]. 北京：西苑出版社, 2011: 90-91.
[5] 庄子. 庄子[M]. 萧无陂，译. 长沙：岳麓书社, 2018: 345.
[6] 任继愈. 国学读本[M]. 北京：商务印书馆, 2013: 590-591.
[7] 张岱年. 中国哲学大辞典[M]. 上海：上海辞书出版社, 2011: 658-659.
[8] 赫钦斯 R M. 学习型社会[M]. 林曾，李德雄，蒋亚丽，等，译. 北京：社会科学文献出版社, 2017: 151.
[9] 曲铭峰. 哲学智慧和批判性思维在大学素质教育中的作用：美国名牌大学素质教育的实践[J]. 江苏高教，2005(5): 127-129.
[10] 谷振诣，刘壮虎. 批判性思维教程[M]. 北京：北京大学出版社, 2006: 19-20.
[11] 摩尔 B N，帕克 R. 批判性思维[M]. 朱素梅，译. 北京：机械工业出版社, 2014.
[12] ENNIS R H. Critical thinking dispositions: their nature and assessability[J]. Informal logic, 1996, 18(2/3): 165-182.
[13] FACIONE P. Critical thinking: a statement of expert consensus for purposes of educational assessment and instruction[M]. Millbrae, CA: The California Academic Press, 1990: 2.
[14] HALPERN D F. Critical thinking, cognitive psychology of [M]//SMELSER N J, BALTES P B. International encyclopedia of the social & behavioral sciences. Amsterdam: Elsevier, 2001: 2990-2994.
[15] 周建武. 论证有效性分析：逻辑与批判性写作指南[M]. 北京：清华大学出版社, 2016: 6-7.
[16] 保罗 R，埃尔德 L. 批判性思维工具[M]. 3 版. 北京：机械工业出版社, 2013: 1-10.

[17] American Dental Education Association. CTS tools for faculty and student assessment[EB/OL]. [2019-11-12]. https://www.adea.org/adeacci/Resources/Critical-Thinking-Skills-Toolkit/Pages/CTS-Tools-for-Assessment.aspx.
[18] PAUL R, ELDER L. The nature and function of critical and creative thinking[M]. 北京：外语教学与研究出版社，2016: 1-30.
[19] 安德森 L W，等. 布卢姆教育目标分类学：分类学视野下的学与教及其测评[M]. 北京：外语教学与研究出版社，2009.
[20] The Peak Performance Center. Bloom's taxonomy revised[EB/OL]. [2019-11-17]. http://thepeakperformancecenter.com/educational-learning/thinking/blooms-taxonomy/blooms-taxonomy-revised/.
[21] PIROZZI R C. Critical reading, critical thinking a contemporary issues approach[M]. New York: Longman, 2003: 343.
[22] 布鲁克菲尔德 S D. 批判性思维教与学：帮助学生质疑假设的方法和工具[M]. 钮跃增，译. 北京：中国人民大学出版社，2017.
[23] PAUL R, ELDER L. How to write a paragraph: the art of substantive writing[M]. 北京：外语教学与研究出版社，2018: 1-13.
[24] 释见介. 和佛陀谈天说地[M]. 海口：南海出版公司，2016: 56-57.

第 9 章　学术论文写作

9.1　学术论文的性质

学术论文是科学研究成果的形式之一。科学研究成果的形式很多，常见的有期刊论文、会议论文、研究报告、专利、软件著作权、专著、学位论文等。学术论文是科研人员对研究工作的总结和提炼，高质量的学术论文来源于扎实的研究工作。

9.1.1　学术论文与学术交流

1. 学术共同体

学术共同体是从事学术活动的学者根据一定范围内所具有的共同条件而构成的学术组织或团体，其成员具有共同的价值观、文化、态度与行为方式[1]。学术研究的目的是拓展人类的知识疆界，为实现这一目标，从事学术研究的人应开展充分和公开的交流，参与交流的科研人员就形成了学术共同体[2]391。学术共同体可以是正式的，如学会或协会、学术委员会、学术会议、学术期刊等，一所大学就是一个学术共同体[3]。还有一种非正式的学术共同体，被称为“无形学院”（invisible college），是指具有共同研究兴趣的群体，如从事青蒿素研究的科学家组成的群体，就是一个非正式的学术共同体[4]。

2. 学术交流与对话

学术共同体的成员如何参与到学术共同体的交流与对话中？撰写学术论文，并以某种形式公开发表，就是一种参与[5]。《框架》的 6 个核心概念之一，就是“对话式学术研究”，指不同的学者和学术团体会带着新见解和新发现参与学术对话[6]。

在学术期刊诞生之前，科学家通常以通信的方式交流，还有一种形式是定期聚会。进入 17 世纪，自然科学发展迅速，这种低效率的交流形式已不适应，学术期刊应运而生，人类最早的两份学术期刊《学者周刊》和《哲学汇刊》于 1665 年先后在法国、英国创办[7]。学术期刊的产生使得学术成果的传播速度大大加快，学术交流和学术研究因此更加繁荣。

学术会议是另一种常见的学术交流形式，由科学家的定期聚会演变而来。世界上每年都举办主题、规模、形式多样的学术会议，如大型国际会议、小型国际会议、专题研讨会等，其中很多会议定期举办，如年会。还有些研究成果以专著、研究报告、专利等形式传播、交流。

3. 学术评价

除学术研究、学术交流之外，学术评价也是学术共同体的一项重要职能。学术界的评价已经制度化，建立了同行评议制度。在学术论文的评价中，编辑、评议人发挥着重要作用。充当评议人的往往是同一研究领域的同行，或称小同行。评议人的一项重要职责就是把合格的科学研究与不合格的科学研究加以区分，让那些合格的科学研究成果得以公开传播[2]707-708。学术评价是对科研人员的成果和贡献的专业承认。从事学术研究的评议人往往能够超越国家和个人利益，确保评价的客观性和公正性，从而促进人类科学知识的积累和进步[8]。

9.1.2 学术论文的特点

学术论文是用来参与学术共同体学术交流的一种文章，具有鲜明的特点：准确反映客观事物，具有科学性；探讨事物的本质和规律，具有学术性；有突出的特点和独到的见解，具有创新性；表达精练浅近，具有规范性；内容深刻而完备，具有专业性。这些特点可概括为三个方面，即科学性、学术性和创新性。其中，创新性是学术论文最重要的特点，因为“学术的本质就是创新”[9]270。

1. 科学性

第一，发现和解决的问题是真问题而不是假问题。学术研究是问题导向的，研究的问题应该具有理论意义或实践意义，或二者兼而有之。第二，论证的逻辑合理，依据的事实、数据真实可靠，理论根据正确，逻辑严密，具有说服力。第三，观点、结论正确。可检验的观点、结论应该经得起实践检验；不可检验的观点、结论，应该具有逻辑上的自洽性，即能够自圆其说、自成一家之言。第四，表达正确规范，即论文结构完整、层次分明、概念明确、用词准确、语句流畅、条理清晰。第五，格式符合规范。

2. 学术性

学术论文是运用专业语言合乎逻辑地、系统深入地展示专业领域的研究成果，其学术性至少体现在三个方面。第一，使用专业语言表达，学术论文使用的语言既包括文字，也包括图表、公式、数字等，避免口语化表达。第二，分析解决问题的过程中恰当地运用理论分析工具。第三，对事实或材料加以抽象、概括、提炼，并通过严密的论证上升到理论高度，从而形成对研究对象的规律性认识，而不是简单地对事实、现象、材料加以罗列和堆砌。一些论文的学术性不强，往往是语言不够专业，停留于浅层的描述，缺少理论分析框架，缺乏深度。

3. 创新性

学术论文的创新性体现在多个方面，如选题新颖，从新的视角开展研究，运用新的研究方法，使用新的材料，得出新的观点和结论等[10]。就原创性而言，可以分为四种情况。第一，发现了一个未知的理论或实践问题，并有效地解决了问题，那么在选题和研究结论方面都实现了创新。第二，解决了一个以往没有解决的理论或实践问题，在研究结论方面有创新。第三，发现了以往的研究没有关注到的新问题，并对问题的重要性进行了深入论证，使人们认识到问题的价值，这是选题方面的创新。第四，以往的研究已解决某个问题，如果论文提供了新的证明材料或采用了新的研究方法，这是在研究材料、研究方法方面的创新。第一种情况的原创性最高，第二、三种情况次之，第四种情况的原创性程度较低[11]。

9.1.3　学术论文的类型

1. 期刊论文

期刊论文是通过学术期刊发表的论文。每个学科都有一定数量的学术期刊，根据学科的发展，还会创办新的学术期刊。学术期刊定期出版，按出版周期分为周刊、半月刊、月刊、双月刊、季刊、年刊等，每期刊载的文章数量相对稳定。

根据学术影响力的差异，这些期刊被划分为权威期刊、核心期刊和一般期刊。通常情况下，每个一级学科只有一份期刊被定为权威期刊，通常是影响因子最高的那份期刊。例如，图书情报与档案管理学科的权威期刊是《中国图书馆学报》，《教育研究》是教育学科的权威期刊，而《中国社会科学》则被认为是人文社会科学领域的顶级期刊。

学术期刊是最常见的发表学术论文的渠道。一般来说，影响力大的期刊通常评审标准都比较高，过程管理严格，如三审三校，甚至四审四校，最后出版的论文品质也比较高。作者都愿意把文稿投稿到这些期刊，导致其稿源比较丰富，选择的余地很大。

期刊论文从投稿到正式发表，通常要经历半年左右的时间，一些国际权威期刊甚至需要长达两年的时间。为了促进研究成果的快速传播，一些期刊在论文录用并完成修改定稿之后、正式出版之前，提前在网络上出版，如中国知网上“网络首发”的论文就属于这种情况。

2. 会议论文

学术共同体促进学术交流的另一种方法是举办学术会议，出版会议论文集。会议论文指的就是在学术会议上交流、被收入会议论文集的论文。正式出版的会议论文集有 ISBN 号，意味着进入公开传播渠道。一些著名的国际会议的论文集还被会议论文检索工具如 CPCI-S、CPCI-SSH、Ei 等收入数据库。非正式出版的论文集主要用于参加会议的人员交流，传播范围较小。

学术会议在正式举办之前，会发布征文通知。作者在截止日期前提交稿件，会议举办方在截止日期之后，将组织专家审稿。正规的学术会议都有一个程序委员会，该委员会的成员就是审稿专家，通常为每篇论文分配 3～5 位审稿人。与期刊外审环节类似，审稿专家依据会议制定的评审标准审稿，并给出是否录用的建议，还会给每篇论文的优劣之处给出详细评价，并提出修改意见。程序委员会根据专家对论文的评价意见，做出是否录用的决定，并通知作者；论文被录用的作者根据专家的意见修改，在要求的日期之前提交定稿。这样，在会议召开前夕，论文集就出版了。

从作者提交论文到论文集出版，通常只有几个月的时间，因此，会议论文出版速度比期刊论文快。此外，论文作者在会议召开期间做学术报告，有机会与同行当面交流并形成合作关系。

3. 学位论文

学位论文是一种特殊的学术论文，具备学术论文的基本特点，其特殊之处在于，作者撰写学位论文的主要目的是获得学位。在高校或其他科研院所学习的本科生、硕士研究生和博士研究生，在完成规定的课程学习和其他任务之后，必须提交一篇学位论文申请学位，通过答辩的，方可获得相应的学位。《中华人民共和国学位条例》把学位分学士、硕士、博士三级[12]。我国 2006 年发布的国家标准《学位论文编写规则》（GB/T 7713.1—2006）对不同层次学位论文的水平提出了明确要求。

（1）学士学位论文大多是作者所学专业的综合应用，一般只涉及不太复杂的问题，论述的范围较宽，研究层次较浅，表明作者已较好地掌握了本学科的基础理论、专门知识和基本技能，并具有从事科学研究工作或担负专门技术工作的初步能力。

（2）硕士学位论文必须具有一定程度的创新性，强调作者的独立思考能力，硕士论文应能表明作者确已在本学科上掌握了坚实的基础理论和系统的专门知识，并对所研究课题有新的见解，有从事科学研究工作或独立担负专门技术工作的能力。

（3）博士学位论文被视为重要的学术文献，是能够体现所在学科领域最前沿的创造性成果，表明作者确已具有坚实宽广的基础理论和系统深入的专门知识，掌握了所在学科的科学研究方法，具有独立从事科学研究工作的能力[13]。

学位论文可以整理为期刊论文、会议论文发表，很多博士论文以专著的形式出版。有一个简单的办法衡量学位论文的水平。一篇硕士学位论文应至少整理出一篇期刊论文或会议论文在重点核心期刊或重要国际会议发表，而一篇博士学位论文应该至少整理出 3～5 篇这样的论文。

4. 研究报告

研究报告具备学术论文的基本特点，是一种重要的成果形式。科研人员将研究成果以研究报告的形式呈交给研究资助机构，或提交给政府等决策部门参考。有些研究报告直接以报告的形式公开出版，有些则整理为专著的形式出版，那些具有保密性质的研究报告则不公开出版。

国家标准《科技报告编写规则》（GB/T 7713.3—2014）规定，科技报告是组织或个人描述其研究、设计、工程、试验和鉴定等活动的进展或结果，或描述一个科学或技术问题的现状或发展情况的文献。报告中应提供丰富的信息，包括正反两方面的结果和经验，以方便他人参考借鉴[14]。

9.2 学术论文的结构与格式规范

学术研究是探讨、解决学术问题的活动，因此，学术论文的基本逻辑就是提出问题、分析问题、解决问题。这种逻辑对学术论文的结构做出了规定，即学术论文具有确定的组成要素，组成要素之间具有内在的逻辑关系，这导致学术论文在结构上是一种“八股文”，符合结构规范。此外，学术论文的格式也应该遵循一定的准则，这就是学术论文的格式规范。学习和掌握学术论文的结构规范和格式规范，有助于写出符合规范的学术论文，提高学术水平。

9.2.1　学术论文的结构规范

1. 学术论文的组成要素

学术论文一般包括 10 个组成要素，可以大致划分为前置部分、正文部分和后置部分，表 9.1 按出现顺序列出了 10 个要素和所属区域。

表 9.1　学术论文的组成要素

要素	所属区域
①题名（title）	前置部分
②作者（author）及其单位（affiliation）	
③摘要（abstract）与关键词（keywords）	
④专业分类代码（classification number）	
⑤引言（introduction）	正文部分
⑥主体（main body）	
⑦结论（conclusion）	
⑧参考文献（references）	后置部分
⑨附录（appendix）	
⑩致谢（acknowledgement）	

不是所有的学术论文都会出现这 10 个要素，题名、作者及其单位、摘要与关键词、引言、主体、结论、参考文献这 7 项是必备的，而专业分类代码、附录、致谢这 3 项是可选的。“主体”虽然作为一个要素列入，但并不出现这个标题，在论文中通常由几个部分组成。

“致谢”在不同类型的学术论文中出现的顺序有所不同，我国的学位论文中，致谢放在全文的最后，而 Ei 会议论文的致谢放在参考文献之前。

图 9.1 是一篇 SCI 论文的 8 个组成要素。

Title
Author and affiliation
Abstract and Keywords
Introduction
Materials and Methods
Results and Discussion
Acknowledgments
References

图 9.1　一篇 SCI 论文的组成要素

2. 组成要素的功能与逻辑关系

学术论文的 10 个组成要素具有不同的功能，而其中的逻辑关系主要体现在正文部分。

前置部分提供的题名、作者及其单位、摘要与关键词、专业分类代码等主要为信息组织和信息检索服务。学术论文发表之后，都要被组织到文献数据库，并为题名、作者姓名、作者单位、摘要、关键词、分类号等建立索引，以便他人从这些途径可以检索到该论文。

后置部分的参考文献具有多重功能。科研工作的一个突出特点是具有继承性和关联性，是对前人工作的深化和拓展。通过引用参考文献，一方面可以表明论文的研究基础及相关的科学依据；另一方面也是对前人工作的认可和尊重。参考文献在论证过程中还对作者的观点起着支持、佐证、强化等功能。引用相关参考文献，还可以精简论文的篇幅。列出的参考文献还能够为阅读论文的人提供丰富的研究线索，起到检索入口的作用。附录和致谢的作用在下节介绍。

由引言、主体、结论构成的正文部分是论文的核心，按照“提出问题→分析问题→解决问题→总结”的逻辑加以组织。表 9.2 结合《美国阅读服务专业人才培养的经验与启示》一文[15]，说明学术论文的核心要素及其功能与逻辑关系。从表 9.2 中可以看出，引言和结论（文中为“结语”）直接以标题的形式出现，而主体的内容则十分丰富，由论文的第 2～5 章构成。

表 9.2　《美国阅读服务专业人才培养的经验与启示》的核心要素及其功能与逻辑关系分析

论文的核心要素	功能与逻辑关系
1 引言	引言：介绍问题产生的背景，分析研究现状，分析现有研究的不足之处，提出解决思路
2 调查对象	介绍具体的研究方法、数据收集方法
3 美国阅读服务人才培养现状分析	分析问题——美国的经验：对收集的数据从培养项目、课程设置、师资力量 3 个方面进行分析，课程设置又从两个角度展开分析，形成基本结论
3.1 培养项目	
3.2 课程设置	
3.2.1 图书情报学硕士项目中的阅读类课程	
3.2.2 学校图书馆媒体项目中的阅读类课程	
3.3 师资力量	
4 美国阅读服务专业人才培养的特点	分析问题——美国的特点：对上述调查发现和基本结论进一步提炼，总结出 3 个特点
4.1 以能力标准指导人才培养	
4.2 人才培养以专业方向为导向	
4.3 课程设置系统性强	
5 美国阅读服务专业人才培养对我国的启示	解决问题：针对引言部分指出的我国存在的问题，结合美国的特点，分析美国经验对我国的启示，并对解决我国的问题提出建议
5.1 制定并依据能力标准指导人才培养计划	
5.2 在图书馆学硕士下设置阅读服务专业方向	
5.3 构建系统化、科学化的课程体系	
5.4 建设专业背景多样化的师资队伍	
6 结语	结论：简述本文所做的工作，总结研究的结论和发现，指出研究的不足之处及下一步的思路

3. 10个组成要素的写作规范

选题规范是学术论文写作方面最重要的规范，选择什么样的问题开展研究是研究者的自由，但选题一定要有意义，在研究内容或研究方法方面要有创新，研究的发现或形成的结论应该对研究领域有独特的贡献[16]。《科学技术报告、学位论文和学术论文的编写格式》（GB 7713—1987）对学术论文的创新性提出了明确要求①，“学术论文应提供新的科技信息，其内容应有所发现、有所发明、有所创造、有所前进，而不是重复、模仿、抄袭前人的工作”[17]。下面依据该标准及其他资料，介绍学术论文的10个组成要素的写作规范。

1）题名

题名又称标题，是以最恰当、最简明的词语反映论文最重要的特定内容的逻辑组合，一般不超过20个字。题名所用的每一个词语都应该有助于选定关键词和编制检索工具，应避免使用不常见的缩略词、代号。可以使用副题名补充说明论文中的特定内容。

2）著者及其单位

所有署名作者都应该对论文创造有实质性的贡献，了解研究过程，认可研究结论，同意投稿并公开发表。所有署名作者对论文都负有学术责任和法律责任，其中第一作者、通信作者的贡献最大，责任也最大。通信作者是负责投稿、与出版方沟通联络、签署版权转让协议、论文修改、缴纳论文版面费的作者。越来越多的期刊要求论文投稿时列出作者贡献说明。

3）摘要与关键词

摘要是一篇完整的短文，应包含与论文同等量的主要信息，以便读者确定有无必要阅读全文，应说明研究的目的、方法、结果、结论。期刊及会议论文的中文摘要一般不超过200～300字，英文摘要不超过250个实词。

越来越多的中外文期刊使用结构化摘要，下文是《图书情报知识》的摘要模板[18]。

> **摘要：[目的/意义]** XXXXXXX。（简明扼要的说明文章的研究目的和解决的问题，以及文章的写作背景及意义等。）**[研究设计/方法]** XXXXXXX。（说明为解决问题或实现目标而使用的研究方法、进行的研究过程等，包括主要的方法、工具及所需的条件等。）**[结论/发现]** XXXXXXX。（说明通过调查和研究分析得出的客观结果、数据、事实，并阐述根据研究结果推理得出的结论，包括分析和评价研究结果的具体效果、价值与意义等。）**[创新/价值]** XXXXXXX。（说明文章的原创性，或者是与其他研究的不同之处，如新方法、新思路等。）

下面是《美国阅读服务专业人才培养的经验与启示》的摘要，按照这个模板撰写。

> **摘要：[目的/意义]** 全面考察和总结美国阅读人才培养的先进经验，可以为我国阅读服务专业教育发展提供参考。**[研究设计/方法]**以20所美国图书情报学院为调查对象，从培养项目、课程设置、师资力量三个方面开展深入调查与分析。**[结论/发现]** 美国阅读服务专业人才培养呈现出三个显著特点，即依据能力标准指导人才培养、人

① 目前没有关于学术论文的国家标准，本书采用的国家标准已作废，仅供参考。

才培养以专业方向为导向、课程设置具有系统性。借鉴美国的经验，结合我国人才培养的现状，对我国阅读服务专业人才培养提出四个方面的建议：①制定科学可行的阅读服务人才能力标准；②在图书馆学硕士下设置阅读服务研究方向；③构建完备的人才培养课程体系；④建设专业背景多样化的专门师资队伍。**[创新/价值]**从阅读服务专业人才培养的角度全面考察美国图书情报学教育经验，结合我国实际提出建议，为解决我国阅读服务专业人才短缺的问题提供可持续发展的思路。

摘要虽然篇幅不长，但是信息量大，写作难度大，建议在论文正文完稿之后再写摘要。这是因为，写作的过程也是一个思考的过程，在没有完稿的情况下，论文的结构没有定型，结论尚不清楚，像结论、发现、创新/价值这样的内容就无法写出。经过艰苦的思考和写作完成论文定稿之后，作者对论文的内容了然于胸，写起来就很轻松。特别是，摘要与研究结论部分的内容高度重合，只是更加精炼、更加结构化。

关键词与摘要如影相随。关键词是从论文题名、摘要、正文中选取出来的、能反映论文主题的、有实质意义的单词或术语，多为名词或名词词组。学术论文一般要提取 3～8 个关键词，确保对论文主题感兴趣的人从多个角度检索到该论文。关键词提取准确、全面，被检索到的可能性就比较大，就更可能得到传播和利用，使论文的价值得到充分开发。例如，《美国阅读服务专业人才培养的经验与启示》一文提取了 5 个关键词：阅读服务；阅读推广；人才培养；专业教育；美国。其中，阅读推广是阅读服务的下位词，但使用更广泛，故一并列出。

4）专业分类代码

一些期刊或国际会议在论文出版时，会标示论文对应的专业分类代码，明确在论文涉及主题知识体系中所处的位置。这个分类代码一般由论文作者在投稿时提供，作者应首先弄清使用的是哪一种分类体系。

现在国内很多期刊要求论文作者提供《中图法》分类号，可使用分类号查询系统找到论文主题对应的分类代码[19]。

5）引言

引言位于论文正文的开头，这一部分的主要作用是提出需要研究的具体问题。应简要说明研究工作的背景和意义、相关领域前人的工作和现有研究的不足之处、理论基础、研究思路、研究方法、实验设计、预期效果等。引言的篇幅不宜过长，2～3 段即可，应言简意赅地快速切入话题，指向需要研究的问题。如果国内外研究现状的内容较长，可以单设一节，与引言并列。研究思路、研究方法、实验设计部分如果比较复杂，也可单独设为一节。

学位论文、专著、研究报告的引言部分一般称为绪论，单列一章。

6）主体

主体是学术论文的核心部分，占主要篇幅，其内容包括：研究对象、实验和调查等数据收集方法、实验和调查结果、数据分析方法和过程、经过加工整理的图表、形成的观念和结论、提出的建议等。

7）结论

结论是论文的最终的、总体的结论，不是对论文主体各部分分项结论的简单重复，而是对上述内容的概括、总结、深化和提炼。

结论部分应该包括 3 方面的内容：本文所做的主要工作；研究的主要发现和结论；研究的不足之处，对开展进一步研究的设想和建议等。

8）参考文献

引用参考文献应遵循以下 5 项原则。第一，引用研究水平较高的有代表性的文献。第二，引用最新的研究成果，特别是最近 3～5 年的文献。第三，兼顾中外文文献。第四，采用标准化的著录格式。第五，正文部分引用的文献（文内）与参考文献列表中的文献（文后）要一一对应。此外还需要特别注意，引用的文献都应该是经过自己查找、阅读、筛选过的文献，不能复制粘贴他人论著中的参考文献。

所谓采用标准化的著录格式，是指《信息与文献 参考文献著录规则》（GB/T 7714—2015）规定的格式。在正文中引用的参考文献及参考文献列表有两种格式，一种是顺序编码制，一种是著者-出版年制。

国内学术期刊大多采用顺序编码制。例如，一篇研究学位的功能、结构与学位授予权本质的论文[20]，在下面的论述过程中引用了参考文献[1]-[5]，那么在文后的参考文献列表中就会按顺序列出这 5 篇文献，如示例 1 所示。

示例 1：顺序编码制

改革开放 40 年来，中国……初步建立起一套研究生教育质量保障体系[1]。……有学者就认为学位制度是效仿行会制度“艺徒—会员—师傅”和骑士制度“雇从—下级骑士—骑士”而建立起来的[2]。……中世纪的学生在（大学）毕业获得学位后，方能取得“到各地自由任教”的权利[3]。……自此之后，西方大学教师的聘用资格就定格在教师的专业知识、宗教信仰、性格及其他个人品质[4]。……后举行一个仪式，并组织一场宴会，刚刚具备师傅资格的人也自此第一次有权开展他自己的业务，具备了行会成员的所有权利[5]。

论述中引用的 5 篇参考文献依次出现在如下所示的参考文献列表中。

参 考 文 献

[1] 吴文刚, 周光礼. 模仿与创新: 中国学位与研究生教育百年回顾[J]. 高等教育研究, 2014(10): 46-51.

[2] 杨少琳. 法国学位制度研究[D]. 重庆: 西南大学, 2009.

[3] 科班. 中世纪大学: 组织与发展[M]. 周常明, 王晓宇, 译. 济南: 山东教育出版社, 2013: 34-36.

[4] 周光礼, 马海泉. 教学学术能力: 大学教师发展与评价的新框架[J]. 教育研究, 2013(8): 37-47.

[5] LAURIE S S. Lectures on the rise and early constitution of universities[M]. London: Kegan Paul, Trench & Co., 1886: 215-216.

英文学术期刊多采用著者-出版年制，参考文献按作者姓氏字母顺序排列。例如，一篇讨论批判性思维的论文[21]在论述中引用的 4 篇文献，就按作者的姓氏字母顺序列在参考文献列表中，如示例 2 所示。

示例 2：著者-出版年制

Kurfiss (1989) views critical thinking as requiring procedural knowledge and discipline-specific knowledge. Knight (1992) posits critical thinking as involving necessary skills including “development of cogent arguments, clear definitions, problem solving strategies, information organization，and creativity” (as cited in Mumm & Kensting，1997：p.3). In developing the California Critical Thinking Skills Test，2001；Facione et al.(2002)reference the American Philosophical Association’s definition of critical thinking as “the process of purposeful，self-regulatory judgment” (p.2)…

REFERENCES[①]

……

Facione P A, Facione N C, Blohm S W, & Giancarlo, C. A.(2002). *The California Critical Thinking Skills Test: CCTST. Form A, Form B, and Form 2000. Test manual 2002 updated edition*. Millbrae, CA: Insight Assessment.

……

Knight(1992), C.(1992). Teaching critical thinking in the social sciences. *New Directions for Community Colleges*, 77, 66-73.

……

Kurfiss, J. G.(1989). Helping faculty foster students’ critical thinking in the discipline. In A. F. Lucas(Ed). *New directions for teaching and learning*(p.37). San Francisco: Jossey-Bass.

……

Mumm, A., & Kensting, R. C.(1997). Teaching critical thinking in social work practice courses. Rhode Island College Faculty Publication Paper 143. http://digitalcommons.ric.edu/facultypublications/143

……

9）附录

附录部分收入不便于编入正文、但与正文关系密切的内容，如调查问卷、访谈大纲、重要的程序源代码、数学推导、原始数据、统计表等。附录与正文一起连续编页码。

10）致谢

致谢分两种。一种是说明对研究工作进行资助的基金、奖学金、合同单位等，如国家自然科学基金、国家社会科学基金、国家留学基金管理委员会等。另一种是鸣谢，感谢对研究工作给予支持的个人或组织，如提出过建设性意见的匿名审稿专家、为研究工作的开展提供过方便的机构或个人等。

9.2.2　学术论文的格式规范

论文格式不规范的问题十分普遍，在历年的毕业论文答辩中都让老师们头疼，也是期刊编辑和审稿专家经常碰到的问题，主要原因是论文作者不熟悉学术论文的格式规范。为此，本书作者所在课题组以双通道理论为指导，使用 Unity 3D 软件设计了一款动作模拟游戏《跟我学做文章》，让玩家跟着一个小精灵学习论文写作的基本格式规范与技巧，包

① 此参考文献的格式为 APA 格式。

括制作文档结构图、自动生成目录、使用 NoteExpress 管理参考文献、图表的布局规则、插入脚注及分页符、使用 Word/WPS 的审阅功能等[22]。该游戏已在“信息素养修炼站”上发布，可以免费下载使用[23]。

如今人们普遍使用 Word 或 WPS 写作文稿，这意味着对学术论文的格式规范有些新的要求。下面结合 Word/WPS 的使用，介绍学术论文写作的基本格式规范。

1. 使用文档结构图

在 Word 文档中制作文档结构图，可以让论文的整体结构一目了然，一方面方便论文指导老师、编辑和审稿人审阅文稿，另一方面也便于自己调整论文的结构，方便写作、修改论文。

在 Word 中单击“视图”，选定“导航窗格”，屏幕左侧就会出现一个导航区。单击 Word 中的“开始”菜单，功能栏会出现“标题 1”、“标题 2”、“标题 3”等标题级别选项。选定拟设置标题的内容，然后单击某个标题级别，该标题就会出现左边的导航区。如图 9.2 所示，“9.2.2 学术论文的格式规范”被设置为三级标题。

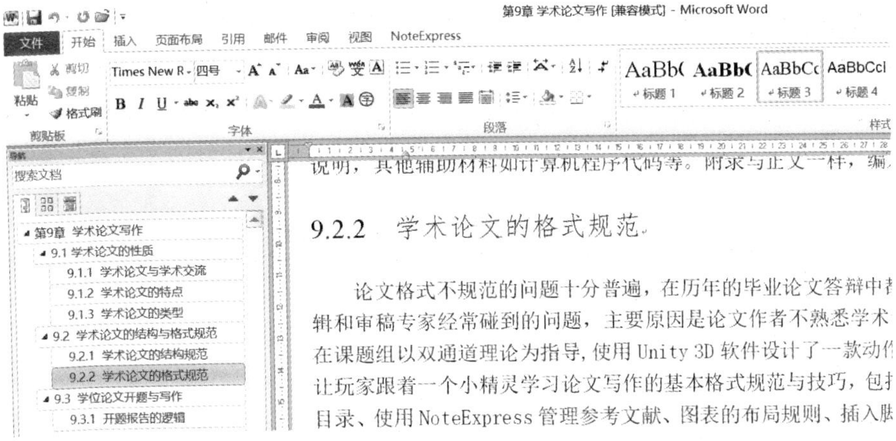

图 9.2　制作文档结构图

2. 自动插入目录

学位论文、专著、研究报告等篇幅较长，一般要求在正文前插入论文目录。在 Word 中单击“引用”，屏幕左上角出现“目录”，单击下箭头，然后单击“插入目录”，就可以在文档前面插入目录。如果文档的内容在写作过程中发生变化，则把鼠标放在目录上并右击，还可以对目录进行更新。

3. 标题与标号

为了呈现学术论文的逻辑结构，通常在论文的标题下设置若干大标题，在大标题下面设置若干小标题，在小标题下面再设置一些子标题，以此类推。各级标题都设置标号，标示标题的级别，这样论文的层次结构就十分清晰。标号与标题之间一般不加圆点，如下所示。文档结构图和目录一般只显示三级标题，而不显示小括号和圆括号、半圆括号对应的标题。

1 绪论
1.1 研究背景与意义
1.2 国内外研究现状
1.2.1 国外研究现状
1.2.2 国内研究现状
1.2.3 研究现状述评
1）
①
②
③

4. 字号与行间距

学术论文对字体、字号有所要求，具体要求因机构的规定、学术论文的类别而有所不同，但一些基本规则是一致的。表 9.3 列出的是常见的期刊论文字号与字体。会议论文的要求与期刊论文相似。学位论文篇幅较长，结构更复杂，层级也较多，标题字号设置的基本规则是：级别越小，字号越小。

如果需要呈交打印文本，如项目申报书，可以把正文设置为小 4 号，其他内容如摘要、关键词、图表标题及内容、参考文献等，则设置为 5 号。这样可以让评阅专家看起来轻松一些。

表 9.3　常见期刊论文字号与字体

内容	字号	字体
论文标题（中文）	2～4 号 居中	黑体
作者及单位	小 5 号	宋体
摘要、关键词（中文）	小 5 号	楷体
正文一级标题	小 4 号	宋体加黑
正文其他标题	5 号	宋体加黑
正文文本	5 号	宋体
图表标题及内部文字	小 5 号	宋体
参考文献	小 5 号	宋体
英文标题	2～4 号 居中	Times New Roman
英文摘要、关键词	小 5 号	Times New Roman

设置行间距时，建议选择“多倍行距”，1.2～1.3 是最合适的，这是期刊编辑在长期的实践工作中总结出来的经验。如果行间距设置为 1，文本就显得太密集。如果行间距设置为 1.5 或 2，文本就太长了。

5. 图表及其标题

学术论文经常运用图和表格呈现原理和数据等内容，图、表都应该有标号和标题，图表及标题一般居中显示。图的标题位于图的下方，而表的标题位于表的上方，标号与标题之间留一个空格，不加冒号。

期刊论文、会议论文的篇幅一般在 10 页左右，图、表按出现的顺序连续编号，如“图 1”“表 1”等。学位论文、专著、研究报告等篇幅在几十页到几百页不等，内容被划分为 5～10 章，图表以章为单位连续编号。例如，第 1 章的第 1 个图，编号为“图 1.1”；第 3 章的第 6 个表，编号为“表 3.6”。

6. 分页符

学位论文或教材、专著都由多章构成，篇幅比较长，使用 Word 或 WPS 编辑文档时，在各章之间插入分页符。这样可以保证每一章的标号和标题都位于一页的最上方，各章之间界限分明。

7. 参考文献格式

这方面的内容在第 2 章介绍参考文献著录规则，以及第 6 章介绍文献信息管理工具 NoteExpress 时，已有详细介绍，这里不再赘述。

9.3 学位论文的开题与写作

学生在学位论文开题和写作阶段，往往不理解开题报告的内容、结构和意义；综述写作不规范的情况非常普遍；对研究方法不甚明了，不知如何运用；对论文大纲的结构和功能不了解，拟出的大纲往往很不规范。因此，本节重点讨论这 4 个方面的问题。

9.3.1 开题报告的内容与逻辑

学生在选定学位论文的题目后，就要准备开题报告。所谓开题就是围绕选题开展初步研究，了解该选题的国内外研究现状，确定从哪些方面着手，并拿出一个可行的研究方案。

表 9.4 列出了开题报告的主要内容。其中，绪论部分就是论文的第一章，按照“提出问题→分析问题的研究现状→针对现有研究的不足确定拟解决的问题→设计解决问题的方案”的逻辑展开，具体在表 9.4 的右栏说明。

表 9.4 开题报告的内容与逻辑

开题报告的主要内容	逻辑
1 绪论	本章的目的是为选题设计一个可行的研究方案
1.1 研究背景与意义	在什么样的背景下产生了一个什么样的问题，解决这个问题在理论和实践层面会有什么积极的作用
1.2 国内外研究现状	国内外开展了哪些方面的研究，水平如何，存在什么问题
1.2.1 国外研究现状	国外学者围绕该问题开展了哪些方面的研究

续表

开题报告的主要内容	逻辑
1.2.2 国内研究现状	国内学者围绕该问题开展了哪些方面的研究
1.2.3 研究现状述评	总结国内外的研究已经解决了问题的哪些方面，还有哪些方面尚未得到解决。说明本选题准备从哪个方面开展研究
1.3 研究内容	对于选定的具体问题，又有哪些方面需要深入研究，本选题准备研究其中的哪些内容。数量以 3～5 个为宜
1.4 研究方法	准备采用什么思路研究选定的问题，对于其中不同的内容和具体问题，准备采用什么具体方法来解决
1.5 主要创新点	对于选定的问题，准备在哪些方面有所突破。学士论文有 1～2 个创新点即可，硕士论文 2～3 个为宜，博士论文应该有 3～5 个创新点
论文大纲	为课题研究和论文写作提供一个详细的框架
参考文献	论述问题产生的背景、国内外研究现状时引用的文献
进度计划	以月为单位，按选题、撰写开题报告、实施研究、撰写初稿、修改定稿、专家评审、答辩几个阶段安排时间进度

9.3.2 综述部分的写作

开题报告中的国内外研究现状，又称为文献综述，简称综述。综述分为两种。一种是论文中的综述，其名称可能是“国内外研究现状”、“文献综述”（literature review）等。期刊或会议论文的综述有可能出现在论文的引言部分，只占 1～2 段的篇幅。另一种是综述论文，其内容也是对某个问题的国内外研究现状的梳理和总结，但作为一篇独立的文章发表，名称中通常会出现“研究进展”“回顾与展望”等表述。

下面以程锦、陆林、朱付彪的综述论文《旅游产业融合研究进展及启示》[24]为例，说明综述的结构和写作方法。

1. 综述的结构

综述的结构可以描述为“总—分—总”。第一个“总”是研究的问题；所谓“分”，就是把问题分解为不同的方面，对其研究现状分别加以描述；第二个“总”是总结，是对问题不同方面的研究现状加以概括和提炼，得出关于研究现状的结论。从结构上看，是从问题出发，又回到问题。但通过对问题的分解、梳理、总结，对问题有了全面的认识。

“分”的方式有两种。第一种采用二分法，按照国外研究现状、国内研究现状进行分解；另一种是根据问题的不同方面来分解，分别展开论述。

示例 1 展示的是《旅游产业融合研究进展及启示》一文的结构。该综述采用的就是按问题的不同方面来分解，把旅游产业融合研究分解为概念研究、产品研究、模式研究、机制研究、路径研究、效应研究 6 个方面，针对每一个方面分析其研究进展。其中，概念研究又进一步分解为产业融合和旅游产业融合两个方面，层层深入。

示例 1：综述论文的结构

1 引言

2 研究进展
2.1 概念研究
2.1.1 产业融合
2.1.2 旅游产业融合
2.2 产品研究
2.3 模式研究
2.4 机制研究
2.5 路径研究
2.6 效应研究
3 国内外旅游产业融合研究比较与评价
4 启示

2. 综述写作方法

初次接触综述写作的青年学生最容易犯的错误就是罗列、堆砌资料，缺乏对问题的分解，也不形成结论。正确的综述写作是条分缕析，通过梳理得出结论。

示例2截取了论文《旅游产业融合研究进展及启示》中有关概念研究的部分内容，下面来分析作者如何通过梳理得出结论。这一部分的目的是分析旅游产业融合概念的研究现状，作者先从产业融合入手，然后过渡到旅游产业融合，最后一段总结得出结论。对于产业融合这一概念的梳理，是分别从产业、融合这两个基本概念入手，然后过渡到产业融合这一概念。对于其中的具体方面，则分别从国内、国外两方面展开论述。这种写作方法使得论文的结构十分清晰，值得学习。

示例2：综述写作方法

2.1　概念研究

2.1.1　产业融合

产业是“由提供相近商品或服务、在相同或相关价值链上活动的企业共同构成的，具有某类共同特性是将企业划分为不同产业的基础”[2]。融合是“朝着一个点运动或者是两个或更多要素的汇合，或者是几种不同事物合成一体”[3]。

产业融合的现象早在20世纪60年代出现，关于产业融合的概念，国内外学者从不同的角度或领域对其进行了界定。产业融合概念最早出现在技术研究领域。罗森伯格（Rosenberg）将技术融合定义为不同产业在生产过程中逐渐依赖一种相同的生产技术从而使原先分立的产业变得紧密联系[4]。赛等认为，一种技术范式跨不同行业的扩张……

2.1.2　旅游产业融合

产业融合对行业发展的作用早已被人们所认识并利用，旅游产业融合的现象也引起了国内外学者的关注。但是，对旅游产业融合的概念进行界定并系统研究旅游产业融合的文献还很少。通过文献检索，笔者并未发现国外研究者对旅游产业融合概念的明确界定。国内研究方面，颜柯林认为，旅游产业融合是旅游产业与国民经济其他产业之间或者旅游产业内部不同行业之间通过相互渗透、相互交叉而逐步形成新产业或改造原有产业的动态发展过程[18]。杨颖认为，旅游业的跨界融合表现在相互渗透……。

借鉴已有研究成果，并结合产业融合定义，笔者认为，旅游产业融合是旅游产业与其他产业或者旅游产业内部不同行业之间发生相互渗透、相互关联，最后形成的产业。旅游产业的融合有两种方式，一种是旅游业与其他服务业的融合，也包括旅游业六要素之间的融合；另一种是旅游业与非服务业，即与第一、第二产业的融合。

9.3.3 研究方法的选择与运用

1. 研究方法分类

研究方法分为3个层次，即哲学方法论、一般方法、具体研究方法。

位于第一个层次的哲学方法论包括实证方法和非实证方法。所谓实证方法，一定有一个建立研究假设，收集证据，验证假设是否成立的过程。非实证方法更多地运用思辨得出结论，没有建立假设、验证假设的过程。

位于第二个层次的方法是归纳法和演绎法，是在所有的学术研究中普遍使用的方法，故称为一般方法。归纳法是从个别事实推演出一般原理的逻辑方法；演绎法是从一般到个别的过程，即从一般原理推演出命题，然后收集证据检验命题是否成立，进而对原理进行修正和完善。

位于第三层次的具体研究方法有很多，包括基本研究方法及其亚类，如文献研究、比较研究、实地研究、访问研究、调查研究、实验研究、社会网络分析、统计分析、计量分析、案例分析、话语分析、建模、内容分析、焦点小组等，内容十分丰富。建议大家专门学习研究方法这门课程，深入地了解主要研究方法及其适用范围。

2. 研究方法的选择

学术论文写作时容易犯的一个错误是，把不同层次的方法混为一谈，如分析推理方法、归纳方法、实证方法。实际上，学位论文中所指的研究方法通常是指具体方法。具体采用什么方法开展研究，需要结合课题特点决定，可以大致划分为数据收集方法、数据分析方法、理论建构方法等。

描述采用的研究方法时，不应简单地把方法罗列出来，而要适度展开，说明如何运用方法，达到什么目的。下面简要介绍几种常用研究方法的使用目的。

（1）文献研究法。这是所有的研究都会使用的一种方法。全面收集与课题相关的国内外研究文献，通过系统的梳理和分析，了解该领域的发展脉络、研究现状、理论基础、研究方法、经典文献、重要机构和人物，了解该领域已经解决的问题和建立的基础，以及尚未解决的问题，为本课题选择合适的研究角度和起点。学生容易把文献研究法与内容分析法混淆。文献研究过程中确实需要对文献的内容进行分析、归纳，从而梳理出一个脉络。但这种分析与内容分析法所指的分析不同。内容分析法是源于新闻传播领域的一种研究方法，也需要对大量文献进行分析。但内容分析法需要建立一个分析框架，即制定一套编码规则，然后依据编码规则对每篇文献的内容进行分析，最后对全体文献的编码情况进行统计。文献研究法以定性分析为主，内容分析法是定性与定量相结合的方法。

（2）访谈法。访谈法是调查方法的一种。访谈之前应明确访谈目的，并在前期研究的基础上拟定访谈大纲，大致确定访谈对象及样本数量，还要清楚如何运用访谈数据。

（3）实验法。实验研究很多时候被用于验证研究假设。例如，以某种理论为指导设计一款学习类游戏，然后招募学生试玩游戏，测试游戏效果和游戏学习效果。这就是一个典型的实验研究。实验研究的样本数量一般应大于 30。

（4）问卷调查法。社会科学领域大量运用问卷调查的方法收集数据。与访谈法一样，这也是调查方法的一种，在实施调查之前需要明确调查的目的、对象、拟收集样本的数量和范围，特别是需要在前期研究的基础上设计调查问卷。本科生收集的问卷数量应该在 100 个以上，研究生收集的样本应该有几百甚至几千个，具体要根据课题的特点和要求决定。

（5）统计分析方法。该方法主要用于对收集的数据进行分析，得出研究结论。

9.3.4 论文大纲的结构

学位论文的开题报告要求拟定论文提纲。能否拟出一个详细的、可行的大纲，是检验前期工作是否充分、开题报告是否完整的重要标志。大纲的主要章节应具体到三级标题，说明对研究的问题和如何开展研究都十分明了，胸有成竹。如果大纲不够具体，说明研究思路不成熟。

表 9.5 列出了学位论文大纲的主要章节，并介绍各章节的功能、逻辑关系、写作方法。学士学位论文一般只有 5 章，绝大部分学位论文的第 1 章和最后 1 章的结构完全相同。第 2 章的内容都是研究的理论与方法基础，各节的内容根据研究的需要设置。第 3～4 章是研究的创新部分。需要说明的是，第 3～4 章的内容仅供参考，需要结合具体的研究问题来拟定标题和子标题。

表 9.5　学位论文大纲的结构

主要章节	功能与逻辑
1 绪论 1.1 研究背景与意义 1.2 国内外研究现状 1.2.1 国外研究现状 1.2.2 国内研究现状 1.2.3 研究现状述评 1.3 研究内容 1.4 研究方法 1.5 主要创新点	按照由远及近，由大到小，由抽象到具体的顺序介绍问题产生的背景，逐步切入到本研究涉及的问题，阐述研究、解决这一问题的理论与实践意义 梳理国内外对这一问题开展研究的来龙去脉，评价对问题的各个方面研究的状况，找出现有研究的不足，初步确定本研究的角度和具体问题 说明对选定问题的哪些方面开展深入研究 准备使用哪几个具体的方法开展研究 准备在哪几个方面有所突破
2 理论与方法基础 2.1 概念 2.2 原理 2.3 方法 2.4 与本问题的结合	阐释与本研究相关的基本概念、原理、方法、技术与工具等，为开展研究奠定理论与方法基础。引用一些参考文献，特别是该领域的经典文献。具体标题应与研究问题结合，如“社会网络分析的理论与方法” 阐述这些理论、方法如何与本研究结合
3 提出研究假设和分析框架 3.1 运用理论分析问题 3.2 提出研究假设和推论 3.3 设计收集证据的方案	运用理论分析本研究涉及的问题，并提出若干假设，根据提出的假设推演出若干推论 设计验证上述推论和假设的方案 设计调查问卷及每个题项、访谈大纲、实验方案

续表

主要章节	功能与逻辑
4 验证研究假设 4.1 实验/调查……概述 4.2 数据分析 4.2.1 对访谈数据的分析 4.2.2 对调查问卷的分析 4.2.3 对实验数据的分析 4.3 结果讨论/形成结论 4.3.1 验证每个假设 4.3.2 讨论通过验证的假设 4.3.3 讨论未通过验证的假设	验证研究假设，形成研究结论 概要介绍开展的实验或调查研究，应该包括一些重要细节，如调查的时间、地点、对象、样本数量等 对收集的数据进行全面深入的分析。一般先按照并列关系开展，如分别对访谈数据、调查问卷数据、实验结果进行分析，然后对每一部分向纵深方向拓展 运用数据分析结果，对提出的每一个研究假设和推论进行检验。对于通过验证的假设，讨论其影响并得出研究结论。对于未通过的假设，也要讨论并形成结论 这个过程要运用第 2 章介绍的理论和方法
5 总结与展望 5.1 主要工作与创新点 5.2 不足之处 5.3 下一步的工作	对研究过程和研究结果进行全面的总结和评价 主要开展了哪些工作，有哪些主要发现，得出了哪些重要结论。指出研究的局限性，并对进一步开展该研究提出建议
参考文献	列出引用的参考文献，主要出现在第 1～2 章
附录	分别列出调查问卷、访谈大纲、实验细节等
致谢	硕士、博士学位论文一般在最后对指导老师、授课老师、同学、家人及其他提供过支持和帮助的人表示感谢。致谢是重要的个人历史文献，不要出现错别字

9.4 学术论文的写作与投稿

9.4.1 学术论文的写作步骤

在通过文献调研充分了解国内外现状的前提下，确定研究的具体问题和内容，选择研究方法，开展研究，获取数据，分析数据，形成初步的结论，就可以进入写作环节。

论文写作一般要经历拟定大纲→起草初稿→修改初稿→论文定稿几个阶段。

1. 拟定大纲

论文大纲是一篇论文的骨架，大纲决定了论文的结构与层次，表达了论文的逻辑关系，是论文写作的依据框架和工具。因此，无论是期刊论文、会议论文，还是学位论文，在写作之前都应该列出详细的大纲，主要章节应该具体到三级标题。

使用 Word 或 WPS 写作时，把论文大纲制作成文档结构图，这样方便在写作过程中随时把握论文的整体结构，也便于对大纲和论文的具体内容进行修改。

2. 起草初稿

依据大纲起草初稿，就像为骨架填充血肉一样。大纲中章节的顺序表达了论文的结构层次和逻辑关系，因此，写作初稿就按部就班地从第一节写到最后一节。一般应该在正文部分完成之后，才动手写摘要、关键词等内容。

如果大纲的逻辑关系没有理顺，写作过程中会感觉别扭，这时候可以适当调整大纲。

3. 修改初稿

写作是十分耗费脑力的劳动过程，完成论文初稿之后，可以把论文放一放，稍事休息恢复精力之后，再回过头来修改初稿。

这一阶段重点解决逻辑方面的问题，如前提是否正确，结论是否可靠，观点是否偏颇，证据是否充分，论证是否严密，是否有明显的逻辑错误等。

4. 论文定稿

反复修改定稿阶段，需要关注的问题包括篇幅、结构规范、格式规范、文字表达等。期刊论文、会议论文应该把篇幅控制在可接受的范围内，对内容进行精炼、压缩、合并，删去一些无关紧要的细节等。论文的结构和格式都应该符合规范的要求，这一部分可以对照期刊、会议或学位论文的要求调整、修改。最后，要对全篇的文字加工润色，确保论文是一部精致的作品。作者花费了多少心血，审阅者是看得见的。好的作品赏心悦目，而粗糙的作品让人不忍卒读。

9.4.2　学术论文的投稿策略

学术论文发表的主要渠道是期刊、会议和出版社。好的学术论文应尽量在核心期刊、重要的国际会议和著名出版社发表。

1. 期刊

熟悉所在学科的期刊出版情况，以及重要期刊的选题特点，有利于为论文找到最合适的发表期刊，提高投稿的命中率。

中国知网的期刊导航系统按学科列出了我国出版的全部中文期刊的基本信息，还按照北京大学图书馆研制的《中文核心期刊要目总览》标出了核心期刊及其影响因子，是选择投稿期刊的理想工具。其他工具还有《中国科技期刊引证报告》（Chinese S&T Journal Citation Reports，CJCR）、CSCD、《中国人文社会科学核心期刊要览》、CSSCI、《中国学术期刊评价研究报告》等。

通过互联网和一些检索工具也很容易找到本学科的外文期刊信息，例如 JCR 是查找 SCI、SSCI、A&HCI 等收录期刊的基本工具。

2. 会议

有志于进入学术圈的年轻人应积极参加学术会议，与同行进行面对面的交流。这是一个学术繁荣的时代，参加学术会议的机会很多。除了各级学会举办规模不等的会议，一些学术刊物也组织学术年会。学术组织通常会提前半年发布会议征文，按照会议的主题要求在截止日期之前提交论文。会议论文被录用的机会远大于期刊论文，一旦论文被接受，就比较紧容易争取资金支持，从而有机会参加会议交流。获取会议信息的方法是访问本学科主要学会的官方网站，关注重要会议的微信公众号。

3. 出版社

我国有接近600家出版社，其中科学出版社、商务印书馆、中国社会科学出版社等是级别最高的出版学术专著的出版社，大学和学会的出版社也以出版学术著作为主。

9.4.3 学术论文的修改

作者把论文投稿到期刊编辑部后，编辑部会对论文进行初审，看看是否符合选题要求和基本规范。通过初审的论文进入外审环节，编辑部在专家库抽取2～3位评审专家依据标准对论文进行评审，并提出是否录用及修改建议。之后编辑部根据评审专家的意见，做出录用、有条件的录用或退稿的决定。国际会议一般设有程序委员会，专门负责审稿。每篇论文安排3～5位专家分别审稿，程序委员会主任最后根据审稿专家的意见做出是否录用的决定。不管论文是否录用，对每篇论文都会给出详细的评价和比较具体的修改意见。

对于录用稿件，一般会要求作者对论文做较大的修改，修改内容包括逻辑关系、文字表达、参考文献等，甚至要求补充数据。期刊编辑部的意见一般有以下几种。

（1）不需做任何修改就拟采用发表。

（2）同意接收，但还要根据评审人的意见进行一些小修改。

（3）原则上拟接收发表，但在体例或内容上需做较大修改。

（4）要求作者先修改，再决定是否录用。

（5）退稿或拒绝发表。

投稿的过程也是一个学习过程，无论论文是否录用，作者都应该认真对待审稿专家的意见。审稿专家的意见可能有重复或冲突的地方，责任编辑将综合专家的意见给出编辑部的意见。管理规范的编辑部要求作者对每一轮的修改都提交一个修改说明。越是高水平的学术期刊，编辑部给出的意见越富有建设性。作者充分尊重专家和编辑部的意见，对每一条意见都一一回应，认真地修改论文，会让论文的质量得到显著提高。

练 习 题

1. 试简述学术论文的特点。
2. 学术论文的基本逻辑是什么？
3. 请描述期刊论文的基本结构。
4. 学士学位论文一般有5章，请简要描述每一章的功能，以及各章之间的逻辑关系。

参 考 文 献

[1] 林培锦. 西方学术共同体的形成及其与同行评议的关系[J]. 福建师范大学学报(哲学社会科学版), 2012(5): 162-166.

[2] 默顿 R K. 科学社会学: 理论与经验研究[M]. 鲁旭东, 林聚任, 译. 北京: 商务印书馆, 2009.

[3] 李力, 杜芃蕊, 于东红. 从学科构建到卓越学术共同体的形成: 哈佛大学学科发展的内涵与经验[J]. 中国高教研究, 2012(4): 65-70.

[4] 任安波. 青蒿素研究的学术共同体[J]. 科技导报, 2015, 33(20): 98-99.
[5] 朱光明. 走进“学术部落”：透视研究生学术论文写作现象[J]. 学位与研究生教育, 2011(6): 26-30.
[6] 清华大学图书馆. 高等教育信息素养框架[EB/OL]. (2015-10-19)[2019-08-17]. http://www.ala.org/acrl/sites/ala.org.acrl/files/content/standards/framework-chinese.pdf.
[7] 李武. 最早的两份学术期刊[J]. 科技导报, 2012, 30(10): 81.
[8] 中国力学学会. 中国力学学科史[M]. 北京：中国科学技术出版社, 2012: 182.
[9] 叶继元, 等. 图书馆学学术规范与方法论研究[M]. 北京：科学出版社, 2014.
[10] 别敦荣. 论教育学术论文写作[J]. 四川师范大学学报(社会科学版), 2017, 44(4): 5-15.
[11] 周义程. 社会科学类学术论文：评价标准、写作步骤及要领[J]. 社会科学管理与评论, 2013(4): 32-42.
[12] 全国人民代表大会. 中华人民共和国学位条例(修正)[EB/OL]. [2019-12-28]. http://www.npc.gov.cn/npc/c198/200408/871a4abd52b44a5e8d55dba0fad5af51.shtml.
[13] 全国信息与文献标准化技术委员会. 学位论文编写规则: GB/T 7713.1—2006[S]. 北京：中国标准出版社, 2007.
[14] 全国信息与文献标准化技术委员会. 科技报告编写规则: GB/T 7713.3—2014[S]. 北京：中国标准出版社, 2014.
[15] 吴建华, 周玉琴. 美国阅读服务专业人才培养的经验与启示[J]. 图书情报知识, 2019(5): 90-100.
[16] 吴澍时. 如何规范写作——学术论文规范概述[M]//《中国图书馆学报》编辑部. 图书馆员论文撰写与投稿指南. 北京：国家图书馆出版社, 2018: 118-125.
[17] 全国信息与文献标准化技术委员会. 科学技术报告、学位论文和学术论文的编写格式: GB 7713—1987[S]. 北京：中国标准出版社, 1988.
[18] 《图书情报知识》编辑部.《图书情报知识》论文模板[EB/OL]. [2019-12-30]. http://dik.whu.edu.cn/jwk3/tsqbzs/CN/column/column195.shtml.
[19] 国家图书馆《中国图书馆分类法》编辑委员会. 中国图书馆分类法[M]. 5 版. 北京：国家图书馆出版社, 2010.
[20] 周详, 杨斯喻. 学位的功能、结构与学位授予权的本质：兼论《中华人民共和国学位条例》修订的基本问题[J]. 复旦教育论坛, 2019, 17(1): 17-23.
[21] HANNA E P. A cognitive emotional methodology for critical thinking[J]. Advances in applied sociology, 2013, 3(1): 20-25.
[22] 吴建华, 丁复珍, 靳艺文, 等. 运用双通道理论设计信息素质教育游戏：以《跟我学做文章》为例[J]. 大学图书馆学报, 2019, 37(6): 100-106.
[23] 华中师范大学信息管理学院信息素质教育网络游戏课题组. 信息素养修炼站[EB/OL]. [2019-12-28]. http://il.ccnu.edu.cn/.
[24] 程锦, 陆林, 朱付彪. 旅游产业融合研究进展及启示[J]. 旅游学刊, 2011, 26(4): 13-19.

第 10 章　学术规范与学术不端

10.1　学术研究与学术规范

10.1.1　学术不端现象

科学技术对社会发展的影响是巨大的，世界上经济较好的国家都十分重视对科学研究的投入。然而，学术界却时不时爆出种种具有轰动效应的学术不端事件，让人觉得很不可思议。下面列举几个具有代表性的案例。

（1）翟天临事件。刚刚过去的 2019 年颇为热闹。知名演员翟天临 2019 年 1 月 31 日晒出北京大学的博士后录用通知书，却在 2019 年 2 月 8 日的访谈节目中回答网友提问时，不知“知网”为何物。人们由此质疑其学术资质，并很快查出他论文抄袭、违规获得学历的问题[1]。到了 11 月，又先后传出南开大学校长论文受质疑[2]、饶毅实名举报三位科学家的消息[3]。

（2）韩春雨事件。相信人们对三年前发生的一幕记忆犹新。河北科技大学副教授韩春雨 2016 年 5 月 2 日以通信作者的身份在国际顶级期刊《自然-生物技术》上发表论文，宣称发明了一种新的基因编辑技术 NgAgo-gDNA，引起国内外广泛关注，荣誉头衔纷至沓来。很快，因为实验无法得到国际同行的重复验证，研究的真实性受到质疑，科研明星韩春雨被推进风口浪尖，最后不得不主动提出撤稿请求，《自然-生物技术》在 2017 年 8 月 2 日发表撤稿申明[4]。之后，韩春雨还被爆出通过代写论文牟利，劝说学生花钱买论文等学术不端行为[5]。

（3）时隔 70 年的两件剽窃案。据任继愈先生回忆，20 世纪 30 年代，余嘉锡先生应聘到北京大学中文系教授“目录学”，他“治学严谨，言必有据”。期间，南方某大学的一位教授来访，向他请教目录学问题，还借阅他的目录学讲义。余先生认为讲义还有待完善，故未公开发表，结果那位南方的教授把讲义拿去改名换姓地抢先出版了。余先生颇为伤心，在课堂上对学生说：“你们都是见证人，是他抄我的讲义，不是我抄他的书啊！”[6]。无独有偶，七十年后又发生了类似的一幕。《社会科学报》2002 年 1 月 10 日发表了一篇题为“北大博导剽窃，叫人如何不失望”的文章，详细披露北京大学社会学系教授、博士生导师王铭铭的 32 万余字的著作《想象的异邦》，有 10 万字全部抄袭他自己翻译的美国著名人类学家哈维兰的《当代人类学》，引起学术界震惊[7]。

（4）小保方晴子事件。日本理化学研究所的小保方晴子 2014 年 1 月 29 日在国际权威期刊《自然》上发表了一篇关于新型万能细胞“STAP 细胞”的论文，这项划时代的研究成果迅速引起全球关注，年仅 30 的小保方晴子也成为日本的学术明星。然而，两周之后就有专家指出，论文中的图像疑似经过人为加工，一些外国同行也宣称实验结果无法重现[8]。

日本理化学研究所开展了将近一年的调查，最后宣布STAP细胞实验无法再现，她的导师“被认为有望获诺贝尔奖的干细胞界顶尖专家”笹井芳树自杀[9]。

（5）心肌干细胞事件。哈佛大学医学院终身教授皮耶罗·安维萨（Piero Anversa）的学术造假导致整个研究领域的消失。安维萨的团队早在2001年就宣称，可以用骨髓干细胞使心肌再生，相关研究成果先后发表在《自然》、《细胞》等顶级国际期刊上，一大批科研人员跟随进入该领域。期间，尽管科学家发现安维萨的论文疑点重重，但研究还是在一片质疑声中继续，安维萨还获得了联邦政府的大量资助。安维萨所在的哈佛大学医学院和附属布里格姆妇女医院开展了长期调查，最后认定心肌干细胞相关研究“从一开始就基于欺诈性数据”，而所谓心肌干细胞修复心脏的技术，自始至终就是一个大骗局。安维萨的实验室被迫于 2015 年关闭，哈佛大学医学院附属布里格姆妇女医院同意赔偿联邦政府1000万美元，并于2018年10月15日一次性从各类顶尖期刊上撤稿31篇论文[10]。

（6）中国留美学生因学术不诚实被开除。美国大学2014年开除8000名中国留学生，学术表现差或学术不诚实的比例高达 80.55%，因为学术不诚实和行为失当造成的开除情况有增加的趋势[11]。

（7）文字复制比检测。在知名学者频频造假的大背景下，我国大学生、研究生论文发生抄袭现象已经司空见惯。为遏制此类行为，国内外科研人员还研制出了一批学术不端检测软件[12]。对毕业论文进行文字复制比检测，已成为一项例行工作。

针对我国高校学术不端事件频出的状况，教育部三令五申，严肃要求加以整治。教育部2009年发出《教育部关于严肃处理高等学校学术不端行为的通知》，列举了必须严肃处理的七种高校学术不端行为[13]。时隔七年，教育部于2016年出台《高等学校预防与处理学术不端行为办法》，补充了提供虚假学术信息、买卖论文、代写论文等学术不端行为[14]。

学术不端是一个全球性的社会问题，屡禁不止，暴露出科学精神的缺失。建立科研诚信机制，有效遏制学术不端，成为学术共同体面临的共同任务。对青年学子而言，了解学术研究的特点和规律，培育科学精神，建立对学术的敬畏，熟悉学术规范，有助于避免学术不端。

10.1.2 学术研究与学术诚信

下面主要参考《学术诚信与学术规范》编委会编写的《学术诚信与学术规范》一书的部分内容[15]8-18，介绍与学术研究及学术诚信相关的几个重要概念。

1. 学术研究

学术研究是人类的一种认识活动，是“在实证和理性精神指引下用科学的方法进行探索、求知，以获得新知识、新理论的活动”。学术研究源于实践，接受实践的检验，并指导人类进行新的实践。学术研究的成果是理论化、系统化的知识体系。

如果按照研究层次划分，学术研究可以划分为基础研究、应用基础研究、应用研究、开发研究4种类型。①基础研究。没有明确的应用目标，目的是揭示客观事物的内在规律，丰富人类对客观世界的认识，进而推动人类的进步。②应用基础研究。针对工程技术及生产中普遍存在的问题进行基础性研究，为技术开发、工程应用及生产提供理论基础。③应用研究。运用基础研究的成果，探索、开辟应用的途径和方法。其成果是新技术、新材料、新工艺、新流程、新装置、新产品等，可用于解决实际的技术和生产问题，应用性很强，与生产及经济活动密切相关，通常要申请专利。④开发研究。应用上述几个层次研究的成果，开展新产品、新工艺的设计、试验、试制，解决具体的实际问题。

2. 学术道德

学术道德是人们在从事学术研究活动时遵循的道德规范和行为准则，是正确处理人与自然、人与人、个人与社会、个人与国家之间的行为规范。

道德与法律都是日常行为准则，但法律具有强制力，而道德是一种心灵契约，靠自律和社会舆论来实现行为的正当性。规范是介于道德与法律之间的一个概念，与道德、法律有一定的重合，但又不相同。规范具有道德的成分，同时具有一定的强制性，但其强制性比法律弱[16]。学术道德规范是判断学术活动是否正当、是否诚信，以及是评判学术权利和义务的道德准则。

学术道德内容包括以下几方面。①求真守真。科学的本质就是探求事物发展的客观规律，求真守真是学术研究最基本的道德准则。求真就是透过真实的现象不懈地追求真理。学术研究的每个数据、观点、论断都必须经过严格的逻辑证明和实践检验，才能成为真理。守真就是坚持真理、修正错误，以事实和实践为依据批判性地继承和发展已有成果。②务实创新。学术研究的目的是探求未知，要观察和解释新现象，揭示和阐发新规律，建立和论证新理论，研究和开发新技术、新材料、新手段，解决新问题。学术创新要建立在真实的基础上。③责任担当。学术研究要体现真理与价值的统一，坚持弘扬科学精神和人文精神。科学精神要求如实地、准确地按照客观事物的本来面目揭示其本质和规律。因此，求真务实、诚实守信是科学家的基本品格。人文精神要求把人和社会的发展作为认识和实践的出发点，以人为本，追求善与美，实现真、善、美的和谐统一。因此，自觉维护人类社会的和谐与持续发展，是科学家的责任担当。④协同合作。大科学时代，任何学术研究都是学术共同体的集体活动，而不可能是单兵作战。协同合作是务实创新的现实需要。与协同合作精神相悖的是孤芳自赏、以邻为壑，这种拒绝合作的态度是学术道德不高尚的表现。更有甚者，拉帮结派、投机取巧、弄虚作假、侵占他人和集体的成果，这就属于学术道德败坏。协同合作也包括正当的学术批评、学术争鸣。

3. 学术诚信

诚实即诚实守信，学术诚信要求在学术研究和学术交流活动中诚实守信，其实质是倡导负责任的研究行为，这意味着要“坚持科学研究的基本伦理原则：坚持真实性，对科学真理负责；坚持人道主义，对人类负责；坚持社会公正，对社会负责；坚持可持续发展，对生态环境负责”。这些原则体现了科学文化与现代社会的基本价值取向：诚实、准确、公正、效率、人道。

4. 学术规范

学术规范是在一定时期内，以学术道德为基础，以学术活动为对象，以学术共同体为主体，以激发学术创新和维护学术自由为目的的规制安排和长效激励机制。学术研究发生在一定的时空中，不同历史时期的学术研究在研究的问题、条件、价值取向等方面会有差异。学术规范是学术道德的具体体现，是对学术道德的维护。学术规范只规范那些与学术有关的行为。学术规范是学术共同体基于共识制定的，而不是外部强加的。学术规范的目的是保证学术活动价值的有效实现。学术活动的价值在于创新，而学术自由是创新的内在要求。“规制安排”是指学术规范的普适性。

学术规范可以分为国家级、地方级、机构级、学科级，如《高校人文社会科学学术规范指南》是从国家级、机构级、学科级三个角度来编写的。各类学术规范既有共同的原则，也有特殊的要求。

学术规范包括选题与资料规范、引用与注释规范、成果呈现规范、学术批评规范、学术评价规范，以及相关的法律法规。在第 9 章讨论学术论文写作时，就涉及学术论文的结构与格式规范。

5. 学术不端

违反学术规范的行为包括学术失范、学术不端和学术腐败。学术失范是指在学术研究过程中出现的有意或无意违反或偏离学术研究行为规则的现象。学术不端是指在申请课题、实施研究和报告研究结果的过程中出现伪造、篡改或抄袭行为。学术腐败是指在与学术有关的活动中利用权力、地位和金钱等谋取不正当利益。三者都是违反基本的学术道德和学术规范的行为，统称为学术不端行为（research misconduct）。

10.1.3　发生学术不端现象的原因

学术不端现象频发，固然有外部的原因，如社会风气变得急功近利，人们的道德水准和诚信水平都在下降，这种风气必然会影响到学术界。然而，学术共同体的原因是直接和主要的。

1. 利益驱动

大科学时代，科学家已经成为一种职业，而学术研究则属于职业劳动。学者从事学术研究所取得的成就，往往与利益密切相关，如学位、职称、声名、金钱、待遇等。学术研究是一种创造性劳动，付出同样辛苦的劳动并不总是能够产生同样有创新水平的成果，而产出高水平的研究更需要甘坐冷板凳的精神，可谓板凳甘坐十年冷，一朝成名天下知。问题是，不是所有的学者都耐得住寂寞。研究成果与利益联系过于紧密，必然导致追名逐利的现象。

马克思在《资本论》第 1 卷的注释中引用《评论家季刊》里面的一段话，形象地说明了利益的驱动力：“一有适当的利润，资本就胆大起来。如果有 10%的利润，它就保证到处被使用；有 20%的利润，它就活跃起来；有 50%的利润，它就铤而走险；有 100%的利润，它就敢践踏一切人间法律；有 300%的利润，它就敢犯任何罪行，甚至冒绞首的风险”[17]。早就有人认识到名利对学术研究的破坏作用。传说英国女王一次参观格林尼治天文台时了解到，天文台长、著名天文学家 James Bradley 的薪水不高，想要提高台长职位的薪水。但台长表示，如果这个职位能够带来大量的收入，那么以后到天文台工作的人将不会是真正的天文学家。换言之，如果科研工作与名利捆绑太紧，势必会吸引一大批追名逐利的人进入科研领域，而不是真正追求科学的人[18-19]。

2. 学术评价过于追求数量

现有学术评价体系过于重视数量，对品质的评价往往也转化为数字。学校对学生的评价往往以考试分数、学位级别、论文数量和级别为主，对科研人员的评价以论文、项目、经费的数量与层次为主要依据。一些人迫于评估的压力，不惜弄虚作假。

3. 监管和惩罚均不到位

对学术研究领域出现的违规违法行为进行严肃处理，有利于净化学术风气，让人们对科学研究保持一种敬畏之心。日本对小保方晴子的调查处理，韩国对黄禹锡论文造假事件的处理，都是规范、高效的。黄禹锡是韩国“克隆之父”，曾成功地克隆牛、猪、狗、郊狼，后来开始研究人类胚胎干细胞。黄禹锡 2004 年发表在 *Science* 杂志上的干细胞研究论文受到质疑，并于 2005 年 6 月被媒体曝光；同年 12 月他所在的首尔大学成立 9 人调查委员会，历时两周的调查发现，其干细胞研究成果纯系伪造；2006 年 1 月，黄禹锡被政府取消“韩国最高科学家”的称号，并免去其一切公职。与此同时，韩国检察机关成立特别小组，就造假事件进一步展开调查。黄禹锡于 2009 年 10 月因侵吞研究资金和非法购买卵子被判处监禁两年，缓期三年执行[20]。

相比之下，我国对很多学术不端事件的处理表态很快，但效率低下，最后不了了之，不能令人信服[21]。一方面，学术研究与利益捆绑太紧；另一方面，对学术不端行为缺乏有效监督，惩罚也不到位。在这种环境下，学术研究沦为一种牟利的工具，学术不端成为一种获利丰厚而风险很小的行为，导致一些人铤而走险。

建立有效的学术规范，鼓励负责任的科研行为，避免学术不当行为和学术不端行为，成为社会和学术共同体面临的重要任务。

10.2 《著作权法》及行业标准的相关规定

10.2.1 《著作权法》相关规定

《中华人民共和国著作权法》以下简称《著作权法》，又称版权法。国家制定《著作权法》的目的是保护文学、艺术和科学作品作者的权益，以及与著作权有关的权益，鼓励有益于社会主义精神文明、物质文明建设的作品的创作和传播，促进文化和科学事业的发展与繁荣。《著作权法》保护的作品类型包括文学、艺术和科学作品，学术研究属于科学作品。下面依据 2010 年版的《著作权法》，介绍与学术规范相关的主要内容[22]。

1.《著作权法》保护的作品类型

作品无论是否发表，都享有著作权。《著作权法》保护以下列形式创作的文学、艺术和自然科学、社会科学、工程技术等作品：文字作品；口述作品；音乐、戏剧、曲艺、舞蹈、杂技艺术作品；美术、建筑作品；摄影作品；电影作品和以类似摄制电影的方法创作的作品；工程设计图、产品设计图、地图、示意图等图形作品和模型作品；计算机软件；法律、行政法规规定的其他作品。

不在《著作权法》的保护范围内的作品包括：法律、法规，国家机关的决议、决定、命令和其他具有立法、行政、司法性质的文件，及其官方正式译文；时事新闻；历法、通用数表、通用表格和公式。

2.《著作权法》对权利的限制

《著作权法》规定在下列情况下使用作品，可以不经著作权人许可，也不向其支付报酬，但应当指明作者姓名、作品名称，并且不得侵犯著作权人依照本法享有的其他权利：（一）为个人学习、研究或者欣赏，使用他人已经发表的作品；（二）为介绍、评论某一作品或者说明某一问题，在作品中适当引用他人已经发表的作品；（三）为报道时事新闻，在报纸、期刊、广播电台、电视台等媒体中不可避免地再现或者引用已经发表的作品；（四）报纸、期刊、广播电台、电视台等媒体刊登或者播放其他报纸、期刊、广播电台、电视台等媒体已经发表的关于政治、经济、宗教问题的时事性文章，但作者声明不许刊登、播放的除外；（五）报纸、期刊、广播电台、电视台等媒体刊登或者播放在公众集会上发表的讲话，但作者声明不许刊登、播放的除外；（六）为学校课堂教学或者科学研究，翻译或者少量复制已经发表的作品，供教学或者科研人员使用，但不得出版发行；（七）国家机关为执行公务在合理范围内使用已经发表的作品；（八）图书馆、档案馆、纪念馆、博物馆、美术馆等为陈列或者保存版本的需要，复制本馆收藏的作品；（九）免费表演已经发表的作品，该表演未向公众收取费用，也未向表演者支付报酬；（十）对设置或者陈列在室外公共场所的艺术作品进行临摹、绘画、摄影、录像；（十一）将中国公民、法人或者其他组织已经发表的以汉语言文字创作的作品翻译成少数民族语言文字作品在国内出版发行；（十二）将已经发表的作品改成盲文出版。前款规定适用于对出版者、表演者、录音录像制作者、广播电台、电视台的权利的限制。

3.《著作权法》保护的两种权利

著作权包括下列人身权和财产权：发表权、署名权、修改权、保护作品完整权、复制权、发行权、出租权、展览权、表演权、放映权、广播权、信息网络传播权、摄制权、改编权、翻译权、汇编权，以及应当由著作权人享有的其他权利。

其中，发表权、署名权、修改权、保护作品完整权属于人身权利，又称精神权利，其他权利属于财产权。

人身权利的 4 种类型：①发表权。决定作品是否公之于众、何时公之于众、以何种形式公之于众的权利。②署名权。表明作者身份，在作品上署名的权利。③修改权。修改或者授权他人修改作品的权利。④保护作品完整权。保护作品不受歪曲、篡改的权利。

4.《著作权法》保护的具体内容

著作权法对作品的保护范围限于作品的表达，不延至作品的构思和思想内容。因此，某作家模仿莎士比亚《哈姆雷特》的故事情节创作出一部新的文学作品，就未构成对原作者的侵权。

5.《著作权法》规定的权利保护期

作者的署名权、修改权、保护作品完整权的保护期不受限制；公民的作品，其发表权等权利的保护期为作者终生及其死亡后50年。

美国的保护期是作者有生之年及死后70年，属于强保护。

6.《著作权法》列出的侵权行为

《著作权法》第四十七条列举了一些典型的侵权行为：未经著作权人许可发表其作品；未经合作作者许可，将与他人合作创作的作品当作自己单独创作的作品发表；没有参加创作，在他人作品上署名；歪曲、篡改他人作品；剽窃他人作品；未经著作权人许可，以展览、摄制电影等方法使用作品，或者以改编、翻译、注释等方式使用作品；使用他人作品，应当支付报酬而不支付报酬；未经著作权人许可，出租其作品或者录音录像制品；未经出版者许可，使用其出版的图书、期刊的版式设计；未经表演者许可，从现场直播或者公开传送其现场表演，或者录制其表演。

10.2.2　《学术出版规范　期刊学术不端行为界定》的相关规定

学术成果是判断学者学术成就的主要依据，期刊是发表学术成果的主要渠道，在期刊论文发表过程中，容易发生各类学术不端行为。为了期刊对学术不端行为进行判断和处理，全国新闻出版标准化技术委员会组织提出新闻出版行业标准《学术出版规范　期刊学术不端行为界定》（CY/T 174—2019），由国家新闻出版署于2019年5月29日发布，2019年7月1日正式实施。该标准对学术期刊论文作者、审稿专家和编辑者可能涉及的学术不端行为进行界定，用于对学术期刊论文出版过程中各类学术不端行为进行判断和处理[23]。

下面依据《学术出版规范　期刊学术不端行为界定》（CY/T 174—2019），介绍学术期刊论文作者可能涉及的学术不端行为。

1. 术语定义

标准给出了几个常用术语的定义。

（1）剽窃。采用不当手段，窃取他人的观点、数据、图像、研究方法、文字表述等，并以自己名义发表的行为。

（2）伪造。编造或虚构数据、事实的行为。

（3）篡改。故意修改数据和事实使其失去真实性的行为。

（4）不当署名。与对论文实际贡献不符的署名或作者排序行为。

（5）一稿多投。将同一篇论文或只有微小差别的多篇论文投给两个及以上期刊，或者在约定期限内再转投其他期刊的行为。

（6）重复发表。在未说明的情况下重复发表自己（或自己作为作者之一）已经发表文献中内容的行为。

2. 论文作者不端行为类型

常见论文作者不端行为有剽窃、伪造、篡改、不当署名、一稿多投、重复发表、违背伦理研究、其他。

（1）剽窃。表面形式有：观点剽窃、数据剽窃、图片和音视频剽窃、研究（实验）方法剽窃、文字表述剽窃、整体剽窃、剽窃他人未发表成果。

（2）伪造。表现形式有：编造不以实际调查或实验取得的数据、图片；伪造无法通过重复实验而再次取得的样品；编造不符合实际或无法重复验证的研究方法与研究结论；编造能为论文提供支撑的资料、注释、参考文献；编造论文中相关研究的资助来源；编造审稿人信息、审稿意见。

（3）篡改。表现形式有：使用经过修改、挑选、删减、增加的原始记录、实验数据等，使原始调查数据和实验数据的本意发生改变；把不同图片拼接构成不真实的图片；从图片整体中删除一部分或添加一些虚构的成分，使对图片的解释发生改变；对图片的特定部分进行增强、模糊、移动处理，使对图片的解释发生改变；改变所引用文献的本意，使其对自己有利。

（4）不当署名。表现形式有：把对研究有实质性贡献的人排除在作者名单之外；未对论文所涉及的研究有实质性贡献的人在论文中署名；未经他人同意擅自将其列入作者名单；作者排序与其对论文的实际贡献不符；提供虚假的作者信息如职称、单位、学历、研究经历等。

（5）一稿多投。表现形式有：将同一篇论文同时投给多个期刊；在首次投稿的约定回复期内，将论文再次投给其他期刊；在尚未接到期刊确认撤稿的正式通知之前，将稿件投给其他期刊；将只有微小差别的多篇论文同时投给多个期刊；在收到首次投稿期刊回复之前或在约定期内，对论文稍加修改，投给其他期刊；在未做任何说明的情况下，将自己或自己作为作者之一的已经发表的论文，原封不动或稍作修改之后再次投稿。

（6）重复发表。表现形式有：不加引用注释或说明，在论文中使用自己或自己作为作者之一的已发表作品中的内容；在不做任何说明的情况下，摘取多篇自己或自己作为作者之一的已发表作品中的部分内容，拼接成一篇新论文再次发表；被允许的二次发表不说明首次发表的出处；不加引证注释或说明，在多篇论文中重复使用一次调查或一个实验的数据；将实质上基于同一实验或研究的论文，每次补充少量数据或资料后，多次发表方法、结论等相似或雷同的论文；合作者就同一调查、实验、结构等，发表数据、方法、结论等明显相似或雷同的论文。

（7）违背研究伦理。表现形式有：研究未按规定获得相应的伦理审批，或不能提供审批证明；研究超出伦理审批许可的范围；研究中存在伤害研究参与者，虐待有生命的实验对象，违背知情同意原则等；论文泄漏了被试或被调查者的隐私；论文未按规定对研究中的利益冲突予以说明。

（8）其他。表现形式有：在参考文献中加入实际未参考过的文献；将转引自其他文献的引文标注为直引，包括将引自译著的引文标注为引自原著；未以恰当的方式说明、承认他人提供的研究经费、实验设备、材料、数据、思路、未公开的资料；不按约定向他人或社会泄漏论文关键信息，侵犯投稿期刊的首发权；未经许可使用需要获得许可的版权文献；使用多人共有版权文献时，未经所有版权者同意；经许可使用他人版权文献，却不加引证标注，或引用文献信息不完整；经许可使用他人版权文献，却超过了允许使用的范围或目的；在非匿名评审程序中干扰期刊编辑、审稿专家；向编辑推荐与自己有利益关系的审稿专家；委托第三方机构或与论文无关的他人代写、代投、代修改；违反保密规定发表论文。

3. 期刊对作者不端行为处理的典型案例

期刊论文作者的学术不端行为一旦被发现，期刊都要做出处理，下文介绍的一个案例就很有代表性。

《图书情报工作》杂志社于 2019 年 6 月在官网上发出一则通告，对发表在该刊 2019 年第 63 卷第 9 期第 144～150 页的《美国城市图书馆移动服务现状和策略调查与分析》一文的不端行为做出处理。通告称，论文涉嫌抄袭、伪造数据、购买非法窃取的数据、伪造合作者单位等学术不端行为，并做出 4 项处理。第一，通告。在杂志社官方网站、微博、微信等媒体上发布处理通告。第二，撤销论文。发布通告当日从杂志社官网及中国知网上正式撤销此文。第三，列入黑名单。论文全部作者被列入《图书情报工作》黑名单，永远不接受其向本刊及其子刊投稿。第四，道歉。要求作者在通告发出 10 日内向原数据拥有者和作者郑重道歉并承担给原数据拥有者及作者带来的损失[24]。

10.3　如何避免学术不端行为

严重的学术不端行为往往是因为事主利令智昏，主观故意所为。大学生、研究生在论文写作时常常发生一些不端行为，更多的是因为无知。了解学术研究的特点，熟悉学术规范，遵循学术规范，秉持科学的态度与精神，勇于创新，实事求是，精益求精，就可以在很大程度上避免学术不端。下面讨论青年学生容易发生的几种学术不端问题。

10.3.1　引文注释规范问题

1. 抄袭与剽窃

中国古代有一句俗语，“天下文章一大抄”。有些同学因此就认为，写论文的时候抄一抄别人的作品，没有什么错误。其实，这句话后面还有一句，“看你会抄不会抄”。这里的“抄”是学习、借鉴他人的方法、套路，而不是原样照抄。

我国对抄袭、剽窃这两个概念的运用有些混乱，为此，《科技导报》的记者陈广仁引用多方观点，对抄袭、剽窃（plagiarism）的概念加以界定。国家版权局版权管理司认为《著作权法》所指的抄袭、剽窃是同一个概念，都是将他人作品或者作品的片段窃为己有发表。IEEE 界定了剽窃的 5 个层次：未注明出处地复制整篇论文；未注明出处地大量复制一篇论文，如达一半的篇幅；未注明出处地照搬句子、段落或插图；未注明出处且不恰当地复述整页或整段内容；注明出处地复制一篇论文的很大一部分，却没有清楚地表明谁做了或写了什么。大家对剽窃的定义都强调，在引用他人观点、结论、数据、图表等内容时，没有表明是从他人那里得来的，对他人的工作没有给予足够的承认[25]。

国家级项目的引文和注释也存在不规范问题。全国哲学社会科学规划办公室多次在网站上刊登通报，对存在较多引文和注释不规范问题的国家社会科学基金项目做出终止决定，预留经费不予拨付，已拨剩余经费按原渠道退回。之所以做出这种严肃处理，是因为引文和注释不规范问题在学界比较突出，特别是在文献综述方面，很多人不肯下真工夫，互相抄来抄去，却故意隐去原作者的相关信息，让人误以为是引用者的学术原创，这种行为严重败坏了学术风气[26]。

2. 脚注与尾注

大家现在明白了，引用他人作品时，只要注明出处，就不存在抄袭或剽窃的问题。让青年学生感到难以把握的是，在标注参考文献时，何时用脚注，何时用尾注。

（1）脚注。直接引用作品的原文表述、观点、数据、图表等内容时，应对参考文献的出处、来源作详细说明，以方便查证。特别是在撰写篇幅较长的学位论文、专著、研究报告时，这样做非常有必要。在学位论文的文献综述部分，大量使用脚注。

（2）尾注。分几种情况。第一，只是引用他人作品以支持自己的论述，而没有引用很具体的内容时，可以用尾注的形式表明出处。第二，期刊论文、会议论文因篇幅不太长，一般只用尾注的形式列出参考文献。但也有例外，我国人文社会科学领域的权威期刊《中国社会科学》，刊载的论文在引用参考文献时，全部用脚注，而不用尾注。第三，撰写教材、专著时，如果不是在整本著作后面列出全部参考文献，而是每章都列出参考文献，采用的是尾注。

3. 什么时候加引号

通常情况下，直接引用原文的表述，即原文照录时，应该加引号，一般通过脚注的形式注明出处。如果没有直接原文的表述，而是使用自己的语言来表达原作者的观点或所做的工作，则不需要加引号，但也应该注明出处，使用尾注即可。

4. 引用内容和篇幅

引用他人作品时，对内容没有什么特别的限制，什么都可以引用，如一个图、一张表、一个公式、一小段文字、一个观点、一个数据等，只要有意义就行。

引用的篇幅可以从两个方面来衡量。第一，引用部分占被引文献的比例。例如引用一篇篇幅为 10 页的中文期刊论文，如果引用了其中的 1/3 页，就感觉比较合理。如果引用了其中的 1～2 页，就感觉太多了；如果引用了 3～5 页，就很出格。第二，引用部分占施引论著的比例。还是以中文期刊论文为例，通常篇幅为 10 页左右，如果其中的 1/3 页或者更少来自某被引文献，感觉还算合理；如果其中的 1～2 页都来自某被引文献，就觉得太多了。当然，如果其中的 1～2 页都是文献综述，并且引用了多篇参考文献，就很正常。

不管引用什么内容，都应该尽可能使用自己的语言对被引作品的工作加以概括，避免大面积摘录。对于篇幅很短的具体内容，如果直接引用更能说明问题，就直接引用，不必忌讳。

5. 学位论文文字复制比检测指标

近几年各高校陆续对研究生、本科生的毕业论文开展文字复制比检测，现以华中师范大学的规定为例，对检测指标加以说明。

（1）文字复制比低于 15%，正常通过。学位论文第一章介绍研究背景和国内外研究现状时，第二章描述研究的理论、方法与技术基础等内容时，都会引用他人的作品，其他章节则很少引用他人作品。他人作品的相关内容会出现在正文及参考文献列表里面，检测时会显示、报告一定的文字复制比，这属于正常现象。人文社会科学研究会引用较多的文献，低于 15%就算正常；科学技术研究引用的文献会少一些，因此部分院系要求文字复制比低于 10%。

（2）文字复制比在 15%～30%。由学位评定分委员会组织专家组对论文进行评审，并给出鉴定性意见。这种情况下，学院一般要求学生修改论文、重新检测。

（3）文字复制比在 30%～50%。原则上作重大修改，半年后重新答辩。这种情况存在大面积抄袭的可能，即使注明了每篇参考文献的出处，但直接引用他人的内容太多，意味着原创性较差。

（4）文字复制比在 50%以上。原则上取消学位授予资格，对极个别的特殊学位论文，由导师向研究生院学位办提出申请，学位办委托学位评定分委员会组成专家组进行审核或由学位办组织校外送审。什么是极个别的特殊学位论文呢？有些学科，如历史文献学，可能对已经发表的文献集合进行系统研究，论文的每一章都在梳理其中的一部分文献，文字复制比就会显著高于常规值。当然，这个文字复制比的值是否正常，研究是否具有原创性，确实需要非常专业的同行来鉴定。

10.3.2　论文抄袭问题

论文抄袭行为属于主观故意，当事人一般抱有侥幸心理，急于解决眼前的问题，而没有考虑行为的严重后果。

1. 论文抄袭的发生和追责

论文抄袭是时常发生的一种不端行为，事前不容易发现，一般采取事后追责的办法加以惩处。防抄袭的学术不端检测手段的普遍使用是最近几年的事情，期刊在决定录用论文前，也要开展文字复制比检测。尽管如此，有意抄袭者还是有机会得逞，因为文字复制比检测的前提条件时，参与比对的作品必须全部数字化、网络化。如果抄袭外文作品和专著类作品，目前还无法检测。

发生论文抄袭的主要有两类人群。研究生为多发人群，一些专业技术人员为了评聘职称而抄袭论文的情况也时有发生。我国科研机构一般要求研究生在读期间发表一定数量的核心期刊论文或国际会议论文，俗称小论文。例如，学术硕士要求发表1篇核心期刊论文，博士研究生发表2～3篇核心期刊论文，其中还必须有1篇权威期刊论文或SCI/SSCI论文。少数研究生由于专业基础较弱，或投入时间精力有限，迟迟产生不出研究成果，同时还面临着毕业、就业的压力，其中有些人就冒险抄袭期刊论文发表，还有的在学位论文中发生严重的抄袭行为。

2. 典型案例：胡某博士论文抄袭事件

我国比较重视学历，特别是博士学位，成为很多人追求的目标。其实，不是所有的人都适合读博士，这个社会也不需要那么多博士。绝大部分硕士研究生将成为应用型人才，只有少数适合从事学术研究的人，才有必要进入博士阶段的学习。博士研究生的主要培养目标是学术后备人才，他们应该是热爱学术研究，擅长抽象思维，并且甘于寂寞的人。如果一个不适合从事学术研究的人成为博士生，这对学生本人、对导师都是一件很痛苦的事情，也很可能发生学术不端行为。胡某博士论文抄袭事件很具有代表性，这里根据网易新闻中心的报道[27]加以精简，还原事件的发现和处理经过，希望同学们能够引以为戒。

案例：胡黎明博士论文抄袭事件

胡某29岁被聘为上海某大学教授，硕士和博士生导师。他还是该大学技术物理研究所所长、国家级工程研究中心负责人、上海市科技精英、上海市科技启明星，先后获得国家杰出青年基金奖励、跨世纪优秀人才基金奖励等。

（1）发现。1997年6月6日，该大学校长接到北京一所大学的一位教授的检举信，详细列举了胡某博士学位论文的抄袭章节、数据及被抄袭文献的出处等材料。

（2）调查。学校当天成立由2名院士、3名材料和化学学科资深博士生导师组成的专家组，认真审核检举材料、胡某的博士论文和相关文献，一致认定检举属实，胡某在博士学位论文中存在极严重的剽窃行为。6月中旬，专家组再次逐章审核胡某的博士论文，出具“关于对胡某的博士学位论文的审核意见”，认为该博士学位论文绝大部分内容均系抄袭他人成果，应严肃处理。

（3）申辩。6月18日，该校召开为期一天的学位评定委员会专门会议，仔细审核全部材料，并请胡某及其导师分别到会传阅材料，还请胡某申辩、答辩，但他“丝毫没有认错的意思”，甚至大言不惭地说“论文雷同并不奇怪，正表明英雄所见略同”。

（4）处理。经学位评定委员会讨论，认定胡某的博士学位论文从模型、数据到表述方法都存在着非常严重的剽窃现象，其抄袭是有意的、大范围的、系统的，抄袭程度前所未见，性质极其严重，且本人不能正视剽窃事实，学术道德败坏，是对国家学位条例的极大蔑视，经无记名投票，一致决定撤销其博士学位，取消其博士生、硕士生导师资格。6月27日，上海市学位办再次组织有关专家审核相关问题，并再次认定：该大学学位评定委员会的定性是合适的，处理决定是正确的。

（5）对导师的处理。胡某的导师于1991年当选为中国科学院院士，曾任该校校长。中国科学院学部按照院士章程，由院士们投票表决，决定撤销其院士称号，并在 2000 年 6 月院士大会上公布。这也是中国科学院第一次因学术道德问题而对一名院士除名。

10.3.3　虚假数据问题

中国社会科学院科研局的刘普根据媒体公开报道的 64 起学术不端典型案例统计分析，发现学术造假的发生频率仅次于抄袭剽窃，包括伪造科研项目和学术成果，伪造实验结果和统计数据[21]。伪造实验结果和统计数据就是提供虚假数据，这在大学生和研究生中都时有发生。

学生发生虚假数据问题的原因一般有两种情况，一是样本的数据较少，二是数据不太漂亮。样本太少不具有说服力，收集数据又有困难，于是就编造数据，这样论文容易发表，或者毕业论文容易通过。数据不太漂亮主要是因为研究工作的核心部分还存在缺陷，如研究不深入、系统设计不理想，或实验方案有问题，导致研究结果不能令人满意。不管是什么原因，在研究数据上弄虚作假，完全背离了学术研究的初衷，是一种严重的学术不端行为。

鉴于学术研究中的造假行为具有一定的隐蔽性，验证、重复有一定难度，需要花费时间，科学家呼吁公开数据，以提高造假行为被发现的速度[28]。公开原始数据能够提高研究的透明度，解决学术研究不易验证的问题，越来越多的学术期刊要求作者共享研究数据[29]。例如，我国探月工程建立了地面应用系统数据发布系统，并于 2015 年 4 月 8 日开始对外提供嫦娥三号科学数据发布服务[30]。

10.3.4　署名及投稿问题

（1）署名。在学术成果上署名的应该是对研究有实质性贡献的人。一些从事学术研究的年轻人由于不了解署名的规则与含义，容易在成果署名时发生纠纷。人们通常认为，能够在科研成果上署名是一种荣誉，顺序越靠前，说明贡献越大，荣誉也越大。其实，署名顺序主要体现贡献的大小，同时意味着责任的轻重。所谓“文责自负”，就是指学术论文的署名意味着荣誉、责任并存。《信息与文献　参考文献著录规则》（GB/T 7714—2015）把作者或著者这一项定义为责任者[31]，就是这个道理。如果有多位作者在期刊论文、会议论文上署名，排在第一位的就是第一作者，其中一定有一位通信作者，通信作者有时候也是第一作者。如果通信作者与第一作者不是同一个人，那么通信作者通常负责确定选题、研究设计、修改定稿，第一作者则负责具体的研究工作，以及论文初稿的撰写。

（2）投稿。少数学生不理解通信作者的含义，更不理解导师在其中的责任，擅自把还很不成熟的文稿投往期刊编辑部，引起了很多不愉快，甚至矛盾。通信作者的贡献最多，责任也最大。除了负责研究设计与实施、文稿撰写与修改，通信作者还要负责论文投稿、与编辑部沟通、修订审校稿、缴纳论文出版费、签订版权转让协议等工作。

练 习 题

1. 试简要论述学术研究中真实性与创新性的关系。

2. 某同学在未征得老师同意的情况下，把老师的 PPT 上传到网络，以方便他人下载共享。试依据《著作权法》，分析该同学侵犯了老师的哪些权利，以及对老师造成了什么伤害。

3. 某同学在阅读论文的时候，看到作者引用了一些很好的文献，与自己的论题也很相关，就把那些被引用的参考文献直接复制、粘贴到自己的参考文献列表中，结果受到指导老师的批评。请问指导老师为什么要批评这位同学？

参 考 文 献

[1] 单仁平. 希望翟天临事件形成广泛的震慑[N]. 环球时报, 2019-02-15(15).

[2] 中国新闻网. 教育部回应“南开大学校长论文受质疑”：正调查了解[EB/OL]. (2019-11-22)[2020-01-07]. http://www.chinanews.com/sh/2019/11-22/9014883.shtml.

[3] 观察者网. 饶毅实名举报学术造假？国家自然科学基金委：正调查核实[EB/OL]. (2019-11-29)[2020-01-07]. https://www.guancha.cn/politics/2019_11_29_526848.shtml.

[4] 李鹏. 从韩春雨撤稿事件看科学研究的“可重复性”有多重要[N]. 北京科技报, 2017-08-14(4).

[5] 本报评论员. 没了科学精神，也就没了底线[N]. 科技日报, 2018-09-12(1).

[6] 任继愈. 有关蔡元培校长几则轶事[J]. 北京大学学报(哲学社会科学版), 1998(2): 119-120.

[7] 晓声. 北大博导剽窃，叫人如何不失望：王铭铭《想象的异邦》抄袭哈维兰《当代人类学》[N]. 社会科学报, 2002-01-10(7).

[8] 谢宗睿. 论文造假重创日本学术信誉[N]. 光明日报, 2014-04-13(8).

[9] 新浪科技. 事件回顾：小保方晴子涉造假事件尘埃落定[EB/OL]. (2014-12-19)[2020-01-08]. https://tech.sina.com.cn/2014-12-19/doc-iawzunex7290796.shtml.

[10] TAYLOR A P. Dozens of retractions requested for heart stem cell studies[J]. The scientist, 2018(2018-10-15).

[11] 中国新闻网. 美大学去年开除 8000 名中国留学生多因学业问题[EB/OL]. (2015-05-28)[2020-01-08]. http://www.chinanews.com/m/hr/2015/05-28/7306408.shtml.

[12] 郭卫兵, 叶继元. 学术失范、不端检测软件的功能、局限与对策：以学术研究规范为视角[J]. 图书馆论坛, 2019, 39(3): 2-9.

[13] 中华人民共和国教育部. 教育部关于严肃处理高等学校学术不端行为的通知[EB/OL]. (2009-03-19)[2020-01-08]. http://old.moe.gov.cn/publicfiles/business/htmlfiles/moe/s3103/201001/xxgk_80681.html.

[14] 中华人民共和国教育部. 高等学校预防与处理学术不端行为办法[EB/OL]. (2016-07-18)[2020-01-08]. http://www.moe.gov.cn/srcsite/A02/s5911/moe_621/201607/t20160718_272156.html.

[15] 《学术诚信与学术规范》编委会. 学术诚信与学术规范[M]. 天津：天津大学出版社, 2011.

[16] 叶继元, 等. 学术规范通论[M]. 上海：华东师范大学出版社, 2005: 4.

[17] 马克思. 资本论第 1 卷[M]//中共中央马克思恩格斯列宁斯大林著作编译局. 马克思恩格斯全集 23 卷. 北京：人民出版社, 1972: 829.

[18] 朱邦芬. 我国学术诚信问题的现状分析与应对策略[J]. 科学与社会, 2019, 9(1): 34-40.

[19] 陈学飞. 谈学术规范及其必要性[J]. 中国高等教育, 2003(11): 25.

[20] 李怀祖, 郭菊娥, 王磊. 韩国黄禹锡事件处理对我国学风建设的启示[J]. 西安交通大学学报(社会科学版), 2012, 32(2): 82-83.

[21] 刘普. 我国学术不端问题的现状与治理路径：基于媒体报道的 64 起学术不端典型案例的分析[J]. 中国科学基金, 2018, 32(6): 637-644.

[22] 全国人民代表大会常务委员会. 中华人民共和国著作权法[EB/OL]. (2010-02-26)[2020-01-10]. http://www.npc.gov.cn/npc/c12488/201002/c9609aeb30f24937baf81a297feb1e6e.shtml.
[23] 国家新闻出版署. 学术出版规范 期刊学术不端行为界定: CY/T 174—2019[S]. 2019.
[24] 《图书情报工作》杂志社. 《图书情报工作》杂志社关于学术不端的通告[J]. 图书情报工作, 2019, 63(16): 131.
[25] 陈广仁. 学术"抄袭、剽窃"的界定[J]. 科技导报, 2010, 28(18): 120-121.
[26] 全国哲学社会科学规划办公室. 关于终止秦立强、瞿商、罗哲、于维民主持的国家社会科学基金项目的通报[EB/OL]. (2013-06-05)[2020-01-11]. http://www.npopss-cn.gov.cn/n/2013/0605/c219469-21743636.html.
[27] 网易新闻中心. 胡黎明博士论文抄袭事件[EB/OL]. (2004-07-28)[2020-01-13]. http://news.163.com/40728/3/0SCOME4K00011211.html.
[28] 王丹红. 荷兰社会心理学家撤销《科学》论文, 同行专家呼吁: 预防查处科学造假行为[N]. 科学时报, 2011-12-09(A04).
[29] 黄小茹. 科研成果不可验证性问题: 发现机制的失效及可能的对策[J]. 科学学研究, 2017, 35(7): 961-966.
[30] 中国科学技术协会. 嫦娥三号科学数据公开发布[J]. 科技导报, 2015, 33(12): 60.
[31] 全国信息与文献标准化技术委员会. 信息与文献 参考文献著录规则: GB/T 7714—2015[S]. 北京: 中国标准出版社, 2015.

第五次上机实验　专题资料收集与综述写作

自选一个论题，利用 NoteExpress 检索该论题最新的期刊论文，选择阅读其中最相关的 3～5 篇，写一篇综述。格式如下：

题名

作者（姓名及单位）

摘要（150 个字以上）

关键词（3 个以上）

正文（至少 3 个部分，列标题，2000 字，不多于 3 页。）

参考文献（3 篇以上）

要求：

（1）行文简洁流畅，逻辑清晰。

（2）参考文献应该保证文内引用与文后引文一一对应。

（3）添加文档结构图。

（4）参考文献按《信息与文献 参考文献著录规则》（GB/T 7714—2015）的格式要求标注。